Holacracy

Stefan Kühl · Phanmika Sua-Ngam-Iam
(Hrsg.)

Holacracy

Funktionen und Folgen eines
Managementmodells

 Springer Gabler

Hrsg.
Stefan Kühl
Fakultät für Soziologie, Universität Bielefeld
Bielefeld, Deutschland

Phanmika Sua-Ngam-Iam
Fakultät für Soziologie, Universität Bielefeld
Bielefeld, Deutschland

Die empirische Erhebung wurde durch die Stiftung der Schweizerischen Gesellschaft für Organisation und Management und der Fakultät für Soziologie der Universität Bielefeld finanziell unterstützt.

ISBN 978-3-658-40110-8   ISBN 978-3-658-40111-5   (eBook)
https://doi.org/10.1007/978-3-658-40111-5

Die Deutsche Nationalbibliothek verzeichnet diese Publikation in der Deutschen Nationalbibliografie; detaillierte bibliografische Daten sind im Internet über http://dnb.d-nb.de abrufbar.

Planung/Lektorat: Ulrike Loercher
Springer Gabler ist ein Imprint der eingetragenen Gesellschaft Springer Fachmedien Wiesbaden GmbH und ist ein Teil von Springer Nature.
Die Anschrift der Gesellschaft ist: Abraham-Lincoln-Str. 46, 65189 Wiesbaden, Germany

Inhaltsverzeichnis

Herausgeber- und Autorenverzeichnis

Über die Herausgeber

Stefan Kühl ist Soziologe und Historiker und arbeitet an der Universität Bielefeld. Er forscht zurzeit über Managementmoden, über Protestbewegungen und über Kleingruppen.
stefan.kuehl@uni-bielefeld.de

Phanmika Sua-Ngam-Iam ist Soziologin an der Universität Bielefeld. Ihre Forschungsschwerpunkte sind Managementkonzepte sowie Netzwerke und Kooperationen in der öffentlichen Verwaltung.
sua-ngam-iam@uni-bielefeld.de

Autorenverzeichnis

Dustin Brodda Fakultät für Soziologie, Universität Bielefeld, Bielefeld, Deutschland

Serafin Eilmes Fakultät für Soziologie, Universität Bielefeld, Bielefeld, Deutschland

Stefan Kühl Fakultät für Soziologie, Universität Bielefeld, Bielefeld, Deutschland

Adrian Strothotte Fakultät für Soziologie, Universität Bielefeld, Bielefeld, Deutschland

Robin Sturhahn Fakultät für Soziologie, Universität Bielefeld, Bielefeld, Deutschland

Phanmika Sua-Ngam-Iam Fakultät für Soziologie, Universität Bielefeld, Bielefeld, Deutschland

Kreise, Komplexität und Krisen. Holacracy auf dem organisationswissenschaftlichen Prüfstand

Phanmika Sua-Ngam-Iam

Organisationen von heute ständen vor drastischen und bisher unbekannten Herausforderungen. Die Welt sei komplexer geworden und verändere sich schneller denn je. Durch die Digitalisierung komme es zu bisher nicht da gewesenen Dynamiken, die für Organisationen nicht nur Chancen, sondern auch Gefahren darstellten.

Ein derartiges Szenario heutiger Rahmenbedingungen von Organisationen wird oftmals gezeichnet, um die Relevanz und Notwendigkeit des Managementkonzepts Holacracy darzustellen (siehe beispielhaft Robertson 2015, S. 13; Schmitz 2018, S. 183; Schwer und Hitz 2018, S. 1; Kaduthanam und Heim 2019, S. 311; Csar 2017, S. 155; Kurt 2019, S. 49). Mithilfe der Holacracy sollen Organisationen, so das Versprechen, sowohl in der Lage sein, die sich rasant wandelnden Umweltanforderungen zu erkennen, als auch sich diesen schnell anzupassen (so zum Beispiel Döller 2017, S. 190; van de Kamp 2014, S. 13). Aber was ist dieses Managementkonzept der Holacracy, das die aktuellen Probleme von Organisationen lösen soll?

Ergänzende Information Die elektronische Version dieses Kapitels enthält Zusatzmaterial, auf das über folgenden Link zugegriffen werden kann https://doi.org/10.1007/978-3-658-40111-5_1.

P. Sua-Ngam-Iam (✉)
Fakultät für Soziologie, Universität Bielefeld, Bielefeld, Deutschland
E-Mail: sua-ngam-iam@uni-bielefeld.de

1.1   Zur Machart des Konzepts der Holacracy

Die offizielle Geschichte der Holacracy beginnt, so jedenfalls die Darstellung der Holakrat:innen, im März 2001.[1] Brian Robertson schildert, dass er aus Konzepten der agilen Softwareentwicklung unter anderem die Idee der selbstorganisierten Teams, der adaptiven Planung sowie der Visualisierung und Transparenz der Organisation übernimmt. Weiterhin übernimmt er aus der Methode „Getting Things Done" von David Allen (2015) die Elemente der Klarheit und strengen Regelbefolgung in sein Konzept. Außerdem entwickelt er für sein Konzept, angelehnt an Sam Kaners (2014) „Facilitator's Guide to Participatory Decision-Making", den integrativen Entscheidungsprozess. Und nicht zuletzt übernimmt er von der Soziokratie die Idee der Verbindung von Kreisen über Führungs- und Repräsentationsglieder sowie die Konsent-Entscheidung. Es entsteht ein Managementkonzept, das Robertson „Holacracy" nennt.

Angeregt durch den Verfechter der Spiral Dynamics Ken Wilber (1995, S. 26) leitet er den Begriff „Holacracy" von dem Begriff der „Holarchy" ab. Der Begriff der Holarchy wiederum wurde geprägt von Arthur Koestlers (1967) „Ghost in the Machine" (Beausoleil 2021, S. 107). Holarchy beschreibt die Ansammlung von „Holons", die sowohl Teile als auch Ganze darstellen (ebd.). „Holacracy", zusammengesetzt aus „Holarchy" und dem Suffix „-cracy", kann daher als Herrschaft der Holarchy, also als Herrschaft der organisationalen Einheiten, die sowohl Teile als auch Ganze sind, bezeichnet werden (Wittrock 2017, S. 117).

Das auf Basis der verschiedenen Konzepte entwickelte Managementmodell Holacracy besteht aus folgenden Elementen: einer Verfassung, die die „Spielregeln" der holakratischen Organisation definiert und die Verteilung der Macht sichern soll, einer Struktur, durch die Rollen und Zuständigkeitsbereiche von Organisationsmitgliedern klar bestimmt werden, einem Entscheidungsfindungsprozess, durch den diese Rollen und Zuständigkeitsbereiche aktualisiert werden und schließlich aus einem Meeting-Prozess, durch den die Arbeit der Teams synchronisiert wird (Robertson 2015, S. 16).

Die kleinste Einheit bildet in jeder holakratischen Organisation die Rolle. Diese wird detailliert über einen „Purpose" (eine Art Zweck),[2] eine „Domain" (ein Zuständigkeitsbereich) und über „Accountabilities" (Aufgaben) definiert (ebd., S. 41). Der Purpose stellt dar, weshalb es die Rolle gibt, der Zuständigkeitsbereich definiert den Bereich einer Rolle, über den sie alleinige Entscheidungs- und Handlungsbefugnis besitzt, als Aufgaben werden laufende Tätigkeiten der Rolle definiert, die sie ausführt, um ihren Purpose zu erfüllen (ebd., S. 42). Kreise werden durch das Zusammenführen von Rollen gebildet und ebenso wie Rollen durch einen Purpose, einen Zuständigkeitsbereich und

---

[1] Zur gesamten Entstehungsgeschichte der Holacracy sowie zu den Ausführungen hier siehe https://blog.holacracy.org/history-of-holacracy-c7a8489f8eca [zuletzt aufgerufen am 15.11.2021].

[2] Die Beschreibung des Purposes als Zweck soll an dieser Stelle vorerst genügen. Eine ausgearbeitete Bestimmung des Purposebegriffs findet sich in dem Sammelbandbeitrag von Strothotte.

Aufgaben definiert (ebd., S. 38). Die größte Einheit der Organisation bildet der „Anchor Circle" (Ankerkreis), der auch „General Company Circle" (GCC) genannt wird und alle anderen Kreise umfasst (ebd., S. 44; 129). Der Purpose dieses Ankerkreises stellt auch den Purpose der Gesamtorganisation dar (ebd., S. 44). Purposes, die aus diesem gesamt-organisationalen Purpose abgeleitet werden, können dann zur Sub-Kreis-Bildung heran-gezogen werden (ebd.). Durch die Differenzierung der Organisation in Sub-Kreise, Sub-Sub-Kreise und einzelne Rollen entsteht dann die für holakratische Organisationen typische Kreisstruktur (siehe Abb. 1.1).

Jede Kreisbildung ist mit der Besetzung von vier holakratischen Rollen verbunden. Die Lead-Link-Rolle, über deren Besetzung die jeweilige Lead-Link-Rolle des über-geordneten Kreises entscheidet, vertritt die Interessen des übergeordneten Kreises in ihrem Kreis und hat unter anderem die Aufgaben, Rollen in ihrem Kreis zu besetzen, die Passung dieser Rollen zu beobachten und diese gegebenenfalls neu zu besetzen (ebd., S. 46 ff.). Die Rep-Link-Rolle wird von ihren Kreismitgliedern gewählt und vertritt die Interessen ihres Kreises in dem übergeordneten Kreis (ebd.). Die Facilitator-Rolle und die Secretary-Rolle werden ebenfalls von ihren Kreismitgliedern gewählt und sind zuständig für die Moderation und Dokumentation der Kreismeetings (ebd., S. 52, 58 f.). Im „Tactical Meeting" werden operative, im „Governance Meeting", die Formalstruktur der Organisation betreffende „Tensions" bearbeitet (ebd., S. 53 f.).

Als „Tensions" werden Lücken zwischen dem, was ist, und dem, was sein kann und soll, bezeichnet (ebd., S. 11). Mitglieder haben die Pflicht und die Befug-nis, diese Spannungen zu erkennen und zu prozessieren (ebd., S. 24). Innerhalb des Zuständigkeitsbereichs ihrer Rolle können Mitglieder eigenständig Spannungen, die sie am Erfüllen ihres Purposes hindern, bearbeiten (ebd., S. 70). Auch außerhalb

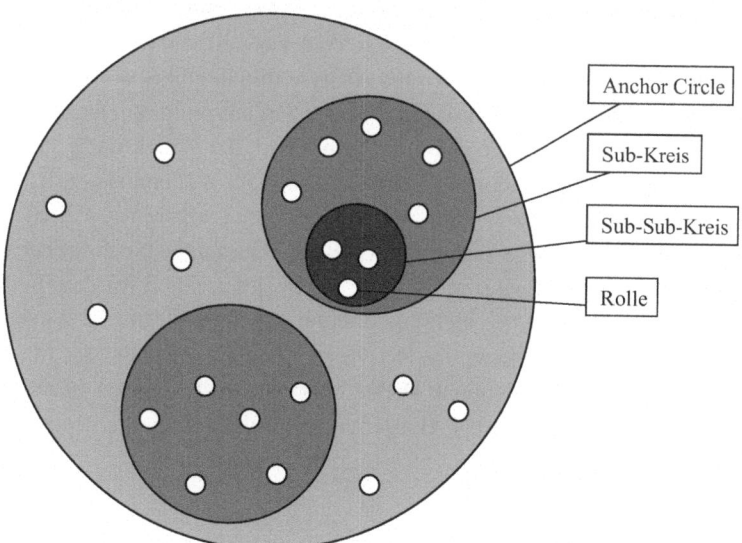

Abb. 1.1 Holakratische Basiskreisstruktur. (Eigene Darstellung nach Robertson 2015, S. 44)

ihres Zuständigkeitsbereichs oder im Zuständigkeitsbereich anderer Rollen ist eine Spannungsbearbeitung möglich. Durch eine „Individual Action" kann ein Mitglied auch ohne die Erlaubnis der Einheit, die durch das Eindringen in ihren Zuständigkeitsbereich betroffen wird, Spannungen bearbeiten, wenn es der begründeten Überzeugung ist, dass die Verzögerung durch das Einholen einer Ermächtigung zu einem Verlust der potenziellen Wirkkraft der Aktion führen würde (ebd., S. 73 f.). Wenn aufgrund der Spannungsbearbeitung Änderungen an der Formalstruktur vorgenommen werden müssen, findet dies über den Governance-Prozess im Governance-Meeting statt (ebd., S. 74). Das Erkennen und Prozessieren von Spannungen befähige Organisationen, sich an rasant ändernde Umweltanforderungen anzupassen (ebd., S. 9 ff.).

1.2   Zum Forschungsstand über holakratische Organisationen

HolacracyOne, die Organisation, die 2007 von Brian Robertson und Tom Thomison gegründet wurde, um die „Holacracy-Bewegung" und die „Evolution des Konzepts in der Praxis" zu begleiten, führt knapp 200 Organisationen auf, die das Managementkonzept implementiert haben.[3] Auch wenn nicht alle Organisationen, die Holacracy praktizieren, aufgelistet sein mögen, liegt die Vermutung nahe, dass die tatsächliche Gesamtzahl der holakratischen Organisationen bei lediglich wenigen Hundert liegt (für eine Analyse der Organisationen siehe Zeuch 2016). In Bezug auf die weltweit existierenden Organisationen stellt die holakratische Organisation also ein absolutes Randphänomen dar (siehe dazu Kühl 2023: 11).

Das mag ein Grund dafür sein, dass die wissenschaftliche Forschung über diese im Managementdiskurs prominente Organisationsform übersichtlich ist. Aber auch die 75 gesichteten wissenschaftlichen Beiträge ließen eine Vielzahl von Fragen offen. Selbst in den 22 Beiträgen, in denen eine empirische Analyse durchgeführt wurde, geht es selten um die konkrete Umsetzung der Holacracy in den Organisationen. Der Großteil dieser empirischen Beiträge beschäftigt sich mit dem Grad der Attraktivität der verteilten Entscheidungs- und Handlungsmacht in der Holacracy für Millennials (z. B. Guilherme 2020), dem Vergleich der Konzepte Scrum und Holacracy (z. B. Marboe 2020) oder dem von unten getriebenen Organisationswandel (z. B. Punkka 2021). Noch größer waren die Defizite bei den Beiträgen, die aus und für die Praxis geschrieben wurden. In der Mehrheit der etwa 70 gesichteten Praxisbeiträge dominieren eine unkritische Wiedergabe der zentralen Elemente der Holacracy, die Referierung der Versprechen des Managementkonzepts und eine eher oberflächliche Darstellung von Fallbeispielen (siehe dazu zum Beispiel Altman 2016; Galagan 2014; Haisler und Howell 2016).

---

[3] Für weitere Informationen zu HolacracyOne siehe https://www.holacracy.org/holacracyone/about [zuletzt aufgerufen am 20.12.2021]. Siehe dazu https://www.holacracy.org/success-stories#whos-practicing [zuletzt aufgerufen am 20.12.2021].

Interessant waren besonders die Texte, die sich mit dem holakratischen Versprechen der Abschaffung der klassischen Hierarchie und der mikropolitischen Machtkämpfe auseinandersetzen. So beobachten Archer et al. (2016, S. 33), dass es ironischerweise für die Einführung der Holacracy einer top-down Entscheidung bedarf. Sie stellen zudem in einer der von ihnen untersuchten Organisationen fest, dass die restlichen Organisationsmitglieder mit Sicherheit die Implementierung von Holacracy abgebrochen hätten, wären nicht die Bemühungen der Führungsperson gewesen, die Einführung abzuschließen (ebd.). Für Glatz und Graf-Götz (2018, S. 116; nach Zeuch 2016) ist es fraglich, ob die Führungsperson tatsächlich nur in der Implementierungsphase der Holacracy eine herausgehobene Stellung hat, die an eine vor-holakratische Hierarchie erinnert, denn „die Verfügungsgewalt der Unternehmensleitung/des Eigentümers bleibt auch nach Einführung der Holakratie aufrecht und diese kann das holakratische Experiment oder Teile davon beenden, wann immer sie will." Schell und Bischof (2022, S. 124), von denen bisher die umfangreichste empirische Untersuchung über holakratische Organisationen vorliegt, stellen fest, dass die bestehenden Vorgesetzten-Untergebenen-Beziehungen bei der Einführung der Holacracy bestehen bleiben und ehemalige Vorgesetzte weiterhin von ihren damaligen Untergebenen in Entscheidungen eingebunden werden, die diese nach der holakratischen Ordnung eigenständig hätten treffen können. Bischoff (2019, S. 67) argumentiert, dass die Einführung von Holacracy in Organisationen mit klassischer Hierarchie sicher am herausforderndsten ist, da „sich Arbeitsabläufe, Routinen und Orientierungen ausgebildet [haben], die nun komplett verändert werden müssen." Diese Schwierigkeit, Machtstrukturen, die bereits vor der Einführung der Holacracy in der Organisation bestanden, aufzubrechen, konnten Weller und Hunschock (2012) ebenfalls anhand ihrer empirischen Untersuchung feststellen. Sie beobachteten, dass neue und neuere Mitglieder und Kreise Holacracy schneller umsetzen konnten als Mitglieder, die schon länger in der Organisation waren, beziehungsweise Kreise, deren Mitglieder beispielsweise in der Zeit vor der Einführung des Managementkonzepts bereits zusammengearbeitet haben (ebd., S. 95). „Ganz neue Kreise praktizieren Holakratie am besten. Da gibt es keine Macht der alten Muster" (ebd.). Ähnliches konnte auch Marrold (2018) empirisch beobachten. Führungskräften bereite beispielsweise der Verlust an Kontrolle Schwierigkeiten (ebd., S. 91). Es wurde festgestellt, dass sich „parallel zu den offiziellen Holacracy-Strukturen Schattenstrukturen oder gar Schattenhierarchien herausgebildet haben" (ebd.). Deutlich wurde dies unter anderem daran, dass Mitglieder, die die Lead-Link-Rolle ausfüllen, andere Mitglieder gezielt „auf einer Ebene der persönlichen Kommunikation" beeinflussen (ebd.). „Ein weiteres Kennzeichen eines Versuches, die eigene Macht zu erhalten, ist das gezielte Zurückhalten von Informationen" (ebd.). Aus diesen Beobachtungen schlussfolgert Marrold (ebd., S. 92; zu dieser Folgerung siehe auch Kumar und Mukherjee 2018; Schmitz 2018: 197), dass die Implementierung von Holacracy nur gelingen kann, wenn die Organisationsmitglieder das entsprechende Mindset mitbringen oder dieses entwickeln. Folgt man jedoch Csar (2017, S. 156), ist zu bezweifeln, dass eine Anpassung des Mindsets etwas daran ändern kann, dass sich Machtkonstellationen im Schatten der holakratisch formalisierten Struktur ausbilden, da „Selbstorganisation, das Zusammenspiel unterschiedlicher Kräfte im Kontext einer sozialen Gruppierung, [...] selten nach dem Schema ‚Malen nach Zahlen' [läuft]." Stattdessen gäbe es Machtkämpfe und informale Vertrauensnetzwerke würden sich ausbilden (ebd.). Zudem würden, „gruppen- und organisationsdynamische Herausforderungen durch die Verschleierung hierarchischer Mechanismen verschärft werden" (ebd.).

1.3   Überblick über die Beiträge des Sammelbandes

Auf Grundlage des hier nur knapp wiedergegebenen Forschungsstands kann vermutet werden, dass sich das Konzept der Holacracy von seiner tatsächlichen Praxis unterscheidet. Dieser Sammelband widmet sich daher der Untersuchung der faktischen Ausprägung der Holacracy in Organisationen. Es wird analysiert, wie das Managementkonzept funktioniert und welche Folgen sich aus dieser spezifischen Funktionsweise ergeben. Der Sammelband unternimmt damit den Versuch, die Forschungslücke hinsichtlich der empirischen Forschung zur Holacracy zu verkleinern, indem die faktische Funktions- und Wirkungsweise dieses Konzepts herausgearbeitet werden.

Anspruch des Sammelbandes ist dabei das Herausarbeiten über den Einzelfall hinausreichender, generalisierbarer Thesen zur holakratischen Organisation. Um diesen Anforderungen genügen zu können, wurden Untersuchungen in fünf holakratischen Organisationen durchgeführt. Das Forschungsdesign sowie die einzelnen Analyseerkenntnisse und -thesen wurden regelmäßig innerhalb unseres Forschungsteams diskutiert und hinterfragt, Letztere insbesondere, um zwischen fallspezifischen und fallunspezifischen Thesen und Erkenntnissen zur Holacracy zu unterscheiden. Darüber hinaus fand ein intensiver Austausch zu Mitgliedern untersuchter Organisationen und Holacracy-Expert:innen aus Beratung und Forschung statt, in welchem Argumente und Thesen vorgestellt und diskutiert wurden.

Holakrat:innen haben die klassische Hierarchie zu einem Auslaufmodell zeitgemäßer Organisationsführung erklärt. Wie im holakratischen Organisationskonzept hierarchische Führung im Hinblick auf Kontrolle und Koordination ersetzt werden soll, untersucht Dustin Brodda in seinem Beitrag „Führen ohne Weisungshierarchie". Die Ergebnisse aus der Fallstudie deuten darauf hin, dass mithilfe der holakratischen Strukturen nicht alle Bezugsprobleme, die zuvor durch hierarchische Strukturen gelöst wurden, abgebildet werden können. Stattdessen ließ sich eine informale Wiedereinführung von hierarchieähnlichen Führungsstrukturen beobachten. Einerseits hatten diese die wichtige Aufgabe, den Organisationsmitgliedern bei Bedarf eine zentrale Kontroll- und Steuerungsinstanz zur Verfügung zu stellen, um strukturelle Defizite des holakratischen Organisationsmodells abzufangen. Andererseits produzierten und erhalten sie dadurch auch ungleiche soziale Beziehungen unter den Mitarbeitenden.

In den vergangenen Jahren ist „Purpose" zu einem der prominentesten Stichworte in der Diskussion um neue Arbeitsformen geworden. In seinem Beitrag macht Adrian

Strothotte es sich zur Aufgabe, erstmals einen soziologischen Blick auf dieses Konzept und seine Rolle im Organisationsmodell „Holacracy" vorzustellen. Zwei Hauptdimensionen des Purposes werden herausgearbeitet. Einerseits soll der Purpose einen Zweck, ein höheres Gut mit bestimmtem Wert, in der Organisation rationalisieren. Andererseits sollen die Mitglieder dadurch nicht nur angeleitet, sondern auch durch einen „tieferen Sinn" motiviert werden. Diese zwei Funktionen gehen mit ungewollten Folgen einher. Durch die Autonomie der Rollen in der Holacracy entstehen Unsicherheitsräume, die vom Purpose nicht gefüllt werden können. Die Erkenntnisse legen nahe, dass auch der Purpose den Grenzen formaler Organisationsstrukturen unterworfen ist und letztlich nicht das erwartete Steuerungspotenzial entfaltet.

Der Beitrag von Serafin Eilmes spürt dem Paradox der Holacracy nach: Ein mehr an Regeln muss nicht unbedingt zu einem mehr an Klarheit führen, sondern kann im Gegenteil weitere Unklarheit zur Folge haben. Die Unklarheit spitzt sich in der empirisch untersuchten Organisation in einer Regellosigkeit zu, bei der unklar wird, welche Regeln gelten und welche nicht. Regeln wirken nicht aus sich heraus, sondern als Praxis; sie müssen im Organisationsalltag interpretiert und der Situation angepasst werden. Die Ursachen der Regellosigkeit werden einerseits intern in der mangelhaften Einübung der Regeln und extern in der besonderen Konzeption der holakratischen Regeln verortet. Dabei fällt auf, dass die holakratischen Regeln extern definiert, künstlich, engmaschig und zum Arbeiten zwingend erforderlich sind. Die Starrheit der Holacracy ist unvereinbar mit dem Laissez-fair der beobachteten Organisation. Die Folge sind zahlreiche Konflikte und Spannungen, die nicht mehr gelöst werden können.

In neuen Organisationsmodellen, die auf Enthierarchisierung, Dezentralisierung und Selbstorganisation ausgerichtet sind, spielen Verantwortung und Verantwortlichkeit eine immer größere Rolle. Das Paradebeispiel für eine solche Organisationsform ist die Holacracy, in der Mitgliedern ein möglichst großer Handlungsspielraum zugestanden werden soll. In seinem Beitrag beschäftigt sich Robin Sturhahn deshalb mit den Folgen erhöhter Eigenverantwortung am Beispiel eines holakratisch organisierten Softwareunternehmens. Während dabei Verantwortung durch den Ermessensspielraum bei Entscheidungen definiert wird, bezieht sich Verantwortlichkeit auf die formale Festlegung von Rechtfertigungspflichten. Auf der Grundlage von Interviews mit Mitgliedern dieses Unternehmens werden im Beitrag die veränderten Bedingungen von Verantwortung und Verantwortlichkeit und die Effekte auf Entscheidungsprozesse untersucht, die für die Anpassung an Umweltbedingungen der Organisation notwendig sind.

In seinem Beitrag untersucht Stefan Kühl, welche informalen Reaktionen sich auf die Hyperformalisierung in holakratischen Organisationen finden lassen. Dabei geht er von der organisationswissenschaftlichen Erkenntnis aus, dass sich zu formalstrukturellen Festlegungen in der Organisation informale Ausweichbewegungen finden lassen. In den untersuchten größeren holakratischen Organisationen finden sich sowohl Schattenabteilungen als auch Schattenhierarchien, mit denen die Schwächen des holakratischen Organisationsmodells kompensiert werden sollen. Im Gegensatz zu Abteilungen und Hierarchien, die in der Formalstruktur verankert und deswegen besprechbar sind, lassen sich die Effekte dieser Schattenabteilungen und Schattenhierarchien in holakratischen Organisationen nur schwer thematisieren.

Wie stellt sich das Verhältnis zwischen Formalstruktur und Informalstruktur in der holakratischen Organisation dar? Um diese Frage zu beantworten, analysiert Phanmika Sua-Ngam-Iam systemtheoretisch die Umsetzbarkeit der holakratischen Kernidee der Vereinigung der drei Seiten der Organisation. Es konnte aufgezeigt werden, dass eine Vereinigung der drei Seiten der Organisation faktisch nicht realisierbar ist, da bestimmte Erwartungen, deren Erfüllung für Organisationen bestandsnotwendig ist, nicht formalisiert beziehungsweise nicht formalisierbar sind. Es wurde dargelegt, wie sich die Mechanismen zur Sicherstellung der Erwartungserfüllung verändern, wenn Organisationen nicht klassisch, sondern holakratisch formalisiert sind. Insbesondere der Tausch von Gefälligkeiten stellt sich dabei als ein zentraler Mechanismus dar, um die Erwartungssicherheit zu erhöhen. Tauschgeschäfte werden jedoch im informalen Bereich getätigt und sind daher im Konzept der Holacracy nicht vorgesehen.

1.4   Methodische Vorgehensweise

Für unsere Analysen wurden fünf holakratische Organisationen empirisch untersucht. Der Erstkontakt zu den holakratischen Organisationen wurde per Mail hergestellt. Nachdem die Organisationen auf die Forschung aufmerksam gemacht und dafür gewonnen werden konnten, wurden zu interviewende Personen auf Grundlage eines Vorgesprächs, in welchem das Forschungsvorhaben erläutert wurde, er- und vermittelt. Vor Ort in den Organisationen konnten im Dezember 2018 sowie im Januar, März und Oktober 2019 an mehreren aufeinanderfolgenden Tagen Interviews mit einzelnen Mitgliedern, Vor- und Abschlussgespräche sowie Beobachtungen von Meetings durchgeführt werden. Es wurden in insgesamt neun holakratischen Meetings teilnehmende Beobachtungen durchgeführt, davon waren sieben Tactical- und zwei Governance-Meetings. Für die Teilnahme an den Meetings war eine Beteiligung an der Check-in- und Check-out-Runde am Anfang und Ende eines jeden Meetings ausreichend. Des Weiteren wurden Feldnotizen bei nicht-aufgezeichneten Gesprächen erstellt. Dazu gehören die holakratischen und nicht-holakratischen Meetings, Gruppenaktivitäten wie das gemeinsame Mittagessen oder Meditieren sowie alle Einzel- und Gruppengespräche vor und nach den Interviews. In vier der fünf Organisationen wurde darüber hinaus im Juni 2020 eine zweite Erhebungsphase mit weiteren Interviews per Videocall durchgeführt, um die Organisationen auch im Zeitverlauf einschätzen zu können und besonders die Auswirkungen von Krisen auf diese, wie in diesem Fall beispielsweise ausgelöst durch eine Pandemie, näher analysieren zu können. Weitere Interviews mit Holacracy-Expert:innen aus Beratung und Forschung wurden ebenfalls im Juni sowie im Dezember 2020 geführt.

Insgesamt wurden 65 Interviews mit 52 Personen geführt (siehe Tab. 1.1). Die durchschnittliche Dauer der Interviews betrug etwa eine Stunde. Die Interviews wurden

Tab. 1.1 Übersicht geführter Interviews

Organisation	Interview	Haupttätigkeit
IT-Tower	Interview 1	Softwareentwicklung, Director Trans-formation Management, Senior Business Coordinator, Geschäftsführung, Recruiting, Holacracy Trainer, Business Consultant, Training Neumitglieder, Projektmanagement, Accountmanagement
	Interview 2	
	Interview 3	
	Interview 4	
	Interview 5	
	Interview 6	
	Interview 7	
	Interview 8	
	Interview 9	
Biofruchtig	Interview 1	Personalentwicklung, Assistenz, Finanzen, Unternehmensentwicklung, Geschäfts-führung, Vertrieb, Marketing & PR, Einkauf, Grafik, Qualitätssicherung, Mediengestaltung
	Interview 2	
	Interview 3	
	Interview 4	
	Interview 5	
	Interview 6	
	Interview 7	
	Interview 8	
	Interview 9	
	Interview 10	
	Interview 11	
	Interview 12	
Plasticles	Interview 1	Holacracy Beratung & Training, Ver-trieb, Marketing & Vertrieb, Controlling, Logistik, Founder, Redaktion & PR, Custom Sales, Verpackung, Wareneingang
	Interview 2	
	Interview 3	
	Interview 4	
	Interview 5	
	Interview 6	
	Interview 7 (mit Person aus Interview 1 & 5)	
	Interview 8	
	Interview 9	
	Interview 10	
	Interview 11	
	Interview 12	

(Fortsetzung)

Tab. 1.1 (Fortsetzung)

Organisation	Interview	Haupttätigkeit
Cloud-IT	Interview 1	Technische Beratung, Geschäftsführung, Vermittlung Beratung-Entwicklung, Projektleitung & Kundenmanagement, Softwareentwicklung, technische & fachliche Beratung
	Interview 2	
	Interview 3	
	Interview 4	
	Interview 5	
	Interview 6	
	Interview 7	
	Interview 8	
	Interview 9	
	Interview 10	
	Interview 11	
SoftLink	Interview 1	Verwaltungsrat, UX Design, Product Owner & Business Development, HR, Softwareentwicklung
	Interview 2	
	Interview 3	
	Interview 4	
	Interview 5	
	Interview 6	
	Interview 7	
Einzelne Interviews	Interview 1	Beratung, Forschung
	Interview 2	
	Interview 3	

größtenteils auf Deutsch geführt, einige auch auf Englisch. Unter den interviewten Personen war pro Organisation mindestens eine, die an der Gründung der Organisation beteiligt war und/oder in der Geschäftsführung tätig war. Ebenfalls wurden in jeder Organisation Interviews mit den Personen geführt, die vorrangig für die Einführung und Weiterentwicklung der Holacracy zuständig waren. Der Großteil der Interviewten arbeitete jedoch hauptsächlich im operativen Bereich der Organisationen. Die Proportionalität zwischen Interviewten in der Lead-Link-Rolle und in ausführenden Rollen wurde berücksichtigt.

Um sowohl eine erste Strukturierung des Feldes als auch eine Offenheit für ein exploratives Vorgehen zu ermöglichen, waren die Interviews leitfadengestützt. Der erste inhaltliche Block des Leitfadens beinhaltete Fragen zum Werdegang der interviewten Person vor sowie in der jeweiligen Organisation. Es folgten Fragen zu den ersten Berührungspunkten der Person mit Holacracy. Je nachdem, ob das Organisationswissen der jeweiligen interviewten Person es zuließ, wurden anschließend Fragen zur Geschichte, den Gründen sowie zur Art und Dauer der Einführung von Holacracy gestellt. Anhand des darauffolgenden inhaltlichen Blocks sollten die Herausforderungen bei der Implementierung von Holacracy, der heutige Stand der Umsetzung des Konzepts sowie die angestrebten nächsten Schritte der Arbeit mit Holacracy erfragt werden. Der Leitfaden sah zudem vor, dass die jeweiligen organisationsspezifischen Anpassungen und Ergänzungen des Managementkonzepts thematisiert werden. Darüber hinaus sollte, soweit es bei dem Werdegang der interviewten Person möglich ist, nach Ähnlichkeiten und Unterschieden zwischen der Arbeitsweise in holakratischen und nicht-holakratischen Organisationen gefragt werden. Des Weiteren sollten in den Interviews der Umgang der jeweiligen Organisationen mit Themen wie Gehalt, Entlassung und Umwelt-kommunikation behandelt werden. Abschließend wurden die interviewten Personen nach ihrer Einschätzung zu den Stärken und Schwächen sowie zur Zukunftsaussicht von Holacracy gefragt.

Die teilnehmenden Beobachtungen wurden zum Großteil von mehreren Personen durchgeführt. Dadurch sollte sichergestellt werden, dass Beobachtende unmittelbar nach den Meetings ihre Eindrücke austauschen und abgleichen konnten. Die Interviews, bei denen mehrere Personen aus den jeweiligen Organisationen befragt wurden, fanden in den meisten Fällen am Ende der ersten und/oder der zweiten Erhebungs-phase statt. Diese Interviews wurden teils am letzten Erhebungstag vor Ort und teils mit einem Abstand von mehreren Monaten per Videocall geführt. Für diese Interviews wurde Kontaktpersonen der Organisationen angeboten, dass erste Eindrücke aus den Interviews und Beobachtungen mit Mitgliedern der Organisation geteilt und diskutiert werden könnten. In den meisten Fällen wurde dieses Angebot von Organisationsmit-gliedern angenommen, die an der Gründung der Organisation beteiligt waren, sowie von Mitgliedern, die die Arbeit ihrer Organisation mit dem Managementkonzept Holacracy befürworten und antreiben. Die Interviews dienten dabei weniger der Validierung oder Falsifikation der bisherigen Einschätzungen der Funktionsweise der Holacracy, sondern sollten vielmehr durch thematische Impulse weitere empirische Daten generieren. Diese Gespräche konnten im Gegensatz zu den anderen geführten Interviews nur teilweise auf-gezeichnet werden. In Fällen, in denen dies nicht möglich war, wurden ausführliche Mit-schriften angefertigt.

Die Feldnotizen und die auf Basis der Ton- und Videoaufzeichnungen erstellten Transkripte[4] wurden mithilfe der qualitativen Inhaltsanalyse, angelehnt an Gläser und Laudel (2010), aufbereitet. Zur Beantwortung der Forschungsfragen wurden zunächst einmal offene Kategorien basierend auf den Elementen der Holacracy gebildet. Auf dieser Grundlage wurde anschließend das empirische Material insbesondere auf Unstimmigkeiten zwischen dem holakratischen Konzept und seiner Umsetzung, wie sie in der Empirie beobachtet wurde, hin überprüft. Aufgrund der hohen Anzahl der erhobenen Interviews war eine vollständige Transkription der Interviews nicht möglich,

---

[4] Die Interviewtranskripte stehen als Zusatzmaterial zum Buch auf SpringerLink zum Download zur Verfügung.

Tab. 1.2 Transkriptionslegende

Transkriptionszeichen	Bedeutung
…	Satzabbruch
–	Wortabbruch
[?]	Nicht verständliches Wort, nicht verständliche Textpassage
[Wort, Textpassage?]	Nicht eindeutig verständliches Wort, nicht eindeutig verständliche Textpassage
[…]	Auslassung einer Textpassage
[Ergänzung bzw. Platzhalter]	Ergänzung zum Verständnis bzw. Austausch durch Platzhalter zur Wahrung der Anonymität

sodass auf eine Teiltranskription der für die Forschungsfragen relevanten Interview-passagen zurückgegriffen wurde. Basierend auf den Mitschriften, die nach allen teilnehmenden Beobachtungen und nicht aufgezeichneten Gesprächen sowie während allen Interviews und nach den Interviews beim Abspielen der Ton- und Videoaufnahmen erstellt wurden, konnten die relevanten und daher zu transkribierenden Passagen ermittelt werden. Bei der Transkription wurde die Sprache leicht geglättet und beispielsweise Dialekte, Verzögerungslaute, nonverbale Äußerungen wie Lachen oder Räuspern nicht transkribiert. In Tab. 1.2 können darüber hinaus die weiteren Regeln, nach denen transkribiert wurde, entnommen werden. Anzumerken ist, dass zur Wahrung der Anonymität sowohl bei der Transkription als auch bei der Vorstellung der fünf Organisationen bestimmte Angaben verändert wurden, die einen Rückschluss auf die Identität der interviewten Personen sowie der untersuchten Organisationen ermöglichen könnten.

Vorstellung der fünf Organisationen

Von den fünf untersuchten Organisationen stammten drei aus der IT-Branche, die beiden anderen sind zum einen in der Produktion sowie im Vertrieb von Konsumprodukten und zum anderen im Großhandel tätig. Die Organisationen sind in Deutschland und in der Schweiz ansässig. Zwei der fünf Organisationen haben darüber hinaus auch in anderen Ländern eine Niederlassung. Im Zeitraum der Untersuchung lag die Zahl der Mitarbeitenden jeweils zwischen 25 und 500. Zur Zeit der Untersuchung lag die Einführung des Managementkonzepts Holacracy fünf Jahre oder länger zurück. In der Erhebungsphase arbeiteten alle fünf Organisationen mit der Version 4.1 der Holacracy-Verfassung.[5] Die Implementierung fand in vier der fünf Organisationen organisationsübergreifend

---

[5] Daher beziehen sich alle Erläuterungen, Analysen und Ergebnisse dieser Arbeit auf diese, wenn nicht explizit darauf verwiesen wird, dass nicht diese Version der Verfassung gemeint ist, sondern eine andere. Die Holacracy-Verfassung V4.1 ist zu finden unter https://www.holacracy.org/constitution [zuletzt aufgerufen am 15.11.2021].

statt, in einer Organisation wurde Holacracy lediglich in einem der [4] Organisations-bereiche eingeführt. Drei der Organisationen waren vor der Einführung der Holacracy klassisch hierarchisch aufgebaut, wenn auch mit unterschiedlich vielen Hierarchiestufen. Bei den anderen Organisationen wurde das Managementkonzept eingeführt, als sie dabei waren, aus ihrer Start-up-Phase herauszuwachsen.

Literatur

Allen, David. 2015. *Getting Things Done. The Art of Stress-Free Productivity*. East Rutherford: Penguin Publishing Group.

Altman, Roy. 2016. HR Organizational Structure – Past, Present, and Future. *Workforce Solutions Review*: 13–15.

Archer, Isaiah, Sarah Forrester-Wilson und Lewis Muirhead. 2016. Exploring Holacracy's Influence on Social Sustainability Through the Lens of Adaptive Capacity.

Beausoleil, Angèle. 2021. From Hierarchy to Holacracy. *Rotman Management Magazine*: 105–109.

Bischof, Nicole. 2019. Self-Leadership in selbstorganisierten Systemen am Beispiel Holacracy. In *Führen in der Arbeitswelt 4.0*, Bd. 16, hrsg. Christoph Negri, 63–72, 1. Aufl. Der Mensch im Unternehmen: Impulse für Fach- und Führungskräfte. Berlin, Heidelberg: Springer.

Csar, Matthias. 2017. Holacracy. *Gruppe. Interaktion. Organisation. Zeitschrift für Angewandte Organisationspsychologie* 48 (2): 155–158.

Döller, Michael. 2017. Die „Human Cloud" und die Organisationsberatung einer seltsamen Zukunft. *Zeitschrift für Psychodrama und Soziometrie* 16 (S1): 185–199.

Galagan, Pat. 2014. Wholly Different. Zugriff am 15. November 2021. https://www.td.org/magazines/td-magazine/wholly-different.

Glatz, Hans und Friedrich Graf-Götz. 2018. *Handbuch Organisation gestalten. Für Praktiker aus Profit- und Non-Profit-Unternehmen, Trainer und Berater. Mit E-Book inside*, 3. Aufl. Weinheim: Beltz.

Gläser, Jochen und Grit Laudel. 2010. *Experteninterviews und qualitative Inhaltsanalyse als Instrumente rekonstruierender Untersuchungen*, 3. Aufl. Lehrbuch. Wiesbaden: VS Verlag für Sozialwissenschaften.

Guilherme, Mariana Godinho Coelho. 2020. Can Holacracy in Organizations Be Relevant to Millennials? Zugriff am 15. November 2021. http://hdl.handle.net/10400.14/29869.

Haisler, Dustin und Tim Howell. 2016. Is It Time to Fire the Boss? *Government Technology*: 12–17.

HolacracyOne. 2014. History of Holacracy. The Discovery of an Evolutionary Algorithm. Zugriff am 15. November 2021. https://blog.holacracy.org/history-of-holacracy-c7a8489f8eca.

HolacracyOne. „Holacracy Practitioner Stories. Holacracy Is Practiced All Over the World in a Wide Variety of Industries. Here's a Sampling of Successful Adoptions.". Zugriff am 15. November 2021. https://www.holacracy.org/success-stories#whos-practicing.

HolacracyOne. HolacracyOne. We're the Company Stewarding the Holacracy Movement and Evolution of the Practice. Zugriff am 15. November 2021. https://www.holacracy.org/holacracyone/about.

HolacracyOne. 2015. Holacracy Constitution Version 4.1. Zugriff am 15.11.2021. https://www.holacracy.org/constitution.

Kaduthanam, Santhosh und Edgar Heim. 2019. Holacracy bei Labster. In *Digitalisierung in der Praxis*, hrsg. Axel Uhl und Stephan Loretan, 311–323. Wiesbaden: Springer Fachmedien Wiesbaden.

Kaner, Sam. 2014. *Facilitator's Guide to Participatory Decision-Making*, 3. Aufl. New York, NY: John Wiley & Sons Incorporated.

Koestler, Arthur. 1967. *Ghost in the Machine*. London: Penguin Group.

Kühl, Stefan. 2023. Schattenorganisation. Agiles Management und ungewollte Bürokratisierung. Frankfurt a. M., New York: Campus.

Kumar S., Vijay und Subhasree Mukherjee. 2018. Holacracy – The Future of Organizing? The Case of Zappos. *Human Resource Management International Digest* 26 (7): 12–15.

Kurt, Selen. 2019. Circle Structure in Holacratic Organizations: An Analysis of How to Process Tension Into Change. In *Digitalen Wandel gestalten*, hrsg. Lochmahr, 49–59. Wiesbaden: Springer Fachmedien Wiesbaden.

Marboe, Gregor. 2020. A Comparison of Scrum and Holacracy and Their Impacts on Organsation, Wien. Zugriff am 15. November 2021. https://resolver.obvsg.at/urn:nbn:at:at-ubtuw:1-95824.

Marrold, Lisa. 2018. Mit Holacracy auf dem Weg zur agilen Organisation. In *Arbeitswelt der Zukunft: Trends – Arbeitsraum – Menschen – Kompetenzen/Hrsg., Harald R. Fortmann und Barbara Kolocek*, Bd. 89, hrsg. Harald R. Fortmann und Barbara Kolocek, 83–99. Wiesbaden.

Punkka, Timo. The Bottom-Up Agency in Driving Institutional Change: A Case Study in a Corporate Environment. Zugriff am 15. November 2021. https://aaltodoc.aalto.fi/handle/123456789/103543.

Robertson, Brian J. 2015. *Holacracy. The New Management System For a Rapidly Changing World*. New York: Holt.

Schell, Sabrina und Nicole Bischof. 2022. Change the Way of Working. Ways Into Self-organization with the Use of Holacracy. An Empirical Investigation. *European Management Review* 19: 123–137.

Schmitz, Susanne. 2018. Holacracy. In *Agenda HR – Digitalisierung, Arbeit 4.0, New Leadership: Was Personalverantwortliche und Management jetzt nicht verpassen sollten/Anabel Ternès, Clarissa-Diana Wilke, (Hrsg.)*, Bd. 63, hrsg. Anabel Ternès und Clarissa-Diana Wilke, 183–198. Wiesbaden, Germany: Springer Gabler.

Schwer, Karlheinz und Christian Hitz. 2018. Designing Organizational Structure in the Age of Digitization. *Journal of Eastern European and Central Asian Research* 5 (1): 1–11.

van de Kamp, Pepijn. 2014. Holacracy – A Radical Approach to Organizational Design. In *Elements of the Software Development Process – Influences on Project Success and Failure*, hrsg. Hans Dekkers, Wil Leeuwis und Ivan Plantevin, 13–25. Amsterdam: University of Amsterdam.

Weller, Dirk und Regina Hunschock. 2012. Holakratie – ein systemisch-integraler Entwicklungsansatz für Führung und Organisation. *Wirtschaftspsychologie* (2): 89–99.

Wilber, Ken. 1995. Sex, Ecology, Spirituality. The Spirit of Evolution. Boston: Shambhala.

Wittrock, Dennis. 2017. Lern- und Entscheidungsprozesse im Unternehmen. In *Anders wirtschaften: Integrale Impulse für eine plurale Ökonomie/Jens Hollmann, Katharina Daniels (Hrsg.)*, hrsg. Jens Hollmann und Katharina Daniels, 99–136, 2. Aufl. Wiesbaden, Germany: Springer Gabler.

Zeuch, Andreas. 2016. Holacracy. Vom Scheitern eines Betriebssystems. Zugriff am 15. November 2021. https://unternehmensdemokraten.de/2016/12/12/holacracy-vom-scheitern-eines-betriebs-systems/.

Phanmika Sua-Ngam-Iam ist Soziologin an der Universität Bielefeld. Ihre Forschungsschwerpunkte sind Managementkonzepte sowie Netzwerke und Kooperationen in der öffentlichen Verwaltung.

sua-ngam-iam@uni-bielefeld.de

Führen ohne Weisungshierarchie. Über die informale Kompensation hierarchischer Kontrolle in holakratischen Organisationen

Dustin Brodda

Die Wahl eines wirksamen Führungskonzepts scheint mit Abstand einer der wichtigsten Erfolgs- und Wettbewerbsfaktoren für Unternehmen zu sein (vgl. Duwe 2016, S. 5; Moser 2017, S. 1). Ein Blick auf aktuelle Organisationskonzepte zeigt dabei, dass die klassische Hierarchie einen faden Beigeschmack bekommen hat (Kühl 2001, S. 467) und schon lange nicht mehr das selbstverständliche Führungsinstrument ist, das sie einst einmal war (Kühl et al. 2004, S. 71; vgl. Lee und Edmondson 2017, S. 37). Die Hierarchie mit ihren starren und zum Teil rigiden Strukturen führe, so die Kritik, zu ineffizienten und langsamen Kommunikations- und Entscheidungswegen, einer zunehmenden Perspektivenverengung sowie einem Rückgang der Motivation und Sinnhaftigkeit bei der Arbeit (vgl. Heydebrand 1989; Jaques 1990). Weil Organisationen heutzutage allerdings in einer sich immer schneller verändernden Umwelt agieren, sei die Hierarchie aufgrund der bürokratischen Überregulierung nicht mehr geeignet, die notwendige Flexibilität und Zusammenarbeit sicherzustellen (Adler 2001, S. 216). Infolgedessen ist im Managementdiskurs eine Zunahme von Organisationskonzepten zu beobachten, die besonderes Gewicht auf Selbstorganisation, Partizipation, Sinnhaftigkeit und Agilität legen (vgl. Hamel 2011; Grote und Goyk 2017, S. 18 f.).[1]

---

[1] Interessant ist, dass vergleichbare Forderungen nach mehr Flexibilität und Anpassungsfähigkeit in Organisationen bereits in frühen Betrachtungen von Burns und Stalker (1961) oder Mintzberg (1979, S. 431) beschrieben wurden. Daher ist zu hinterfragen, ob die im aktuellen Managementdiskurs diskutierten hierarchiearmen Organisationskonzepte wirklich so neu und revolutionär sind, wie sie vorgeben zu sein.

D. Brodda (✉)
Fakultät für Soziologie, Universität Bielefeld, Bielefeld, Deutschland
E-Mail: dustin.brodda@uni-bielefeld.de

© Der/die Autor(en), exklusiv lizenziert an Springer Fachmedien Wiesbaden GmbH, ein Teil von Springer Nature 2023
S. Kühl und P. Sua-Ngam-Iam (Hrsg.), *Holacracy*,
https://doi.org/10.1007/978-3-658-40111-5_2

Seit einigen Jahren wird dabei die Holacracy als ein vielversprechender Kandidat und Vorreiter für eine hierarchiearme Organisationsform gehandelt, um alte Machtstrukturen in Unternehmen aufzubrechen (Moser 2017, S. 41 ff.; Laloux 2015, S. 274; Robertson 2016). Die Forderung der Holakraten beinhaltet eine Abkehr von der Entscheidungs-macht an der Spitze einer Organisation hin zu einer Dezentralisierung von Befugnissen und hoher Entscheidungsautonomie aller einzelnen Organisationsmitglieder (vgl. Csar 2017, S. 155). Dazu soll die klassische Hierarchie in eine strukturelle Führung trans-formiert werden, die vertikale Abteilungsstrukturen und Führungspositionen durch selbstorganisierte Kreisstrukturen und Rollen ersetzt.[2] In den Kreisen werden Ent-scheidungen nicht mehr von einigen wenigen Führungskräften bestimmt, sondern mit allen Kreismitgliedern in Meetings ausgehandelt. Eine strikte Prozesssteuerung gibt den Handlungsrahmen vor, in dem Entscheidungen frei von Vorgesetzten und ausschließlich mit Hilfe des holakratischen Managementprozesses erarbeitet und legitimiert werden können. Aufgrund des hohen Formalisierungsgrades ist es daher nicht verwunderlich, dass Holakraten ihr Modell als ein Betriebssystem zur Organisation von Arbeit und Führung beschreiben (vgl. Robertson 2016, S. 21).

Führung in einer holakratischen Organisation findet – zumindest konzeptionell betrachtet – nur noch in einem sehr stark formalisierten Rahmen statt. Aus system-theoretischer Sicht ist Führung in einer Organisation ein äußerst diffuser, sozialer Beein-flussungsprozess, der sich zwischen den Mitgliedern in Interaktionen abspielt und einer Formalisierung immer nur bedingt und zudem nur unvollständig zugänglich ist (Luhmann 1964, S. 207). Bei einem solchen Führungsverständnis drängt sich die Frage auf, wie die Mitglieder Führung im Organisationsalltag unter der Bedingung extremer Formalisierung wahrnehmen und welche Folgeprobleme daraus resultieren. Da bereits für eine Reihe von vergleichbaren hierarchiearmen Managementkonzepten gezeigt werden konnte, dass die Schwächung oder Auflösung der Hierarchie meist mit einer Stärkung informaler Organisationsstrukturen einhergeht (Diefenbach und Sillince 2011; vgl. Freeman 2013; vgl. Kühl 2015; vgl. Ingvaldsen und Benders 2020, S. 474 f.), liegt es nahe, dieses Phänomen auch in der Holacracy zu untersuchen.[3] Als Ausgangspunkt für die Untersuchung dient eine empirische Fallstudie über ein holakratisch organisiertes Unternehmen.

---

[2]Weit verbreitet ist die Annahme, dass die Holacracy die Hierarchie rücksichtslos abschafft. Das ist jedoch nicht der Fall, da sie diese in neue Strukturen transformiert. Zu dieser Fehlannahme siehe Romme (2015).

[3]Holacracy wird für die Soziologie gerade deshalb zu einem spannenden Untersuchungsgegen-stand, weil sie im Gegensatz zu vielen anderen Organisationsformen nicht die Abflachung von Hierarchien durch Entformalisierung von Organisationsstrukturen erzwingt. Stattdessen verfolgt sie eine Strategie der Formalisierung, die auf den ersten Blick paradox erscheinen mag. Inwieweit die Reaktionen auf die Abschaffung traditioneller Hierarchien unterschiedlich ausfallen, müsste noch genauer untersucht werden. Hinweise darauf, dass es jedoch auch in der Holacracy zu einer Erstarkung der informalen Hierarchie kommen kann, finden sich bereits früh bei Monarth (2014).

Zunächst erfolgt eine kurze Vorstellung der untersuchten Organisation und ihrer Transformation zur Holacracy (s. Abschn. 2.1). Für das Verständnis und die anschließende Analyse der holakratischen Organisationsstrukturen werden Führung und Hierarchie aus einer organisationssoziologischen Perspektive in den Blick genommen. Dabei wird sich vor allem auf die systemtheoretischen Überlegungen von Niklas Luhmann (1964) über Organisationen als formalisierte soziale Systeme gestützt. Neben der bisher eher überschaubaren organisationstheoretischen Literatur zu Holacracy[4] beruhen die Erkenntnisse und Annahmen zum Organisationskonzept weitgehend auf dem Buch „Holacracy: Ein revolutionäres Management-System für eine volatile Welt" (2016) des Holacracy-Gründers Brian Robertson und auf der Holacracy-Verfassung 4.0 (Constitution 2021). Die Analyse (s. Abschn. 2.2) konzentriert sich auf die weitgehende Verlagerung der Entscheidungsfindung auf formale Interaktion, wobei der Schwerpunkt auf Governance-Sitzungen gelegt wird.[5] Anhand der erhobenen empirischen Daten werden dann die daraus resultierenden Folgen für die Organisation dargestellt (s. Abschn. 2.3). Auf der Grundlage der gesamten Analyse werden abschließend (s. Abschn. 2.4) die Grenzen der Hierarchiefreiheit und die Folgen des holakratischen Organisationskonzepts aufgezeigt.

2.1 Von der Hierarchie zur Holacracy

Das in diesem Beitrag untersuchte holakratische Unternehmen heißt [Plasticles] und hatte zum Zeitpunkt der Untersuchung rund 70 Mitarbeitende.[6] Das Unternehmen wurde zunächst aus einem Freundes- und Bekanntenkreis heraus als Start-up gegründet und erlebte innerhalb weniger Jahre ein rasantes Unternehmenswachstum. Während in der Anfangsphase „jeder wusste, was er zu tun hatte" (Interview 4, #00:01:18), wurden die Aufgaben mit der Zeit immer komplexer. Als Reaktion darauf wurden zunächst klassische Führungspositionen wie der „Chief Operating Officer" (Interview 1a, #00:17:00) geschaffen. Die zunehmende Ausdifferenzierung hierarchischer Strukturen führte jedoch schnell dazu, dass einige Mitglieder immer weniger Eigenverantwortung übernahmen und sich zunehmend „beim Chef irgendwie absichern" wollten (Interview 1a, #00:18:01). Einzelne Entscheidungsspitzen empfanden dies zunehmend als eine

---

[4] Siehe dazu beispielsweise Bernstein et al. (2016), Csar (2017), Goyk und Grote (2017), Altherr (2019, S. 420), Hasenzagl und Müller (2020), Bull und Muster (2021), Sua-Ngam-Iam und Kühl (2021).

[5] Der Grund dafür ist, dass in den Governance-Meetings vor allem organisatorische und strategische Entscheidungen getroffen werden, die in der Vergangenheit hauptsächlich auf der hierarchischen Ebene getroffen wurden.

[6] Aus Gründen der Anonymität wurden Informationen, die möglicherweise Rückschlüsse auf die Identität der Organisation oder ihrer Mitglieder zulassen könnten, abgeändert. Ausführlichere Angaben zum methodischen Ansatz sind in Abschn. 1.4 des Sammelbandes zu finden.

Überlastung. „[Wir] wollten selbstverantwortlich arbeiten, aber haben gemerkt, mit dieser Struktur funktioniert das gerade nicht." (Interview 1a, #00:18:27). Als Reaktion auf diese Strukturdefizite entschied sich das Unternehmen für die Einführung des Managementkonzepts Holacracy, welches dem Bedürfnis nach mehr Struktur und Klarheit Rechnung tragen sollte (Interview 4, #00:01:38). Die Transformation von einer hierarchischen zu einer holakratischen Organisationsstruktur wurde zu Beginn von zwei externen Holacracy-Coaches begleitet und später von internen Coaching-Rollen weitergeführt (Interview 4 #00:08:16).

Der Kerngedanke der Holacracy ist, dass es durch die Abschaffung von hierarchischen Führungskräften und Abteilungsstrukturen den Organisationsmitgliedern möglich wird, sich umfassend selbst zu organisieren. Nach holakratischer Auffassung ermöglicht das eine Verkürzung der Entscheidungswege (Sauter et al. 2018, S. 51), weil Entscheidungen dorthin verlagert werden, wo sie tatsächlich anfallen. Hieraus würden sich wesentliche Vorteile ergeben: Zum einen wird die Geschwindigkeit der Entscheidungsfindung erhöht, was zu einer schnelleren Anpassung der Organisation führen soll, da nichts mehr in der Hierarchie aufwärts verarbeitet werden muss (vgl. Robertson 2016, S. 51). Zum anderen bleiben die entscheidungsrelevanten Meinungen und Informationen größtenteils ungefiltert, was zu einer höheren Entscheidungsqualität beiträgt (vgl. Mitterer 2015, S. 426 ff.).

Durch die Abschaffung der personenzentrierten Hierarchie verfolgen Holakraten das Ziel, die einzelnen Organisationsmitglieder von externen Steuerungsimpulsen durch Vorgesetzte zu befreien. Organisationsmitglieder sollen nicht länger von Vorgesetzten kontrolliert und überwacht werden, die ihnen klare Instruktionen geben, wie sie bestimmte Tätigkeiten auszuführen haben (Robertson 2016, S. 22). An die Stelle der Weisungshierarchie soll eine Form der Selbstorganisation treten, bei der die Mitglieder aus eigenem Antrieb heraus in einer Weise denken und handeln, die für die Verwirklichung der Organisationsziele am besten ist (ebd., S. 37).[7] Das Verständnis von Führung in Organisationen und ihre Funktion soll nachfolgend näher beleuchtet werden. Hierfür wird zunächst genauer auf den Unterschied zwischen klassisch hierarchischen und holakratisch selbstorganisierten Organisationsstrukturen eingegangen.

Die Funktion hierarchischer Führung

Aus organisationssoziologischer Sicht muss zwischen Hierarchie und Führung unterschieden werden. Während Hierarchie eine formalisierte Erwartungsstruktur darstellt, kann Führung zunächst allgemeiner als „situativ erfolgreiche Einflussnahme in kritischen

---

[7] Interessant erscheint in diesem Zusammenhang, dass der Begriff „Selbstorganisation" in einer managementorientierten Sprache zumeist als eine neue Arbeitsweise beschrieben wird, die hierarchiearm und agil ist. Dass Selbstorganisation auch in Hierarchien eine wichtige Rolle spielt und eine differenziertere Definition für die Analyse von Organisation sinnvoll wäre, findet sich bereits bei Manz und Sims (1980). Für diesen Beitrag genügt jedoch das naheliegende Grundverständnis von Selbstorganisation, welches von Fremdbestimmung abzugrenzen ist.

Momenten" definiert werden (Muster et al. 2020, S. 287). Führen kann demnach prinzipiell jede Person, die es versteht, sinnvolle Vorschläge zu machen und gleichzeitig entsprechende Unterstützung dafür zu aktivieren (Luhmann 1964, S. 208). Führung ist immer dann erforderlich, wenn die bestehenden Erwartungen in einer Situation nicht ausreichen, um das Zusammenleben und -handeln der Mitglieder zu gewährleisten. Dies kann der Fall sein, wenn Situationsdefinitionen noch nicht vorhanden sind oder aufgrund einer sich verändernden Umwelt als hinderlich empfunden werden. Denkbare Beispiele für solche kritischen Momente sind Überschneidungen von Verantwortungsbereichen, neu geschaffene noch nicht zugewiesene Aufgaben, oder die unzureichende Bereitstellung von Dienstleistungen. Die Übernahme von Führung und die Aktivierung von Gefolgschaft bleibt in diesen Momenten ein ständiger Aushandlungsprozess, der kommunikativ zwischen den Anwesenden verhandelt wird (Muster et al. 2020, S. 285).

Im Gegensatz zu anderen sozialen Systemen wie Gruppen oder einfachen Interaktionen sind in Organisationen die offiziellen Möglichkeiten zur Durchsetzung von Führungsansprüchen und der Einfluss einzelner Mitglieder begrenzt (vgl. Kühl 2021a, S. 10). Der Grund dafür ist, dass Organisationen Fügsamkeit und Gehorsam als formale Erwartungsstruktur etablieren und damit eine sehr hohe Handlungsbereitschaft und Konformität bei den Mitgliedern erzeugen (Luhmann 1964, S. 35 ff., 1975, S. 14). Auf diese Weise wird ein ständiges Aushandeln von situativen Führungsansprüchen unter den Mitgliedern weitgehend entschärft, da Führungsansprüche an sozial generalisierte Führungsrollen wie etwa Schicht-, Bereichs- oder Abteilungsleitung gekoppelt sind (Luhmann 1964, S. 161; Kühl 2010, S. 3). Wenn Organisationen so verfahren, ist von einer Hierarchie die Rede.

Nach traditioneller Auffassung verfestigen sich Hierarchien innerhalb von Organisationen als pyramidenartige Rang- und Abteilungsordnungen, die auf Über- und Unterordnung beruhen und den Informationsfluss zwischen den Organisationsmitgliedern durch Kontroll- und Befehlslinien von oben nach unten miteinander verbinden (vgl. Weber 1921/1980, S. 124). Auf diese Weise werden Mitglieder in ein Verhältnis von Vorgesetzten und Untergebenen gestellt. Kennzeichnend für das klassische bürokratische Organisationsmodell ist, dass alle Mitglieder grundsätzlich nur einem bestimmten Rang und auch nur einer bestimmten Abteilung zugeteilt sind, in der sie sich ausschließlich auf den zugeschnittenen Tätigkeitsbereich ausrichten. In jeder hierarchisch strukturierten Organisation gilt dabei: Je höher der hierarchische Rang ist, desto größer sind die damit einhergehenden formalen Macht- und Einflussmöglichkeiten (Luhmann 1964, S. 162). Daraus resultierend ist es für bürokratische Organisationen charakteristisch, dass in ihnen zumeist eine ungleiche Verteilung von Einfluss besteht, die vor allem durch das formale hierarchische Verhältnis von Über- und Unterordnung stabilisiert und reproduziert wird (vgl. Kette 2018, S. 59 f.).

Eine verlässliche Folgebereitschaft in der Hierarchie wird dadurch sichergestellt, dass ihre Akzeptanz durch Formalisierung zur Bedingung für die Mitgliedschaft in der Organisation gemacht wird (Luhmann 1964, S. 161). Ab dem Zeitpunkt der formalen Festlegung der Führungsstruktur ist die Geltendmachung von formalem Einfluss keine

Verhandlungssache im Sinne besserer Argumente oder gegenseitiger Achtung oder Sympathie, sondern eingeforderter Gehorsam (ebd., S. 209; vgl. Mintzberg 1983, S. 140). Der Effekt der Hierarchie ist sogar in Situationen zu beobachten, in denen allein die Prominenz des Vorgesetzten und das damit verbundene Drohpotenzial in einer Situation ausreicht, um eine Situationsdefinition durchzusetzen oder Rollenerwartungen zu präzisieren (Luhmann 1964, S. 216 f.).

Die Hierarchie erweist sich als eine sehr effektive Form zur Durchsetzung von Führung. Mit ihrer Hilfe wird sichergestellt, dass Entscheidungen jederzeit schnell und effizient getroffen werden können, ohne dass in jeder Situation ein allgemeiner Konsens zwischen den Mitgliedern über die Verantwortung und den Rang einzelner Mitglieder ausgehandelt und hergestellt werden muss. Dies bewährt sich insbesondere dann, wenn Organisationen „neues Terrain" betreten oder in schwieriges Fahrwasser gelangen, wo es zu ungelösten Fragen, unklaren Leistungsanforderungen oder Konflikten zwischen einzelnen Personen kommt. Denn mit Verweis auf das Vorgesetztenverhältnis können diese zunächst vor Ort entschärft, wenn nicht gar gelöst werden.

Holacracy statt Hierarchie

Für die holakratische Organisationsarchitektur wird im Gegensatz zur hierarchischen Organisation sowohl gänzlich auf Führungspersonen als auch auf Abteilungsstrukturen verzichtet. Die Autorität, die bisher bei wenigen Führungspersonen angesiedelt war, wird in eine Vielzahl von Einzelrollen zerlegt und auf Kreise aufgeteilt. Kreise ersetzen das Prinzip der Abteilungsbildung in der Organisation – Rollen ersetzen das Prinzip von Führungskräften. Jede einzelne Rolle ist nach einem spezifischen Zweck ausgerichtet und umfasst einen vorher definierten Kompetenzbereich, innerhalb dessen die Mitglieder relativ eigenständig alle Entscheidungen treffen können (Robertson 2016, S. 75; siehe auch Constitution 4.1, 4.3). Die Kreise verfolgen einen den Rollen übergeordneten Organisationszweck und existieren als teilautonome, selbstorganisierende Organisationseinheiten (Moser 2017, S. 45). Es wird also nicht mehr in hierarchischen Rängen, ganzheitlichen Führungspositionen oder festen Abteilungen gedacht; vielmehr geht es um die Übernahme von individueller Rollenverantwortung.

Im Vergleich zur klassischen pyramidenförmigen Organisationsstruktur sind in der Holacracy die einzelnen Kreise nicht nur durch vertikale Kommunikationswege verbunden, sondern zusätzlich durch spezielle Verbindungspunkte (Lead, Rep und Cross Link) untereinander vernetzt. Dadurch können Informationen sowohl vertikal als auch horizontal ausgetauscht werden. Die einzelnen Mitglieder stehen deshalb weder in einem hierarchischen Oben-Unten-Verhältnis zueinander, noch gehören sie nur einer bestimmten Abteilung an. Stattdessen nehmen sie in der Regel mehrere Rollen in verschiedenen Kreisen ein und sind dadurch in der Lage, ihre Fähigkeiten – so zumindest die Idee der Holacracy – gezielt an den Stellen im Unternehmen einzubringen, an denen sie auch gebraucht werden. Ein wesentlicher Teil der Führung existiert nur noch in den einzelnen Kreisen; die klassische Hierarchie wird dadurch mehr oder weniger überflüssig gemacht (Muster et al. 2020, S. 287).

Das Ordnungsmoment der hierarchischen Führungsstruktur wird in der Holacracy durch eine Verfassung ersetzt, die von allen Mitgliedern anerkannt werden muss und fortan als einzige und neue formale Autoritätsstruktur dient (Kühl 2021b). Die Notwendigkeit einer solchen Verfassung ergibt sich aus der Tatsache, dass durch die fehlende vertikale Differenzierung der Hierarchie zunächst unbestimmt bliebe, welche Mitglieder mit wem kommunizieren müssten und dürften. Zudem wäre aufgrund der fehlenden Rangordnung nicht klar, wie und wer in Pattsituationen oder Konflikten Entscheidungen treffen könnte. Die holakratische Verfassung bietet jedoch einen Handlungsrahmen, welcher für alle Mitglieder die weitreichendsten Fragen der Zusammenarbeit im Voraus klärt und somit für Eindeutigkeit bezüglich der Autoritäten und Erwartungen sorgen soll (vgl. Constitution 4.1, Präambel; Robertson 2016, S. 192). Auf dieser Grundlage können innerhalb der Kreise dann Rollen, Subkreise und Policies (Regeln) definiert, abgeändert oder entfernt werden (Constitution 4.1, 3.1). Im Sinne einer dynamischen Steuerung lassen sich so alle Kreiszwecke und -strukturen je nach Bedarf und Notwendigkeit variabel gestalten, wodurch die Kreismitglieder ein größtmögliches Mitbestimmungsrecht erhalten (Berend und Brohm-Badry 2020, S. 28).

Richtlinien und Entscheidungen werden in der Holacracy also nicht mehr durch Vorgesetzte angeordnet und überprüft, sondern gemeinsam von den Kreismitgliedern definiert und realisiert (vgl. Lee und Edmondson 2017, S. 38). Die Holacracy unterscheidet sich daher in der Entscheidungsfindung grundlegend von hierarchischen Organisationen, in denen Entscheidungen oft nur von Vorgesetzten angekündigt werden oder es diskrete Empfehlungen gibt, bestimmte Maßnahmen nicht oder anders zu ergreifen. Zwar soll hier nicht behauptet werden, dass klassische Vorgesetzte in ihrem Handeln völlig frei und ohne Zwänge sind, oder dass sie in ihren Positionen nicht auch bestimmte Coachingaufgaben wahrnehmen. Dennoch muss hierbei der große Unterschied zwischen der Holacracy und traditioneller hierarchischer Führung berücksichtigt werden. Führung in der Holacracy bedeutet, die Verantwortung für die eigenen Aufgaben, Anliegen und Probleme zu übernehmen. Dies hat allerdings den Effekt, dass sich die Organisationsmitglieder nicht mehr auf die Autorität der Vorgesetzten verlassen können, die mit gezielten Vorgaben helfen oder gegebenenfalls entstehende Konflikte eindämmen und entschärfen könnten. Die Verlagerung der Entscheidungsfindung in Kreise hat also Konsequenzen für den Arbeitsalltag, die im nächsten Abschnitt ausführlicher untersucht werden.

2.2 Die Verlagerung der Entscheidungsfindung in Meetinginteraktionen

Mit der Einführung der Holacracy wird die Entscheidungsgewalt nicht mehr von einzelnen Vorgesetzten ausgeübt, sondern an den holakratischen Prozess übergeben (Robertson 2016, S. 21). In der Holacracy wird davon ausgegangen, dass dabei im Organisationsalltag „naturgemäß" Spannungen aufkommen (Sauter et al. 2018, S. 50). Die Spannung wird als ein wertfreier Begriff verwendet, der die Wahrnehmung einer spezifischen Abweichung zwischen der aktuellen Situation und einem vermuteten Potenzial ausdrückt. Spannungen dienen als Grundlage für die fortlaufend-evolutionäre Weiterentwicklung der Organisation (Robertson 2016, S. 35). Spannungen in Bezug auf die Organisationsstruktur werden in den in der Regel monatlich stattfindenden Governance-Meetings gelöst. Unmittelbar arbeitsrelevante Spannungen werden in den zumeist wöchentlichen operativen Meetings behandelt.

Das Erkennen und Diskutieren ungenutzter Potenziale sowie die anschließende etwaige Anpassung der Formalstruktur – also das, was in bürokratisch-hierarchischen Organisationen von den Führungskräften übernommen wird – erfolgt innerhalb der holakratischen Meetings nach dem Konsentprinzip. Entscheidungen gelten demnach nur dann als bestätigt, wenn es in dem Kreis keine legitimen Gegenstimmen gibt (vgl. Constitution 4.1, 3.2). Eine Stimmengleichheit unter den Kreismitgliedern soll sicherstellen, dass das Argument den Ausschlag bei der Abstimmung gibt und alle Mitglieder ihre Bedenken oder Gegenargumente gleichermaßen vorbringen können. Dadurch haben kleinere Rollen mit wenig Umfang eine ebenso starke Stimme wie größere Rollen. Allerdings bedeutet das auch, dass Einwände grundsätzlich argumentativ vorgetragen werden müssen. Wie später noch näher erläutert wird, führt dies zu nicht zu unterschätzenden Abschreckungseffekten im Hinblick auf die Einbringung von Gegenstimmen.

Indem die holakratischen Meetings zum zentralen Aushandlungsort für Entscheidungen werden, wird die Interaktion viel stärker in den Mittelpunkt der Entscheidungsfindung gerückt, als dies in hierarchischen Organisationen aufgrund vorgegebener Kommunikationsstrukturen und Statusunterschiede jemals der Fall wäre. Aus systemtheoretischer Sicht ist dabei zu beachten, dass es sich bei Organisationen und Interaktionen um zwei verschiedene Arten von Systemen handelt, die jeweils einer eigenen Logik folgen (Luhmann 2014, S. 11 ff.). Wenn Entscheidungssituationen in der Organisation derart in Interaktionssysteme verlagert werden, ergeben sich daraus Implikationen für die Gestaltungsmöglichkeiten, die Umsetzung und Grenzen von Führung.

Sachliche, zeitliche und soziale Grenzen der Interaktion

Eine wichtige Unterscheidung im Hinblick auf Interaktionssysteme ergibt sich aus der Abgrenzung zweier unterschiedlicher Interaktionstypen (vgl. Blau und Scott 1962, S. 5 f.). Zum einen gibt es die mehr oder weniger zwanglosen informalen Interaktionen wie Plaudereien oder Tratsch auf dem Flur oder am Kaffeeautomaten. Zum anderen gibt es die formalen Interaktionen. Damit sind die offiziellen Kommunikationskanäle und -programme einer Organisation gemeint, die die Begegnungen und den Austausch der Organisationsmitglieder vorstrukturieren und relativ verbindlich festlegen (Luhmann 2014, S. 13; vgl. Kieserling 1994, S. 177).

Bei den holakratischen Meetingformaten handelt sich um formale Interaktionen, die im direkten Zusammenhang mit der Organisationszugehörigkeit und der formalen

Rolle stehen. Entscheidend ist, dass bei offener Ablehnung der formalen Erwartungen mit der Kündigung der Mitgliedschaft gedroht werden kann (Luhmann 1964, S. 38). Folglich wird die Interaktion nicht allein durch das natürliche, individuelle Verhalten der Beteiligten bestimmt, sondern durch formale Erwartungen reguliert und gesteuert (Luhmann 2014, S. 12). Um herauszufinden, wie sich die starke Formalisierung von Interaktionen auf die Wahrnehmung und Ausübung von Führung auswirkt, werden die drei Dimensionen (zeitlich, sachlich und sozial), die Interaktionen determinieren, näher betrachtet.

Die soziale Dimension umfasst eine Voraussetzung für das Zustandekommen einer Interaktion. Diese liegt in der gemeinsamen Wahrnehmung in einer unmittelbaren Face-to-Face-Situation, weshalb auch nur Anwesende an Interaktionen teilhaben können (Luhmann 2014, S. 7). In einer sachlichen Dimension ist die Interaktion hinsichtlich eines gemeinsamen notwenigen Aufmerksamkeitsschwerpunktes bestimmt. Voraussetzung dafür ist ein gemeinsamer Fokus und eine Abstimmung der Themen. Dadurch wird es den Interaktionsteilnehmern möglich, sich auf einzelne, überschaubar bestimmbare Inhalte zu konzentrieren (ebd., S. 9). In einer zeitlichen Dimension sind Interaktionen dadurch bestimmt, dass sie einen Anfang und ein Ende haben, wodurch sie zeitlich begrenzt sind (ebd., S. 10).

Interaktionen sind also sowohl durch die Anzahl der Teilnehmenden als auch durch die zu besprechenden Themen begrenzt (ebd., S. 12). Bei zu vielen Personen wird es zunehmend schwieriger, sich gegenseitig wahrzunehmen. Bei zu vielen Themen wird es schwierig, die Aufmerksamkeit gemeinsam zu fokussieren, weshalb in gewisser Weise nur eine sequenzielle Informationsverarbeitung möglich ist. Um die begrenzte Verarbeitungskapazität in der Interaktion zu überwinden und den Fokus auf ein konkretes Ziel zu lenken, setzt Holacracy auf die Stabilisierung von Interaktionen. Dazu nutzt sie eine streng standardisierte Meetingstruktur, die situativ relevante Interaktionsregeln und -prozesse definiert. Vor diesem Hintergrund ist es notwendig zu untersuchen, welche Funktionen und Folgen sich aus den holakratischen Interaktionsformaten für die Wahrnehmung von Führung in der Organisation ergeben.

Funktion und Folgen holakratischer Meetingstrukturen
Die Auflösung der Hierarchie hat zwei wesentliche Folgen: Die Erste ist, dass Entscheidungen von einzelnen Personen nur noch eingeschränkt – d. h. nur noch in ihrer eigenen Rolle – getroffen werden können; rollenübergreifende Entscheidungen erfordern daher immer eine Form der Konsententscheidung. Eine zweite Konsequenz ist, dass die Auflösung der Personenhierarchie auch eine Aufspaltung der Führungspositionen in viele kleine Einzelrollen mit sich bringt. Wenn also rollenübergreifende Entscheidungen getroffen werden, erfordert dies häufig die Beteiligung vieler Rollen. Daher erhöht sich bei den Entscheidungsinteraktionen sowohl die Zahl der beteiligten Personen (soziale Dimension) als auch die Zahl der aufkommenden Fragen und Themen (sachliche Dimension) und möglicherweise eine Wiederholung der Sitzungen, wenn sie ergebnisoffen verlaufen (zeitliche Dimension).

Gerade in holakratischen Meetings ist zu sehen, dass eine besonders starke Verfestigung von Erwartungsstrukturen genutzt wird, um die Ausweitung in sachlicher, zeitlicher und sozialer Hinsicht in den Griff zu bekommen. Im Mittelpunkt steht dabei eine streng standardisierte Meetingstruktur, die die Interaktionsregeln und -prozesse festlegt (vgl. Robertson 2016, S. 64). Ziel ist es, dass die Interaktionsteilnehmer nur in einem kontrollierbaren Modus Führung beanspruchen können. Die Einbettung der Interaktion in einen stark strukturierten organisatorischen Kontext sorgt dafür, dass der Handlungs- und Gestaltungsspielraum für abweichendes Verhalten im Meeting deutlich reduziert wird. Aus einer organisationssoziologischen Sicht erfüllen die holakratischen Meetings also die Funktion, Interaktionen in den jeweiligen Entscheidungssituationen zu entlasten, indem sie Informationen strukturiert aufnehmen, speichern und in eine für die Organisation konsistente, konsequente und vor allem anschlussfähige Form bringen (vgl. Laux und Liermann 1987, S. 57 ff.; vgl. Kieserling 1999, S. 335).

Im Hinblick auf die soziale Dimension begleiten spezielle Rollen wie „Facilitator" oder „Secretary" den gesamten Entscheidungsprozess, um den ordnungsgemäßen Ablauf zu gewährleisten (Robertson 2016, S. 47 f.). Ihre Aufgabe ist es, die Teilnehmer der Interaktion durch die Sitzung zu leiten, die Einhaltung der Sitzungsrichtlinien ordnungsgemäß zu überwachen und eventuell auftretende Abweichungen zu sanktionieren bzw. zu korrigieren.[8] Der thematische Ausgangspunkt für Diskussionen in holakratischen Meetings sind die von den Mitgliedern selbst eingebrachten Spannungen. Nach den holakratischen Sitzungsrichtlinien können Spannungen immer zu Beginn eines Meetings von den jeweils betroffenen Rollen eingebracht und in die Tagesordnung aufgenommen werden (Robertson 2016, S. 65). Durch eine solche Strukturierung der Interaktion wird sichergestellt, dass entstehende Spannungen nur in einer für die Organisation tragfähigen Form zugelassen werden. Der geringe Grad an Sachzentrierung soll eine möglichst offene Diskussion und Entscheidungsfindung gewährleisten (Eckstein und Muster 2021, S. 653 f.). Durch die zeitliche Festlegung des Themas und der Reihenfolge der Beiträge wird ein klarer Fokus im Entscheidungsprozess erzwungen. Die einzelnen Themen werden nacheinander diskutiert und nach dem Konsentprinzip entschieden (ebd.). Auftretende Unsicherheiten können dann – gemäß der holakratischen Annahme – an Ort und Stelle aufgefangen und in eine formale Struktur überführt werden, auf deren Grundlage neue Entscheidungen getroffen werden können.

Es ist notwendig, genauer zu untersuchen, wie der konzeptionelle Rahmen der Holacracy im Organisationsalltag umgesetzt wird. Denn aus organisationssoziologischer Sicht weichen die Interaktionen in Organisationen häufig von den formalen Vorgaben ab,

---

[8] Der Handlungsspielraum dieser Rollen umfasst keine Befugnisse, wie es Disziplinarkräfte normalerweise in Organisationen hätten. Sie sind insofern nur mit der notwendigen hierarchischen Autorität ausgestattet, als dass sie gerade in der Lage sind, holakratische Regeln aus der Verfassung umzusetzen und zu bewahren, nicht aber – so zumindest die Absicht dahinter – um nach Belieben Einfluss nehmen zu können.

da sie spezifischen Eigenlogiken und Situationsdynamiken unterliegen. Inwieweit sich dies im untersuchten holakratischen Unternehmens beobachten lässt, soll im nächsten Abschnitt betrachtet werden.

2.3 Kehrseite der Formalisierung

Ein zentrales Versprechen von Holacracy ist es, durch Eindeutigkeit und Klarheit in Meetings sicherzustellen, dass alle notwendigen Erwartungen an Führung einer formalen Struktur unterworfen werden können. Wird das Versprechen der Holacracy beim Wort genommen, verwandelt sich Führung in ein Managementsystem, das im täglichen Handeln allgegenwärtig ist und die Prozesse innerhalb der Organisation kontinuierlich an die Anforderungen der Umwelt anpasst und steuert (Csar 2017, S. 155 f.). Demnach wäre die formale Struktur der Organisation ein Abziehbild der tatsächlichen Struktur der Organisation, die ständig um wichtige Aspekte erweitert und verändert werden kann.

Aus organisationssoziologischer Perspektive ergeben sich jedoch Zweifel an einer solchen Steuerungsfantasie (vgl. Luhmann 2000, S. 70; Hasenzagl und Müller 2020, S. 17). Vielmehr gilt es als erwiesen, dass Formalisierungsbemühungen in Organisationen niemals so umfassend sein können, dass sie alle Erwartungen, die ein Organisationsmitglied zur Bewältigung des Organisationsalltags benötigt, vollständig enthalten können (vgl. Luhmann 1964, S. 27, S. 283 ff.). Auch ist es nicht denkbar, die Kommunikation in Meetings so umfassend durch Regeln zu strukturieren, dass die Aktivitäten und das Verhalten in selbstorganisierten Kreisen vollständig steuerbar sind.

In den Interviews kann dies an drei verschiedenen Dimensionen beobachtet werden. In der sozialen Dimension ergibt sich das Problem, dass nicht alle Mitglieder mit den notwendigen Führungskompetenzen ausgestattet waren, um in ihren Rollen gleichermaßen führungsrelevante Informationen zu erkennen und in Form von Spannungen in den Prozess einzubringen. Da die Meetings in der zeitlichen Dimension auf singuläre Entscheidungsinteraktionen beschränkt sind, reichten diese oft nicht aus, um in der vorgegebenen Zeit eine Entscheidung herbeizuführen, weshalb die Entscheidungen entweder informal vor- oder nachbereitet wurden. In der Sachdimension ist zu sehen, dass gerade bei komplexen strategischen Entscheidungen nicht immer die nötigen Informationen in den von Rollen eingebrachten Spannungen lagen, um diese innerhalb der Meetings auflösen zu können. Im Folgenden sollen die Gründe für das Entstehen informaler Strukturen anhand der erhobenen Empirie untersucht werden.

Ungleiche Chancenverteilung durch gestiegene Führungskompetenzen
Wesentliche Kontrollinstanzen und Leistungsbeurteilungen, die früher von hierarchischen Führungskräften wahrgenommen wurden, finden in der Holacracy innerhalb der einzelnen Kreise statt. Bedingt durch die Auflösung der hierarchischen Kommunikationswege kommt es zu einer deutlichen Vervielfachung der Kommunikationsanlässe zwischen den

einzelnen Organisationsmitgliedern in den Kreisen.[9] Wenn es darum geht, gemeinsam Lösungen für neue Probleme zu finden, müssen daher alle Mitglieder deutlich mehr beitragen.

Die Anforderungen an die Führung der Mitglieder unterscheiden sich von denen in hierarchischen Organisationen. In hierarchischen Entscheidungssituationen werden die Mittel, mit denen Entscheidungen getroffen werden, in der Regel durch Dienstanweisungen der einzelnen Vorgesetzten bestimmt. Dadurch sind die Organisationsmitglieder nur in den wenigsten Fällen damit konfrontiert, Konflikte untereinander „empathisch, konstruktiv und gewaltfrei" selbst lösen zu müssen (Baumann-Habersack 2020, S. 225). Ohne Führungskräfte muss diese Funktion nun von jedem einzelnen Organisationsmitglied zusätzlich zu seiner Rollenverantwortung übernommen werden. Das bedeutet also, dass im Zuge zunehmender Freiheit in der holakratischen Selbstorganisation gleichzeitig auch ein deutlicher Bedeutungszuwachs sozialer Kompetenzen zu beobachten ist. Einer der Mitarbeitenden von Plasticles erklärte: „[Die] Holacracy verlangt ganz schön viel von den Leuten ab, was Selbstverantwortung angeht, um das wirklich zu leben, und sich dann auch wirklich zu trauen, jetzt was zu entscheiden, was vielleicht sogar mein Lead Link scheiße findet. Aber ich darf es trotzdem, dass müssen sich Leute echt erstmal trauen. Und auch dafür gibt es in der Holacracy erstmal nicht viele Antworten, wie man denn den Leuten damit helfen kann." (Interview 1a, #01:03:54). Stattdessen wird von jeder Rolle erwartet, dass sie jederzeit einschätzen kann, wann es angemessen ist, Entscheidungen unabhängig und ohne Rücksprache zu treffen, und wann genau dies notwendig ist.[10] Jedes Mitglied muss in der Lage sein, die eigenen Bedürfnisse und Meinungen sowie die der anderen in Meetings wahrzunehmen, zu interpretieren und zu kommunizieren (vgl. Rumpf 2018, S. 65 f.). Alle Mitglieder müssen wissen, welche Verhaltensweisen zu welchem Zeitpunkt angemessen sind und wann eine Situation eher brenzlig wird und vermieden werden sollte. Dies erfordert ein Grundmaß an Fingerspitzengefühl für die Situation, aber vor allem eine reife Persönlichkeit und soziale Intelligenz seitens der Organisationsmitglieder (vgl. Gölzner und Meyer 2018, S. 214 f.).

Ein zentraler Punkt dabei ist, dass die Holacracy solche Kompetenzen bei allen ihren Mitgliedern als gegeben voraussetzt und davon ausgeht, dass alle mit den Fähigkeiten ausgestattet sind, Spannungen in Konflikt- und Entscheidungssituationen wahrzunehmen. Darüber hinaus wird davon ausgegangen, dass alle Mitglieder dazu imstande

---

[9] Der Vervielfältigungseffekt durch die Auflösung von Führungskräften wurde wie folgt erklärt: „Das sind Dinge, die würde ein Artdirector entscheiden (…) und wir haben aber gewählt, keinen zu haben. Sondern dass sich die kreativen Rollen eigentlich ständig austauschen müssen" (Interview 7, #00:35:51).

[10] Diesbezüglich wurde von einem Lead Link klar formuliert: „Wenn ich einen Bleistift oder Kugelschreiber kaufen will, dann gehe bitte niemandem damit auf den Sack und tue es einfach. (…) Wenn ich eine Industriehalle kaufen möchte, dann sollte ich es tausendmal und mit einem langen Prozess mit allen immer wieder hinterfragen" (Interview 7, #00:38:12).

sind, diese Spannungen zu kommunizieren und in Meetings einzubringen, um sich so geregelt an der Organisationsentwicklung beteiligen zu können. Dies impliziert jedoch, dass alle Mitglieder zur aktiven Teilnahme angehalten sind, um nicht übersehen oder übergangen zu werden. Da es jedoch Menschen gibt, deren Modus darin besteht, zunächst zuzuhören, Dinge zu verarbeiten und erst viel später in ein Gespräch einzusteigen, kann es passieren, dass wichtige Diskussionen bereits stattgefunden haben, bevor sie in ihnen selbst aktiv werden konnten (Interview 7, #00:52:13). In diesem Fall wird der zuvor ermöglichte Freiheitsgrad zu einem Nachteil für diese Personen. Da alle für sich selbst verantwortlich sind, liegt es an der Rolle selbst, sich um Probleme zu kümmern und Unterstützung von Coaches oder Vertrauenspersonen zu erhalten (Interview 3, #00:15:24).

Ein Argument der Holakraten besteht an dieser Stelle darin, dass die holakratische Meetingstruktur alle notwendigen Bedingungen für eine gleichberechtigte Beteiligung am Entscheidungsprozess gewährleistet. Es ist jedoch davon auszugehen, dass die Organisationsmitglieder mit unterschiedlichen Fähigkeiten ausgestattet sind, um die Entscheidungssituation zu beeinflussen und somit eine gewisse Gegentendenz zur angestrebten Chancengleichheit besteht.[11] Der Erfolg einer Situation wird also nicht ausschließlich durch strukturelle Vorgaben bestimmt, sondern ist auch das Ergebnis bestimmter Situationsdynamiken. Den Erfolg einer Situation hauptsächlich an den strukturellen Rahmenbedingungen festzumachen, greift hier zu kurz, da die gesamte Situationsdynamik berücksichtigt werden muss. Diese kann sich einerseits aus den formalen Vorgaben des Meetings ergeben, ist aber gleichzeitig auch das Ergebnis von informalen Aushandlungsprozessen und Machtressourcen. Auch diese bestimmen, was in einer Situation machbar und was nicht machbar ist, was gesagt und getan werden darf, welche Verhaltensweisen von zentraler Bedeutung sind und welche nicht (Luhmann 1964, S. 297).

Dies spiegelte sich gleichermaßen auch in der hier untersuchten Organisation wider. Nach dem Konzept der Holacracy nehmen alle Mitglieder gleichwertig und mit gleichem Stimmrecht am holakratischen Entscheidungsprozess teil, wodurch formale statusbedingte Kommunikationsunterschiede in Meetings zunächst neutralisiert sein dürften. Dennoch führt die Gleichwertigkeit – so die Beobachtungen in den Interviews – im Organisationsalltag nicht unmittelbar zu kommunikativer Symmetrie und Chancengleichheit zwischen den Beteiligten.[12] In einem Interview wird erklärt, dass die Meetingstruktur zwar schon eine weitgehende Verteilung der Gesprächsmacht gewährt, es am Ende aber trotzdem einen Unterschied macht, ob sich jemand dann auch wirklich traue, „einen Vorschlag zu machen und bei dem Vorschlag zu bleiben, auch wenn von manchen das Feedback recht

---

[11] So zeigen Studien aus der Gesprächsforschung, dass auch in hierarchisch strukturierten Interaktionen häufig Ungleichheiten in institutionellen Gesprächen zu beobachten sind – und das trotz eindeutig geklärter Statusunterschiede. Siehe dazu Brock und Dorothee (2004, S. 187 f., S. 191).
[12] Eine ähnliche Beobachtung findet sich bei Hofert (2018, S. 101).

negativ" ist (Interview 7, #00:50:28). Gerade für bestimmte Rollen müsse man einfach „ein guter Kommunikator sein und wenn du so ein scheues Mäuschen bist, dann passt das halt einfach nicht" (Interview 10, #00:33:42). Im Vorteil seien hier die Mitglieder, die über gute unternehmerische Fähigkeiten verfügen und „Zahlen und Daten gut analysieren, vorbereiten, (…) die, die mit Power nach vorne gehen" (Interview 7, #00:52:13). Menschen, die mehr Zeit brauchen, um sich mit Diskussionen, Widersprüchen oder generell mit neuen Fakten auseinanderzusetzen, neigen dann dazu – und das ist ein allgemein beobachtbares Phänomen in partizipativen Abstimmungsverfahren (vgl. Saam 2010) – hinter den Aktiven zu verschwinden, wenn sie persönliche Nachteile durch Äußerungen erwarten (Interview 7, #00:52:13). Da die Mitglieder jedoch nur in Meetings Spannungen einbringen und diskutieren können, verkürzt sich das Zeitfenster für diejenigen, die noch Argumente und ihren eigenen Standpunkt zu dem diskutierten Thema abwägen müssen. Weil jedoch einzelne Mitglieder nicht in der Lage sind, unter Zeitdruck Entscheidungen zu treffen, sind diejenigen gefragt, die über genügend Souveränität und Erfahrung verfügen, um solche erforderlichen Entscheidungen zu fällen. Langfristig erzeugt das ein Gefälle zwischen den einzelnen Mitgliedern, da einige Personen aufgrund ihrer individuellen Kompetenzen gefragter und anderen überlegen sind.

Zeitknappheit in Entscheidungssituationen

Üblicherweise sind in Organisationen die Vorbereitung und die Verabschiedung von Entscheidungen in verschiedene Interaktionsformate unterteilt. Es werden etwa in Arbeitskreisen, Ausschüssen oder Rechercheteams von unterschiedlichen Organisationsmitgliedern Diskussionen vorbereitet, Debatten geführt und Lösungsvorschläge entwickelt. Zumeist getrennt davon treffen in Entscheidungsinteraktionen die Führungskräfte eine Entscheidung über Zustimmung oder Ablehnung von Vorschlägen. Durch eine gute Vorbereitung und Trennung der Interaktionen wird sichergestellt, dass die Entscheidungssituationen möglichst entlastet werden. Sowohl die Vorbereitung als auch die Entscheidungsfindung in einer singulären Interaktion zu erreichen, erscheint als äußerst anspruchsvoll. In der Holacracy wird jedoch genau der Versuch unternommen, Entscheidungen ausschließlich in einzelnen Meetinginteraktionen vorzubereiten, zu diskutieren und herbeizuführen. Da das Einbringen und Diskutieren von Spannungen sowie das Einlegen von Widersprüchen immer nur in einzelnen Meetings stattfinden kann, unterliegt die Entscheidungsfindung einem gewissen Zeit- und Handlungsdruck.

Aus den Interviews geht hervor, dass aufgrund des Zeitdrucks zwei wichtige Konsequenzen gezogen werden, um die Erfolgswahrscheinlichkeit eines Beitrags oder eines Vetos zu erhöhen. Auf der einen Seite zeigt sich, dass mit zunehmendem Zeitdruck leicht erhältliche Informationen den schwer zu beschaffenen vorgezogen werden und dass schnelle und entscheidungsfreudige Argumente eher akzeptiert werden als solche, die mehr Zeit in Anspruch nehmen.[13] Die besten Argumente haben also nicht immer

---

[13] Eine ähnliche Beobachtung, wie Organisationen mit Zeitknappheit umgehen, gibt es bei Luhmann (2000, S. 176).

die größten Chancen, sich durchzusetzen. Demnach heißt es in den Interviews, dass es sich teilweise so festgefahren hat, dass „gewisse Rollen gefeedbackt werden und andere halt nicht, obwohl es jeder könnte" (Interview 7, #00:28:21). Auf der anderen Seite ist aber auch zu erkennen, dass wichtige Entscheidungen bereits häufig vor den Meetings vorbereitet bzw. nach den Meetings nachbereitet wurden, um eine höhere Umsetzungs-wahrscheinlichkeit zu erzielen. So gibt es viele Diskussionen außerhalb des formalen Rahmens eines Meetings, um Fragen an Ort und Stelle zu klären. Zwar bedeute dies einen zusätzlichen Aufwand, aber die Holacracy biete keine Lösung dafür, wenn die Mit-glieder noch nicht ganz zufrieden mit der Entscheidung sind (Interview 7, #00:30:18). Möglich ist das, weil in der Holacracy die Governance-Sitzungen in der Regel nicht täglich stattfinden und dadurch Raum für Vorbereitung lassen. Somit wäre es für einige möglich, sich im Vorfeld zu treffen, „bevor sie sich irgendwelche Domains oder Accountabilities [in den Meetings] dann holen." (Interview 7, #00:43:02).

Auf diese Weise entziehen sich wesentliche Absprachen dem holakratischen Governance-Prozess. Viele Spannungen und Feedback werden dann „eher weniger im Meeting" und mehr zwischen den Menschen (Interview 1b, #1:09:44) oder in Slack-Chanels[14] (Interview 10, #00:09:17) informal abgesprochen.[15] Diese Gespräche außerhalb der Meetings ermöglichen den Mitgliedern aufkommende Spannungen schon vorher auszutauschen, Stimmungs- und Meinungsbilder zu bestimmten, Themen abzu-gleichen und gegenseitiges Verständnis für die Situation zu gewinnen. So wird mög-licherweise schon zu Beginn einer Sitzung eine Art Mini-Konsens erzielt und Debatten werden dadurch vorzeitig entschieden. Auch wenn so kostbare Zeit in den Meetings ein-gespart werden kann, wird jedoch die Möglichkeit einer gleichberechtigten Teilnahme am Entscheidungsprozess weitestgehend übergangen. Interessant ist daher die Frage, zwischen wem der Konsens erreicht wird. Sind es nach wie vor die einzelnen Rollen, oder sind es die Mitglieder als Person?

Rolle oder Person – Wer führt?
Ein besonders starker Rollenbezug soll in der Holacracy vermeiden, dass Organisations-mitglieder als Personen Entscheidungen durch politische Schachzüge oder egoistische Verhaltensweisen in irgendeiner Art beeinflussen (Robertson 2016, S. 188, 192). Der starken Betonung des Rollenbezugs nach zählen in den Entscheidungsprozessen nur die

---

[14] Slack ist ein webbasierter Nachrichtendienst, der für die Kommunikation innerhalb von Arbeits-gruppen genutzt werden kann. Die Kommunikation kann sowohl in öffentlichen Chat-Gruppen als auch in privaten Chats stattfinden. Letztere kann ausschließlich von den betroffenen Personen gelesen werden.
[15] Ober und Walgenbach (2008, S. 183) beobachteten durch die Analyse interner E-Mail-Kommunikation ein ähnliches Phänomen der informalen Hierarchiebildung auch in anderen anti-hierarchisch geführten Unternehmen.

konkreten Bedürfnisse der Rollen und nicht „die persönlichen Meinungen, Wünsche [und] Werte" der Organisationsmitglieder (ebd., S. 188). Damit soll sichergestellt werden, dass nur rollenbezogene Erwartungen in den Prozess eingebracht werden können und persönliche Anliegen außenvorbleiben. Mit diesem Ansatz soll es gelingen, alle Aktivitäten konsequent an Rollen- und Aufgabenbereichen auszurichten und damit eine größtmögliche Anpassungsfähigkeit zu gewährleisten (ebd., S. 20). Das mache es möglich, dass alle Mitglieder im Rahmen ihrer Rollenanforderungen eigenverantwortlich handeln und entscheiden können, wie sie den Zweck ihrer Rolle erfüllen.

Mag ein derart strikter Handlungsrahmen für eine Vielzahl einfacher Entscheidungen äußerst nützlich und ausreichend sein, so zeigt sich bei komplexeren, oftmals wertegeladenen oder strategischen Entscheidungen, dass in den von Rollen eingebrachten Spannungen nicht genügend Informationen vorlagen, um diese aufzulösen.[16] Viele Dinge, so ein Mitglied, könnten schließlich nicht rein technisch bearbeitet werden (Interview 7, #00:33:51). Um bei spontan auftretenden Veränderungen und Interaktionsdynamiken dennoch handlungsfähig zu sein, benötigen Organisationsmitglieder in diesen Situationen zusätzlich eine Vielzahl von verschiedenen Fähigkeiten, Kenntnissen und Kompetenzen. Es scheint jedoch unrealistisch, dass Rolleninhaber immer über alle Begabungen und Qualifikationen verfügen, um in jeder Situation die bestmögliche Führungsleistung zu erbringen (Luhmann 1964, S. 208 f.). Daher wird es für Rolleninhaber oft zu einem Problem, in allen Situationen effektiv zu führen.

In der Holacracy ist festgelegt, wie mit dieser Art von entstehender Ambivalenz und Spannung umzugehen ist. Ein gewisses Restrisiko bleibt dennoch, dass tatsächlich alle für eine Entscheidung notwendigen Informationen innerhalb eines Meetings über die Rollen eingebracht wird. Denn allein die Annahme, dass die Mitglieder in ihren Rollen alle für die Organisation relevanten Informationen wahrnehmen und in Meetings kommunizieren können, garantiert keineswegs, dass dies am Ende auch der Fall ist (vgl. Interview 1a, #01:02:31). Aussagen von Organisationsmitgliedern lassen darauf schließen, dass die tatsächliche Arbeit daher vermehrt durch eine spontane Ordnungsbildung ergänzt wird, bei der die Rollen eher eine untergeordnete Funktion einnehmen (vgl. Interview 12, #00:52:11).[17]

Gerade die Komplexität des holakratischen Organisationskonzepts wird als eine große Herausforderung beschrieben, die es sowohl neuen als auch langjährigen Mitgliedern fast unmöglich mache, alle Regeln und Strategien im Detail zu verstehen (Interview 1a, #01:01:28). Eine wesentliche Bedeutung hat dabei der Austausch von Hilfestellungen zwischen den Mitgliedern, die eigentlich nicht in die Zuständigkeit der eigenen oder fremden Rolle fallen, aber für das Zusammenleben und -handeln in der Organisation notwendig erscheinen. Der Austausch von Erfahrungen und Hilfestellungen unter-

---

[16] Vgl. dazu auch Hasenzagl und Müller (2020, S. 17).

[17] Zur Voraussetzung und Funktion spontaner Ordnungsbildung vgl. Luhmann (1964, S. 272 ff., 1965).

einander dient der stärkeren Vernetzung der Mitglieder und damit der Schließung von Informationsdefiziten und Kompetenzlücken, um Unsicherheiten in Entscheidungssituationen und im Arbeitsalltag entgegenzuwirken und abzubauen. Dies zeigt sich unter anderem darin, dass häufig versucht wird, gezielt Personen einzubinden, „weil irgendwie ihre Stimme besonders wertvoll ist oder die immer einen tollen strategischen Blick hat (…)" (Interview 7, #1:03:24). Primär ginge es darum, in dem Moment sinnvoll an dem Projekt zu arbeiten. Woher das Feedback komme, sei da sekundär (Interview 12, #00:53:40). Es ist auffällig, dass oft Mitglieder bevorzugt werden, die bereits über eine längere Hauserfahrung verfügen, sich mit den holakratischen Regeln und Verhandlungsmechanismen gut auskennen und daher auch „besseres Feedback" geben können (Interview 11, #00:29:00 und #00:38:48). Unabhängig von der Qualität des Feedbacks basiert dieses dann nicht mehr nur auf der Rollenperspektive, sondern umfasst die Kompetenz und Erfahrungswelt der ganzen Person.

Angesichts der anfangs skizzierten Funktion von Führung in der Organisation scheint es nicht verwunderlich, dass sich in kritischen Momenten Personen herauskristallisieren, die einen Führungsanspruch jenseits ihrer formalen Rolle geltend machen. Einzelne Rollen wären dazu kaum in der Lage, da sie nur unter ganz bestimmten Umständen außerhalb ihrer gegebenen Kompetenzen handeln können. Während diese Kompetenzen für eine Vielzahl von Routineaufgaben vollkommen ausreichen und die wichtigsten Führungsansprüche formal geklärt werden können, fehlt ihnen die nötige Flexibilität, um auf außergewöhnliche Erwartungen und Aufgaben oder gar solche, die in Grauzonen liegen, reagieren zu können. Aus diesem Grund bilden sich auf der informalen Ebene Einzelpersonen heraus, die die Unsicherheiten und Spannungen auffangen, die von Rollen in den Meetings nicht behandelt werden können. Diesen Personen steht zwar keine formale Legitimationsgrundlage zur Verfügung, jedoch haben sie großes Potenzial, Entscheidungen zu beeinflussen.

2.4   Eine Organisation ohne Führungskräfte?

Die Ausgangsfrage des Beitrags ist, ob – wie von den Holakraten propagiert – der konzeptionelle Rahmen für die Verwirklichung von Führung und Selbstorganisation ausreicht, ohne dass damit eine systemimmanente Stärkung informaler Führungsstrukturen einhergeht, wie dies bei vielen postbürokratischen Organisationskonzepten der Fall ist. Die Holacracy behauptet, dass sich diese bei einer richtigen Implementierung in ihrem Konzept nicht wiederfinden lassen. Die Auswertung der Interviews ergibt jedoch, dass sich in den Kreisen informale Komplementärstrukturen entwickelten, um auftretende Unstimmigkeiten zu beseitigen und eine alltägliche Handlungsfähigkeit zu gewährleisten. Es soll nun geklärt werden, welche Folgen sich daraus für die holakratische Organisation im Alltag ergeben.

Die informale Rückkehr zu einer hierarchieähnlichen Führung

Bis hierher wurde gezeigt, dass die holakratische Organisationsstruktur in vieler-
lei Hinsicht mehr ist als nur eine Frage der formalen Definition; vielmehr entwickeln
sich informale Strukturen auf Basis von einer Reihe von Ursachen. Kennzeichnend für
diese sind, dass sie spontan entstanden sind – sprich ohne formale Entscheidungen.
Gleichwohl gewinnen sie an strukturellem Wert und eröffnen Handlungsspielräume
für Führungsmöglichkeiten. So lassen sich im Organisationsalltag von Plasticles
immer wieder Situationen beobachten, in denen einzelne Mitglieder auch längerfristig
Sonderrollen übernehmen, die mit denen von Vorgesetzten vergleichbar sind (Interview 10, #00:36:30). Dies geschieht teilweise aufgrund ihres allgegenwärtigen und
regelmäßigen Auftretens, ihrer Beteiligung an verschiedenen Aktivitäten, ihres Besitzes
von privilegierten Informationen oder ihrer Anhäufung von Rollen und Mitgliedschaften
in einflussreichen Kreisen.[18]

Einerseits geht es um die individuelle, geschickte Beeinflussung des Diskussionsver-
laufs in Sitzungen, um den eigenen Interessen in bestimmten Entscheidungssituationen
kurzfristig mehr Gewicht zu verleihen. Andererseits gibt es auch Personen, die durch
gezielte informale Schachzüge ihre eigenen Anliegen langfristig in den Vordergrund
stellen und damit auch über einzelne Entscheidungssituationen hinaus Führungs- und
Geltungsansprüche durchsetzen. Diese Strukturen entwickeln sich im Laufe der Zeit zu
einem festen Erwartungsschema, an dem sich die Organisationsmitglieder orientieren.
Sie dienen als Ergänzung zur holakratischen Struktur und stellen eine Alternative zu
den fehlenden hierarchischen Führungsfunktionen und -strukturen dar. Auch wenn
diesen Personen formal keine Sonderrechte zustehen, so besitzen sie dennoch gewisse
Privilegien, Einflussmöglichkeiten und Spielräume zur direkten Veränderung von
Strategien, die anderen Mitgliedern vorbehalten sind (Interview 10, #00:36:30). Wenn
solche Personen beispielsweise Budgetanträge stellen, würden diese ungewöhnlich
schnell durchgewunken werden (Interview 2, #01:05:42).

Eine weitere Beobachtung, die in den Interviews für das Entstehen von latenten
hierarchischen Strukturen angeführt wird, ist das Thema Personaleinstellung. Auch wenn
die Entscheidungen über Einstellungen und Entlassungen vom übergeordneten Haupt-
kreis des Unternehmens getroffen werden, hätten „faktisch die Lead Links der Kreise
den größten Einfluss darauf, wer hier eingestellt wird" (Interview 7, #00:58:10). So heißt
es bei einem Mitglied: „[Es] gibt jetzt zum Beispiel inzwischen irgendwie elf, zwölf
Menschen, die jetzt mit mir ihr Vorstellungsgespräch hatten und von mir eingestellt
wurden, und es braucht ein bisschen bis sich das verliert im System, dass man eigentlich ab Tag eins auf derselben Stufe steht." (Interview 7, #00:49:20). Im Sinne einer zu
begleichenden Holschuld spüren Betroffene oft, dass sie abliefern und Rechenschaft
ablegen müssen (Interview 2, # 00:20:33). Anstatt der eigenen Auffassung zu folgen,

---

[18] Mintzberg (1983, S. 241) und Crozier (1964) haben in Ihren Studien in Hinblick auf informale
Sonderrollen ähnliche Beobachtungen gemacht.

wird die Meinung der anderen akzeptiert. Dadurch wird die Meinungsbildung, die Einstellung und das zukünftige Handeln überdurchschnittlich fremd geprägt.

Insbesondere im Laufe der Zeit und der Verfestigung solcher Verhaltensmuster spiegeln sich diese Strukturen nicht nur auf einer informalen Ebene wider, sondern prägen auch die formale Struktur. In einem Interview heißt es etwa, dass die älteste Person, die am längsten bei Plasticles arbeitet, auch diejenige ist, die am längsten im Marketing tätig ist und der Lead Link des Kreises ist. Dies kann unter Umständen dazu führen, dass sich mehrere wichtige und einflussreiche Rollen und Aufgaben bei einer Person ansammeln (vgl. Interview 2, # 00:20:33). Wie an anderer Stelle ausgeführt wird, hat das Feedback solcher Mitglieder im „Kopf" mehr Gewicht als das der anderen (Interview 8, #00:25:38) und es wird dann manchmal als Hürde empfunden, sich gegen sie zu entscheiden (Interview 1b, #00:40:45).[19] Aus diesem Grund wird sich oft bei diesen Personen noch einmal rückversichert, selbst wenn die Entscheidungen ohne Rücksprache innerhalb der eigenen Rolle getroffen werden können (Interview 1b, #00:44:16).

Offenbar gibt es einen Teil der Mitglieder, der in gewisser Weise die Funktionen klassischer Vorgesetzter übernimmt, aber auch gleichzeitig einen anderen Teil, der bei wichtigen Entscheidungen das Feedback oder die Zustimmung dieser Personen einfordert. Das wohl wichtigste Ergebnis ist, dass in diesem Zusammenhang die informale Führungsstruktur einen hohen Stellenwert einnimmt, indem sie im Gegensatz zum holakratischen Konzept hierarchische Strukturierungsprinzipien wieder einführt. Wie sich dies auf den Entscheidungsprozess auswirkt und welche Vor- oder Nachteile das für die Organisation hat, hängt von den jeweils eingenommenen Perspektiven ab, welche im Folgenden genauer ausgeführt werden.

Vor- und Nachteil der informalen Führungserwartungen

Mithilfe der Analyse wird sichtbar, dass die Implementierung des holakratischen Managementkonzepts die Spannung zwischen zwei gegensätzlichen Erwartungsstrukturen sichtbar hervorbringt. Zum einen die offiziellen holakratischen Regeln und Meetingvorgaben und zum anderen die informalen Führungserwartungen, die sich trotz der stark ausgeprägten hierarchiekritischen Elemente der Holakratie im Laufe der Zeit in einer Organisation herausgebildet haben. Hierbei sorgt die Abflachung der Hierarchie für die Ausbildung einer informalen Struktur, da klassische Vorgesetztenfunktionen, die sich in der Holacracy nicht in einem gewissen Umfang abbilden lassen, kompensiert werden müssen.

Ein Vorteil aus organisationssoziologischer Sicht ist, dass durch die informale Wiedereinführung von Führungskräften das Funktionieren der Organisation sichergestellt wird. Organisationsmitglieder verfügen dadurch im Bedarfsfall wieder über eine zentrale Kontroll- und Steuerungsinstanz, die die fehlenden Führungskompetenzen

---

[19] Es wird von einer „Projektion auf Leute, die schon länger dabei sind" gesprochen (Interview 1b, #00:42:35).

einzelner Mitglieder kompensieren. Sie helfen in Entscheidungssituationen mit umfang-
reichem Erfahrungswissen aus und sorgen dafür, auch in Konfliktfällen relativ schnell
schwierige Entscheidungen treffen und umsetzen zu können. Auftretende Unsicherheiten werden dadurch von den informalen Führungskräften aufgefangen.[20] Die anderen
Mitglieder können sich so auf ihre spezifischen Rollen und Aufgaben konzentrieren.
Bemerkbar macht sich das auch darin, dass in den Kreisen oft mehr Rollen stimm-
berechtigt sind, als tatsächlich abstimmen. Meistens haben die Mitglieder, die eine kleine
Rolle mit ein paar Stunden pro Woche haben, nur an den „wichtigen" Entscheidungen
teilgenommen und sich im Großen und Ganzen auf die anderen verlassen, um es nicht
zu kompliziert, zu machen (Interview 7, #01:00:42). Informale Führungskräfte erfüllen
somit zentrale Kontroll- und Steuerungsfunktionen, kompensieren fehlende Führungs-
qualitäten einzelner Mitglieder und überbrücken strukturelle Defizite. In den Interviews
wurde ein solches Verhalten als etwas Positives angesehen, da es in unklaren Situationen
als hilfreich empfunden wurde. Aus diesem Grund wäre es nicht immer sinnvoll, wenn
alle „tausendprozentig" gleich seien (Interview 5, # 00:40:46).

Ein Nachteil informaler Führungsstrukturen in Hinblick auf Partizipation in der
Holacracy ergibt sich aus der Tatsache, dass die informale Dynamik nicht zwischen
Rollen, sondern zwischen Personen stattfindet. Sofern das holakratische Prinzip auf
einem personenunabhängigen Prozess beruht, steigt im Zuge der informalen Führung
die Bedeutung einzelner Personen wieder an. Im Gegensatz zu den Rollen sind Personen
jedoch nur schwer ersetzbar, weshalb die Organisation in gewissem Maße immer mehr
von ihnen abhängig wird. Die Tatsache, dass einzelne Führungspersönlichkeiten auf der
informalen Seite der Organisation entstehen, führt zu einer stückweisen Aushöhlung
der grundlegenden partizipatorischen Prinzipien des holakratischen Abstimmungs-
prozesses. Indem die Meinungen einzelner Mitglieder unberücksichtigt bleiben, verengt
sich der Blick gewisser Entscheidungen auf einen geringeren Informationsumfang. Die
gewünschte rasche evolutionäre Organisationsentwicklung findet dadurch viel lang-
samer statt und es besteht die Tendenz, dass sich dysfunktionale Verhaltensweisen in
der Organisation manifestieren (Interview 7, #00:41:20). Nicht zuletzt birgt das aktive
Aufgreifen und Reflektieren von informalen Führungsstrukturen ein erhebliches, nicht
abschätzbares Wagnis für die Mitglieder. Nach holakratischer Logik müssten diese dann
in formale Strukturen überführt werden und würden damit ihre Wirkung und Funktion
verlieren. Insofern bedarf es immer einer abgewogenen Entscheidung über die Folgen
eines offenen Umgangs mit Informalität.

Das Vorhandensein zweier unterschiedlicher Erwartungshaltungen stellt die Mitglieder mitunter vor erhebliche Anstrengungen, um formale und informale Strukturen
miteinander in Einklang zu bringen (siehe dazu auch Bull und Muster 2021, S. 8). Es

---

[20] Gerade bei neuen Mitgliedern sind solche Hilfen und Unterstützungen geradezu notwendig, da
das Bewusstsein, Dinge einfach zu tun und Strukturen zu hinterfragen, oft noch nicht umfassend
besteht (Interview 2, #01:07:00).

ist möglich, dass durch das Einbringen dieser Spannung nicht nur die dysfunktionalen, sondern auch die funktionalen Eigenschaften informaler Führung aufgehoben werden. Die Annahme der Holakraten, dass die Leistungsfähigkeit einer Organisation nur durch maschinelle Optimierungsversuche gesteigert werden kann, führt dazu, die Chancen zu übersehen, die in den Entlastungsfunktionen informaler Organisationsstrukturen liegen. Zwar gibt es ähnliche Bemühungen auch in anderen Organisationsformen, doch weil die Holacracy mit aller Kraft versucht, gegen informale Strukturen vorzugehen, erschwert sie es den Mitgliedern ungemein, von der Formalstruktur abweichendes Verhalten zu praktizieren.

Literatur

Adler, Paul S. 2001. Market, Hierarchy, and Trust: The Knowledge Economy and the Future of Capitalism. *Organization Science* 12 (2): 215–234.

Altherr, Marcel. 2019. Die Organisation der Selbstorganisation. In *Experten führen: Modelle, Ideen und Praktiken für die Organisations- und Führungsentwicklung*, hrsg. Peter Kels und Stephanie Kaudela-Baum, 411–426. uniscope. Publikationen der SGO Stiftung. Wiesbaden, Heidelberg: Springer Gabler.

Baumann-Habersack, Frank H. 2020. Selbstorganisation braucht eine neue, eine horizontale Haltung zu Autorität. In *Der Mensch in der Selbstorganisation: Kooperationskonzepte für eine dynamische Arbeitswelt*, hrsg. Olaf Geramanis und Stefan Hutmacher, 215–227. Wiesbaden, Heidelberg: Springer Gabler.

Berend, Benjamin und Michaela Brohm. 2020. *New Work: Souveränität im postdigitalen Zeitalter.* Wiesbaden, Heidelberg: Springer.

Bernstein, Ethan, John Bunch, Niko Canner und Michael Lee. 2016. Beyond the Holacracy Hype: The Overwrought Claims—and Actual Promise—of the Next Generation of Self-managed Teams. *Harvard Business Review* 94: 38–49.

Blau, Peter M. und William R. Scott. 1962. *Formal Organizations: a Comparative Approach.* San Francisco: Chandler.

Brock, Alexander und Dorothee Meer. 2004. Macht – Hierarchie – Dominanz – A-/Symmetrie. Begriffliche Überlegungen zur kommunikativen Ungleichheit in institutionellen Gesprächen. *Gesprächsforschung- Online-Zeitschrift zur verbalen Interaktion*: 184–209.

Bull, Finn Rasmus und Judith Muster. 2021. Hierarchie im Spannungsfeld konkurrierender Erwartungen. *Journal für Psychologie* 29 (1): 72–92.

Burns, Tom und George M. Stalker. 1961. *The management of innovation.* London: Tavistock Publishing.

Constitution. 2021. Holacracy-Constitution v4.1.4.DE. https://github.com/holacracyone/Holacracy-Constitution-4.1-GERMAN/blob/master/Holacracy-Verfassung-(in-construction).md. Zugegriffen: 25. Juni 2021.

Crozier, Michel. 1964. *The Bureaucratic Phenomenon.* Chicago, IL: University of Chicago Press.

Csar, Matthias. 2017. Holacracy. Heilsbringer für die Organisation der Zukunft oder gut verkauftes Rollenspiel? *Gruppe. Interaktion. Organisation. Zeitschrift für Angewandte Organisationspsychologie (GIO)* 48 (2): 155–158.

Diefenbach, Thomas und John A.A. Sillince. 2011. Formal and Informal Hierarchy in Different Types of Organization. *Organization Studies* 32 (11): 1515–1537.

Duwe, Julia. 2016. *Ambidextrie, Führung und Kommunikation.* Wiesbaden: Springer Fachmedien Wiesbaden.

Eckstein, Bernd und Judith Muster. 2021. Postbürokratie und die agile Unsicherheitsabsorption in Interaktionen. *Gruppe. Interaktion. Organisation. Zeitschrift für Angewandte Organisationspsychologie (GIO)* 52 (4): 649–657.

Freeman, Jo. 2013. The Tyranny of Structurelessness. *WSQ: Women's Studies Quarterly* 41 (3–4): 231–246.

Gölzner, Herbert und Petra Meyer. (Hrsg.). 2018. *Emotionale Intelligenz in Organisationen. Der Schlüssel zum Wissenstransfer von angewandter Forschung in die praktische Umsetzung.* Wiesbaden: Springer VS.

Goyk, Rüdiger und Sven Grote. 2017. Holakratie – Ein neuer Stern am Himmel der Organisationsentwicklung? In *Führungsinstrumente aus dem Silicon Valley: Konzepte und Kompetenzen,* hrsg. Sven Grote und Rüdiger Goyk, 79–97. Berlin, Heidelberg: Springer Gabler.

Grote, Sven und Rüdiger Goyk. 2017. Agile Führung – das neue Gutwort im Management? In *Führungsinstrumente aus dem Silicon Valley: Konzepte und Kompetenzen,* hrsg. Sven Grote und Rüdiger Goyk, 17–35. Berlin, Heidelberg: Springer Gabler.

Hamel, Gary. 2011. First, Let's Fire all the Managers. *Harvard Business Review* 89 (12): 48–60.

Hasenzagl, Rupert und Barbara Müller. 2020. Hierarchie? Reflexionen über aktuelle Entwicklungen in der Organisationspraxis. *Austrian Management Review* 10: 11–24.

Heydebrand, Wolf V. 1989. New Organizational Forms. *Work and Occupations* 16: 323–357.

Hofert, Svenja. 2018. *Das agile Mindset. Mitarbeiter entwickeln, Zukunft der Arbeit gestalten.* Wiesbaden: Springer Gabler.

Ingvaldsen, Jonas A. and Benders, Jos. 2020. Back Through the Back Door? On Removing Supervisors to Reduce Hierarchy. *Baltic Journal of Management* 15 (3): 473–491.

Jaques, Elliott. 1990. In Praise of Hierarchy. *Harvard Business Review* 68 (127–133).

Kette, Sven. 2018. *Unternehmen. Eine sehr kurze Einführung.* Wiesbaden: Springer VS.

Kieserling, André. 1994. Interaktion in Organisationen. In *Die Verwaltung des politischen Systems: Neuere systemtheoretische Zugriffe auf ein altes Thema,* hrsg. Klaus Dammann, 168–182. Opladen: Westdeutscher Verlag.

Kieserling, André. 1999. *Kommunikation unter Anwesenden. Studien über Interaktionssysteme.* Frankfurt a. M.: Suhrkamp.

Kühl, Stefan. 2001. Zentralisierung durch Dezentralisierung. Paradoxe Effekte bei Führungsgruppen. *Kölner Zeitschrift für Soziologie und Sozialpsychologie* 53 (3): 467–496.

Kühl, Stefan. 2010. Hierarchien – Die „heilige Ordnung" der Organisation. Zum Zusammenspiel von „Überwachung von Mitarbeitern" und „Unterwachung von Vorgesetzten". https://www.uni-bielefeld.de/soz/personen/kuehl/pdf/Hierarchien-Working-Paper-15062010.pdf. Zugegriffen: 12. April 2021.

Kühl, Stefan. 2015. *Wenn die Affen den Zoo regieren. Die Tücken der flachen Hierarchien.* Berlin: Campus Verlag.

Kühl, Stefan. 2021a. Die folgenschwere Verwechslung von Team, Cliquen und Gruppen. Gruppe. Interaktion. Organisation. *Zeitschrift für Angewandte Organisationspsychologie (GIO)* 52 (1): 417–434.

Kühl, Stefan. 2021b. Rückkehr eines Managementkonzepts. *Frankfurter Allgemeine.* 6 März 2021.

Kühl, Stefan, Thomas Schnelle und Wolfgang Schnelle. 2004. Führen ohne Führung. *Harvard Business Manager* (1): 71–79.

Laloux, Frédéric. 2015. *Reinventing Organizations. Ein Leitfaden zur Gestaltung sinnstiftender Formen der Zusammenarbeit.* München: Verlag Franz Vahlen.

Laux, Helmut und Felix Liermann. 1987. Komplexitätsreduktion im Entscheidungsprozeß: Notwendigkeit, Grundformen und offene Probleme. In *Grundlagen der Organisation: Die*

Steuerung von Entscheidungen als Grundproblem der Betriebswirtschaftslehre, hrsg. Helmut Laux und Felix Liermann, 57–69. Berlin, Heidelberg: Springer Berlin Heidelberg.

Lee, Michael Y. und Amy C. Edmondson. 2017. Self-managing Organizations: Exploring the Limits of Less-Hierarchical Organizing. *Research in Organizational Behavior* 37: 35–58.

Luhmann, Niklas. 1964. *Funktionen und Folgen formaler Organisation*. Berlin: Duncker & Humblot.

Luhmann, Niklas. 1965. Spontane Ordnungsbildung. In *Verwaltung. Eine einführende Darstellung*, hrsg. Fritz Morstein Marx, 163–183. Berlin: Duncker & Humblot.

Luhmann, Niklas. 1975. Interaktion, Organisation, Gesellschaft. In *Soziologische Aufklärung 2: Aufsätze zur Theorie der Gesellschaft*, hrsg. Niklas Luhmann, 9–20. Opladen: Westdeutscher Verlag.

Luhmann, Niklas. 2000. *Organisation und Entscheidung*. Wiesbaden: Westdeutscher Verlag.

Luhmann, Niklas. 2014. Ebenen der Systembildung – Ebenendifferenzierung (unveröffentlichtes Manuskript 1975). In *Interaktion – Organisation – Gesellschaft revisited: Anwendungen, Erweiterungen, Alternativen*, hrsg. Bettina Heintz, 6–39. Stuttgart: Lucius & Lucius.

Manz, Charles C. und Henry P. Sims, JR. 1980. Self Management as a Substitute for Leadership: A Social Learning Theory Perspective. *The Pennsylvania State University Academy of Management Review* 5 (3): 361–367.

Mintzberg, Henry. 1979. *The Structuring of Organizations. A Synthesis of the Research*. Englewood Cliffs, N.J.: Prentice-Hall.

Mintzberg, Henry. 1983. *Power in and Around Organizations*, 4. Aufl. Englewood Cliffs, N.J.: Prentice-Hall.

Mitterer, Gerald. 2015. Holacracy – ein Fleischwolf für organisationale Entscheidungsprozesse. In *Management der Nonprofit-Organisation: Bewährte Instrumente im praktischen Einsatz*, hrsg. Rolf Eschenbach, Christian Horak, Michael Meyer und Christian Schober, 426–432, 3. Aufl. Stuttgart: Schäffer-Poeschel.

Monarth, Harrison. 2014. A Company Without Job Titles Will Still Have Hierarchies. https://hbr.org/2014/01/a-company-without-job-titles-will-still-have-hierarchies. Zugegriffen: 7. Mai 2021.

Moser, Michaela. 2017. *Hierarchielos führen. Anforderungen an eine moderne Unternehmens- und Mitarbeiterführung*. Wiesbaden, Heidelberg: Springer Gabler.

Muster, Judith, Stefanie Büchner, Thomas Hoebel und Tabea Koepp. 2020. Führung als erfolgreiche Einflussnahme in kritischen Momenten. In *Managementmoden in der Verwaltung: Sinn und Unsinn*, hrsg. Christian Barthel, 285–305. Wiesbaden, Germany, Heidelberg: Springer Gabler.

Oberg, Achim und Peter Walgenbach. 2008. Hierarchical Structures of Communication In a Network Organization. *Scandinavian Journal of Management* 24 (3): 183–198.

Robertson, Brian J. 2016. *Holacracy. Ein revolutionäres Management-System für eine volatile Welt*. München: Verlag Franz Vahlen.

Romme, Georges. 2015. The Big Misconceptions Holding Holacracy Back. https://hbr.org/2015/09/the-big-misconceptions-holding-holacracy-back. Zugegriffen: 25. Juni 2021.

Rumpf, Jörg. 2018. Führung durch Mausklick? Herausforderungen für Führungskräfte in einer zunehmend digitalisierten Arbeitswelt mit virtuellen Teams. In *Führen in der vernetzten virtuellen und realen Welt: Digitalisierung, Selbstorganisation, Organisationsspezifika und Tabuthema Tod*, hrsg. Corinna von Au, 51–68. Wiesbaden: Springer Fachmedien Wiesbaden.

Saam, Nicole J. 2010. *Soziologische Perspektiven, Band 1: Soziologische Perspektiven*. Münster: LIT-Verlag.

Sauter, Roman, Werner Sauter und Roland Wolfig. 2018. *Agile Werte- und Kompetenzentwicklung. Wege in eine neue Arbeitswelt*. Berlin, Heidelberg: Springer Gabler.

Schermuly, Carsten. 2020. Holacracy: Die holokratische Organisation. https://www.haufe.de/personal/hr-management/new-work-moderne-formen-der-arbeitsgestaltung/holacracy-die-holokratische-organisation_80_406704.html. Zugegriffen: 25. Juni 2021.

Sua-Ngam-Iam, Phanmika und Stefan Kühl. 2021. Das Wuchern der Formalstruktur: Funktionen und Folgen holakratisch formalisierter Organisation. *Journal für Psychologie* 29 (1): 39–71.

Weber, Max. 1921/1980. *Wirtschaft und Gesellschaft. Grundriss der verstehenden Soziologie*, 5. Aufl. Tübingen: J.C.B. Mohr (Paul Siebeck).

Dustin Brodda ist Soziologe an der Universität Bielefeld. Seine aktuellen Forschungsschwerpunkte sind die Wachstumsprozesse von Gruppen und Kleinstorganisationen.
dustin.brodda@uni-bielefeld.de

Purpose und Selbstorganisation. Über Funktionen und Folgen von Zwecken in holakratischen Organisationen

Adrian Strothotte

In den vergangenen Jahren ist „Purpose" zu einem der prominentesten Stichworte in der Diskussion um neue Arbeitsformen geworden. Sowohl für Individuen als auch für Organisationen soll er die Wende zur gleichsam menschenfreundlichen wie erfolgreichen Arbeit bringen (Hansen 2018; Fink und Moeller 2018). Der Purpose wird als ein der Organisation inhärentes höheres Ziel vorgestellt, das es zu finden und dem es entgegenzustreben gilt, um die alten und schädlichen Imperative von Profit und bloßer Bestandserhaltung zu überwinden (vgl. z. B. Laloux 2015, S. 197 ff.). In der Vorstellung vom *Purpose Drive* – also eines Antriebs der Organisation durch den Purpose – ist es nötig, eine Organisation diesem entsprechend zu strukturieren (Archer et al. 2016, S. 37). Daher experimentieren Organisationen heute unter anderem auch mit dem polarisierenden Konzept „Holacracy", in dem der Purpose eine zentrale Rolle spielt (Robertson 2016, S. 157 und 31).

In der praxisorientierten Literatur (z. B. bei Rey et al. 2019) existiert zumeist ein vages Verständnis, was unter dem Purpose zu verstehen sei. Im Vordergrund stehen Vorteile und Umsetzungsdetails für die *Purpose Driven Organization* (ebd.; Quinn und Thakor 2019) oder aber die Publikationen besitzen einen starken Ratgebercharakter (z. B. Fink und Moeller 2018; Hansen 2018). Theoretisch ausgefeiltere und vor allem dezidiert soziologische Definitionen oder Reflexionen sind dabei nicht zu finden. Diese Lücke verwundert, da schließlich in vielen Unternehmen mit diesem Konzept gearbeitet wird. Einige Betriebe, so wie auch das hier beforschte, nutzen Holacracy

A. Strothotte (✉)
Fakultät für Soziologie, Universität Bielefeld, Bielefeld, Deutschland
E-Mail: adrian.strothotte@uni-bielefeld.de

© Der/die Autor(en), exklusiv lizenziert an Springer Fachmedien Wiesbaden GmbH, ein Teil von Springer Nature 2023
S. Kühl und P. Sua-Ngam-Iam (Hrsg.), *Holacracy*,
https://doi.org/10.1007/978-3-658-40111-5_3

und das Purpose-Konzept und sind in der Lage, nicht nur Aufmerksamkeit, sondern auch beträchtliche Erfolge im Hinblick auf ihren Purpose zu erreichen. Dieser Umstand macht eine erneute soziologische Betrachtung dieses Phänomens interessant: erneut deshalb, weil der „Zweck" – so eine mögliche Übersetzung des „Purpose" – schon seit den Anfängen der Organisationssoziologie Gegenstand von Auseinandersetzungen ist.

Schon bei Max Weber sind Zwecke Grundlage der Vorstellung von bürokratischen Organisationen (Weber 2019, S. 196) und auch für Niklas Luhmann (1968) ist der Begriff zentral. Während Zwecke in ihrem sozialwissenschaftlichen Verständnis seither kaum an Bedeutung eingebüßt haben, irritieren die neueren Ideen vom Purpose vor allem durch ihren Bezug auf die Menschen in der Organisation. Organisationen erscheinen nicht mehr bloß als Vehikel zum Erreichen von Zwecken (Luhmann 1968, S. 35 ff.), sondern als Erfüllungsort der Wertvorstellungen der Mitglieder.

Bei genauerem Hinsehen entsteht so ein Spannungsverhältnis zwischen den organisationssoziologischen Erkenntnissen Luhmanns, die gerade eine Distanz der Personen zu den Zwecken der Organisation als funktional betrachten (ebd., S. 97), und der holakratischen Purpose-Konzeption: Dort soll ein „tieferer Sinn" der Organisation das Verhalten der selbstverantwortlichen Mitglieder nachhaltig motivieren – und so gleichzeitig die Kernziele der Organisation verwirklichen (Robertson 2016, S. 157).

Dieser Beitrag macht es sich erstmals zur Aufgabe, zu beleuchten, ob dies in der Praxis tatsächlich geleistet werden kann. Welche Funktionen und Folgen haben die Einrichtungen des Purpose und der Holacracy für eine Organisation?

Entsprechende Forschungsfragen hatten in den letzten Jahren in der Soziologie kaum Konjunktur und bei der Holacracy handelt es sich um ein verhältnismäßig junges Organisationskonzept. Deshalb und vor allem, weil der Purpose uns als eine spezielle Ausprägung eines Zweckes begegnet, findet dieser Beitrag seinen Hauptbezugspunkt in den theoretischen Abhandlungen zur Zweckrationalität und wenigen neueren Beiträgen mit Bezug zum Thema (z. B. Hasenzagl 2019). Grundlage für ein erstes Verständnis des Konzepts Holacracy bilden die Basistexte von Erfinder und Unternehmer Brian Robertson (2016) sowie an manchen Stellen Arbeiten, die sich mit sozialwissenschaftlichem Interesse Holacracy genähert haben (Archer et al. 2016; Kaduthanam und Heim 2019). Größtenteils wird die vielfältige Beratungs- und Managementliteratur (z. B. Marrold 2018) beiseitegelassen, da sich die dort gewonnenen Erkenntnisse kaum für eine Betrachtung aus organisationssoziologischer Perspektive eignen. Stattdessen wurde eine eigene empirische Studie durchgeführt, die das holakratische Unternehmen „Plasticles" untersucht und so in der Lage ist, die theoretischen Argumente mit Erkenntnissen aus der Praxis sowohl zu belegen als auch zu irritieren.

Um mehr über den Forschungsgegenstand herauszufinden, wird es zunächst notwendig sein, sich den Implikationen des Purpose-Begriffs im Konzept von Holacracy anzunähern. Zuvor werden einige grundlegende theoretische und konzeptuelle Bausteine erläutert, anhand derer die zwei Hauptfunktionen des Purpose in Organisationen herausgearbeitet werden können. Anhand empirischer Beispiele und Irritationen beleuchte ich anschließend die zentralen Nebenfolgen des Purpose-Konzepts. Außerdem werden individuelle Lösungen für die entstehenden Probleme aufgedeckt und wiederum in ihrer Funktionalität auf die Organisation und den Purpose-Gedanken bezogen. Schlussendlich soll so eine differenzierte Bestandsaufnahme angefertigt werden, die sowohl die Funktionalitäten als auch Grenzen und Risiken berücksichtigt.

Die hier untersuchte Organisation [Plasticles] ist ein 2011 gegründeter Betrieb mit etwa 70 Mitarbeitenden (Stand Anfang 2021), der im Nachhaltigkeits-Sektor tätig ist und Produkte aus recyceltem Meeresplastik herstellt sowie derartige Kleinprojekte in anderen Ländern unterstützt. Plasticles arbeitet mit einer leicht abgeänderten Form der Holacracy und greift nicht auf eine Software-Unterstützung wie z. B. GlassFrog zurück. Zum Zeitpunkt der Einführung von Holacracy, etwa drei Jahre nach der Gründung des Unternehmens, hatte Plasticles weniger als zehn Mitarbeitende (Interview 1a, #00:17:00). In den letzten Jahren, aber besonders seit Anfang 2019 ist Plasticles stark gewachsen. Mehr als die Hälfte der Mitarbeitenden war zum Untersuchungszeitpunkt seit weniger als einem Jahr in der Organisation (Interview 1b, #00:03:00). Plasticles erhält zunehmend Großaufträge von Konzernen und befand sich bis zur Corona-Krise im Umsatzwachstum.

Der Betrieb befindet sich zum größten Teil im Besitz einiger Mitglieder. In der Gesellschaft bürgerlichen Rechts können nur Angestellte von Plasticles Mitglieder werden und Stimmrechte (keine Genussrechte) wahrnehmen. Eventuelle Investoren erhalten demgegenüber keine Stimmrechte, sondern bekommen ggf. nur einen Gewinnanteil ausgeschüttet. Zusätzlich ist eine Stiftung an Plasticles beteiligt, die als eine Art Aufsichtsorgan über den Purpose von Plasticles wachen soll.

Für diesen Artikel wurden insgesamt elf Interviews mit Mitarbeitenden von Plasticles und ein Gruppeninterview qualitativ ausgewertet. Die Interviews mit den Nummern 8 bis 11 sowie 1b wurden eigens vor dem Hintergrund dieser Fragestellung unter anderem vom Autor im Juni 2020 geführt. Die weiteren sechs Gespräche und das Gruppeninterview wurden im Rahmen des gleichen Forschungsvorhabens, jedoch zuvor im Jahr 2019 durch die Herausgebenden erhoben. Die interviewten Personen stammen aus verschiedenen Kreisen innerhalb von Plasticles. Sowohl Mitglieder, die keine „holakratischen" Rollen wie Lead Link innehaben (z. B. Interviews 9 und 8), als auch Mitglieder mit Erfahrung in diesen speziellen Rollen (z. B. Interviews 1a, 12 und 10) wurden befragt. Die Betriebszugehörigkeit der Befragten reicht von wenigen Monaten bis zum gesamten Zeitraum seit der Gründung. Die Einzelheiten zur Auswertung können Abschn. 1.4 dieses Sammelbandes entnommen werden.

3.1 Formalisierung in der Holacracy

Holacracy geht als Organisationsform stark auf die schon seit den 1970er Jahren bekannte Soziokratie zurück. Grundlegende Elemente wie der kreisförmige Aufbau und auch die Nutzung des Konsentprinzips (etwas gilt als beschlossen, wenn keine schwerwiegenden Einwände mehr vorliegen) tauchen bereits zu dieser Zeit auf (Altherr 2019, S. 420; Strauch et al. 2018). Die frühen Formen der Selbstorganisation legten jedoch einen stärkeren Fokus auf intraorganisatorischen Konsens[1], wohingegen dieser im Holacracy-Konzept durch Formalisierung verzichtbar gemacht werden soll.

Formalisierung wird hier, mit Niklas Luhmann, als die Bindung bestimmter Erwartungen an die Mitgliedschaft in der Organisation verstanden (Luhmann 1999, S. 36). Wer Mitglied bleiben möchte, muss bestimmte Regeln befolgen. Dabei müssen nicht alle Verstöße gegen diese Regeln auch formal sanktioniert werden. Die Formalstruktur wirkt in vielen Fällen schon dadurch, dass auf ihrer Basis eine Sanktion möglich wäre (Luhmann 1999, S. 44 und 297). Luhmann unterscheidet drei Typen von formalen Strukturen: Programme, Kommunikationswege und Personal (Luhmann 2019, S. 226).

„Programme bündeln Kriterien, nach denen entschieden werden muss" und schaffen nicht nur die Möglichkeit, nach Gelingen und Scheitern zu differenzieren, sondern auch den Erfolg oder Misserfolg einer bestimmten Stelle zuzuordnen (Kühl 2011, S. 103). Diese Programme lassen sich wiederum in Konditionalprogramme und Zweckprogramme unterscheiden (Luhmann 2019, S. 260 f.).

Dem Konzept nach verfügen Holacracies mit ihrer Organisationsverfassung, der Constitution, über ein oberstes Zweckprogramm. In dieser Verfassung ist der Purpose als „Zweckformel" (Luhmann 1968, S. 123) enthalten. Im Gegensatz zu Konditionalprogrammen geben Zweckprogramme nicht für einen bestimmten Impuls eine bestimmte Reaktion vor, sondern steuern „outputorientiert" unter der Verwendung variabler Mittel auf ein bestimmtes Ziel hin (ebd., S. 261). Wird jemand in einem Unternehmen beauftragt, ein bestimmtes Problem zu lösen, wird ihm oder ihr dazu in der Regel eine Vielzahl legaler Mittel zur Verfügung stehen. Stark vereinfacht gesprochen: Man kann den Absatz eines Produktes ankurbeln, indem man ein neues Design bringt oder aber den Preis senkt usw. Im Gegensatz dazu steht bei Konditionalprogrammen fest, was auf ein bestimmtes Ereignis folgen soll. Geht man zum städtischen Einwohnermeldeamt, fertigt diese Organisation das Anliegen nach einem vorgefertigten Schema ab und findet mit ziemlich großer Sicherheit keine neuen und kreativen Lösungen für die Ausfertigung eines Personalausweises.

Da eine Organisation durch Holacracy flexibler und agiler werden soll, ist das Organisationsmodell stark zweckrational ausgelegt. Die Idee der grundsätzlich variablen Mittel wird in der Holacracy dadurch ausgedrückt, dass das Erreichen des Purpose als oberstes Gebot behandelt wird. Solange das Ergebnis stimmt, sind dem Konzept nach alle Mittel, die nicht explizit verboten sind, erlaubt (Robertson 2016, S. 78).

Aus dem Purpose werden in der Holacracy Rollen abgeleitet, die in Kreisen gruppiert werden, die wiederum Unterkreise beinhalten können (Robertson 2016, S. 37 f.). Die Unterkreise sind am ehesten mit Abteilungen einer klassisch aufgebauten Organisation zu vergleichen und legen fest, wer mit wem in welcher Angelegenheit reden darf (Luhmann 2019, S. 226; Kühl 2011, S. 105 f.). Diese Strukturierung der Kommunikationswege soll sich formal an rein sachlichen Kriterien orientieren und explizit keine Hierarchie (im

---

[1] Konsens würde für selbstorganisierte Betriebe schon früh als grundlegend betrachtet. Vgl. dazu Joyce Rothschild-Whitt (1979, S. 512).

Sinne einer Über- oder Unterordnung) der Personen begründen, wie es in klassischen Organisationen der Fall ist. Es wird sich eher eine Hierarchie der Zwecke vorgestellt, da auch die Kreise und schließlich die Rollen jeweils über *Purposes* verfügen. Ist man mit der Ausfüllung einer Rolle unzufrieden, kann ihre Passung infrage gestellt und der Person schließlich durch den Lead Link des jeweiligen Kreises aberkannt werden.

Im Holacracy-Konzept ist nicht festgelegt, wie Personal ausgewählt werden soll. Holakratische Organisationen wie die hier beforschte reagieren darauf, indem sie eigene Konzepte der Personalwahl, die den dritten Typ formaler Strukturen bei Luhmann darstellt (Luhmann 2019, S. 279 ff.), entwickeln. Gerade auch aufgrund der Leerstelle im Konzept wird später noch auf dieses Thema zurückzukommen sein.

Der Tendenz, konzeptuell weniger auf „Menschliches" als auf formale Strukturierung zu setzen (Hasenzagl 2019, S. 96), wird auch damit Rechnung getragen, dass eine strikte Trennung von Rolle und Person im Konzept von Holacracy angelegt ist. Jede Mitarbeiterin und jeder Mitarbeiter kann eine Vielzahl von Rollen in unterschiedlichen Kreisen übernehmen. Die Rollen sind genauso wie Kreise mit Autonomie ausgestattet und sollen innerhalb ihrer Zuständigkeitsbereiche ihre Aufgaben im Hinblick auf ihren Purpose umsetzen (Robertson 2016, S. 40 f.). Dabei sind sie innerhalb dieser Grenzen nicht auf Weisungen etc. angewiesen. Um die Kreise als solche zusammenzuhalten, existieren bestimmte Meetingformate. In operativen Meetings und strukturellen Governance Meetings können alle in den Kreisen befindliche Rollen Spannungen äußern – also Ist-Zustände anprangern und Lösungen vorschlagen (ebd., S. 25 f.).

Ziel des Aufbaus von Holacracy über eine Trennung von Rolle und Person ist es, die zwischenmenschlichen Hindernisse bekannter Organisationsmodelle aus dem Weg zu räumen, um eine effektive und vor allem lernbereite Organisation zu schaffen. Implizit soll auch auf jene Strukturen Einfluss genommen werden, die bei Luhmann als „informale Strukturen" (Luhmann 1999, S. 30) firmieren. Damit sind Erwartungen gemeint, die nicht an die Mitgliedschaft gebunden werden können oder gebunden werden. Informale Strukturen ergänzen die Formalstruktur und widersprechen ihr teilweise, da nicht alle Bedürfnisse einer Organisation durch formale Strukturen befriedigt werden können (ebd., S. 271). Ein Beispiel dafür können Treffen sein, bei denen informal andere Meetings vorbereitet werden und so erst sichergestellt wird, dass Entscheidungen im richtigen Meeting dann auch getroffen werden können. Ein anderes sind Techniken der Selbstdarstellung, die Missfallen indirekt zum Ausdruck bringen. In beiden Fällen ist eine formale Sanktion äußerst schwierig und eine Überführung in die Formalstruktur brächte ihrerseits wieder unbeabsichtigte Nebenfolgen mit sich (ebd., S. 170 ff.).

3.2 Purpose: Zwischen Rationalisierung und Motivation

Bei einer Betrachtung der Definitionen des Purpose in der Literatur (so z. B. auch bei Fink und Moeller 2018) zu den entsprechenden Managementkonzepten und auch in der Holacracy (Robertson 2016) wird, wie schon eingangs erwähnt, nur ein vages

Verständnis davon übermittelt, wie der Purpose auf den Begriff gebracht werden kann. Der Purpose reiht sich damit in die lange Liste der in der Organisationswissenschaft inflationär verwendeten Begriffe wie *Kultur, Führung* und *Institution* ein (Kühl 2017, S. 2). Während diese eher unscharfen Begriffe im Praxisdiskurs häufig Anschluss finden, so ist für eine organisationssoziologische Analyse eine genauere Bestimmung nötig. Bis jetzt wurden auch in diesem Text *Zweck* und *Purpose* synonym verwendet, doch soll das Konzept nun in seine einzelnen Implikationen zerlegt werden.

> "An organization of higher purpose is a social system in which the greater good has been envisioned, articulated, and authenticated. [...] the higher purpose is the arbiter of all decisions, and people find meaning in their work and in their relationships despite the conflicts" (Quinn und Thankor 2019, S. IX).

Zwei Hauptdimensionen werden in dem formulierten Konzept ersichtlich. Einerseits soll der Purpose einen Zweck, ein höheres Gut mit bestimmtem Wert, in der Organisation ausbuchstabieren und „verwirklichen". Andererseits sollen die Mitglieder dadurch nicht nur angeleitet werden, sondern auch einen „tieferen Sinn" in ihrer Arbeit finden (Archer et al. 2016, S. 12). Jene Dualität findet sich auch im Purpose des hier beforschten Unternehmens Plasticles: „Jedes Individuum handelt sozialökologisch nachhaltig, belastet den Planeten nicht unnötig und muss nicht unter der Meeresverschmutzung durch Plastik leiden" (Interview 8, #00:19:40).

Mit der Referenz auf „sozialökologische Nachhaltigkeit" wird das „greater good" in die Welt gesetzt, in dem auch die Mitglieder eine Sinnhaftigkeit finden sollen und die Bekämpfung der Meeresverschmutzung durch Plastik stellt die „authentication" – die Konkretisierung – dieses höheren Gutes dar. Für den Erfolg im Hinblick auf die formulierten Ziele ist dann eine richtige Umsetzung der Konkretisierung in der Organisation ausschlaggebend und andersherum werden auch Gründe für Misserfolge vor allem hier gefunden. Kurzum: Für dieses Purpose-Konzept hängt der Erfolg einer Organisation einzig und allein davon ab, wie gut der Purpose in Handlungen umgesetzt wird. Mit einer solchen, verkürzenden Sichtweise sitzt man jedoch der Zweckrationalitätsvorstellung von Organisationen auf (Luhmann 1999, S. 13).

Statt der normativen Frage nach Erfolg oder Misserfolg ist es eher angebracht, die beiden Dimensionen des Purpose stärker auf ihre Funktion für die Organisation abzuklopfen. Dazu ist ein kleiner Exkurs in die Zwecktheorie Niklas Luhmanns angebracht – dort tauchen nämlich zwei verschiedene Dimensionen dessen auf, was Organisationen mit ihren Zwecken erreichen können und was die jeweiligen Folgen sind.

In der klassischen Theorie der Organisation, wie sie z. B. bei Weber (2019), aber im Grunde auch in Großteilen der Managementliteratur zu finden ist, werden diese in erster Linie über ihre Zwecke definiert. Organisationen erscheinen hier als Vehikel, um bestimmte Ziele zu erreichen und abweichende Vorgänge in der Organisation werden als hinderlich oder im besten Fall als zu vernachlässigende Nebenfolge behandelt. Diese Sichtweise findet sich nicht nur in der Wissenschaft, sondern auch bei den Organisationen selbst (Kette 2018, S. 5 f.). „Auch heute noch gilt es als Ziel einer sich human verstehenden Organisationsbewegung, den arbeitenden Mitgliedern die Organisationsziele nahezubringen und sie ihnen mit kollegialem Druck in die Seele zu bringen, damit sie dort automatisch ein Höchstleistungsverhalten auslösen" (Luhmann 1968, S. 89). So lässt sich auch 50 Jahre nach Abfassung dieser Aussage das Verständnis eines Zwecks, ob nun Purpose genannt oder nicht, in der Wirtschaftswelt zusammenfassen. Holacracy versucht jenes Höchstleistungsverhalten außerdem, wie bereits erwähnt, über eine sehr detaillierte Formalisierung herbeizuführen. Halten alle sich an die vorgeschriebenen Regeln, steht dem Erfolg nichts mehr im Weg.

Dass diese Vorstellung bei Weitem zu kurz greift, wird schon dann sichtbar, wenn man sich vor Augen führt, dass die gesetzten Zwecke oft nur das Bestandsproblem der Organisation verdecken. Wenn der Zweck nicht mehr zur Verfügung steht, weil er erfüllt oder in der Umwelt nicht mehr legitim ist, hören die meisten Organisationen nicht einfach auf, zu existieren, sondern suchen sich neue Zwecke (Luhmann 1999, S. 102 f.). Der Zweck ist für eine Organisation also bei Weitem nicht so zentral, wie es Purpose-Konzepte darlegen. Ein soziales System kann nicht alle Leistungen, die für die Erhaltung nötig sind, den (formalisierten) Zwecken unterordnen. Deutlich wird dies auch bei Plasticles: Möchte man die Umwelt schonen und Müll vermeiden, so wäre es die „nachhaltigste" Entscheidung, gar nichts zu produzieren. Wenn es um den Bestand des Systems, das „was die Organisation eben macht", geht, müssen die vielfältigen Zweck- und Wertbezüge aus dem Purpose für einen Moment neutralisiert werden – es wird opportunistisch gehandelt. Die normativ-zweckrationalistische Sichtweise gerät ins Hintertreffen, weil sie nicht in der Lage ist, die vielfältigen Bestandserfordernisse eines Sozialsystems in den Blick zu bekommen. Dies gelingt mit einer systemtheoretisch-funktionalistischen Analyse (Luhmann 1968, S. 73 f.).

Was sind also die Funktionen von Zwecken in einer Organisation? Zunächst einmal ist festzuhalten, dass wir Organisationen hier als soziale Systeme betrachten, die sich in einer komplexen und Veränderungen unterworfenen Umwelt „durch Stabilisierung einer Innen/Außen-Differenz erhalten" (Luhmann 1968, S. 120). Diese Grenzziehung wird im Falle von Organisationen dadurch geleistet, dass eine feste Mitgliedschaft ausgebildet wird. So kann festgelegt werden, wer im Namen der Organisation handeln darf und wer nicht.

Ganz allgemein gesprochen sind Zwecke eine Möglichkeit für ein soziales System, Komplexität zu reduzieren. Ausgangspunkt dieses Gedankens ist die Annahme, dass die Umwelt immer komplexer ist als das System – das bedeutet, dass es in der Umwelt immer eine größere Menge des prinzipiell Möglichen gibt. Um sich erhalten zu können, verengt das Systeme seinen Blick auf die Umwelt. Nur so ist es möglich, Entscheidungen zu treffen und nicht an der Komplexität der Welt zugrunde zu gehen (ebd., S. 121). Zwecke leisten dies bis zu einem gewissen Grad, indem sie (in einem Schema von Ursache und Wirkung gedacht) bestimmte Wirkungen gegenüber anderen bevorzugen und gleich Mittel mitdefinieren. Wenn ein Unternehmen festlegt, Gummistiefel zu produzieren und dafür eine Kunststofftechnikerin anzuheuern, dann ist damit vorerst ausgeschlossen, dass man sich dem Herstellen von Indie-Filmen widmen wird. Wie schon angesprochen, werden so dem Opportunismus beim Entscheiden Grenzen gesetzt (ebd., S. 137), nichtsdestotrotz kann der Zweck nie alle Bedürfnisse der Organisation abdecken.

Entscheidender für diese Untersuchung ist, dass Zwecke unterschiedlich verfasst sein können. Sie können sehr exakt an den konkreten Tätigkeiten in der Organisation strukturiert sein und z. B. vorsehen, dass die Sales-Abteilung der Gummistiefel-Firma pro Monat eine bestimmte Anzahl an Neukund:innen beschafft haben soll. Eine solche Art der Programmierung durch Zwecke wurde auch schon bei der Kurzbetrachtung des Holacracy-Konzepts erwähnt. Sie kann als „Rationalisierungsfunktion" bezeichnet werden.

Zwecke sind eine Möglichkeit der Komplexitätsreduktion unter anderen – sie „rationalisieren" bestimmte Handlungen als Mittel und neutralisieren nicht gewollte Wirkungen. Andere Strategien sind z. B. die Umweltdifferenzierung (beispielsweise die Trennung verschiedener Kundenkreise) oder die Innendifferenzierung in verschiedene Untersysteme (Luhmann 1968, S. 126 ff.). Entscheidend ist hier, dass eine Handlung nicht zwingend rational oder irrational sein muss – auch irrationales Handeln kann die Probleme eines Systems lösen (ebd., S. 45).

Der Purpose, z. B. Meeresplastik zu reduzieren, ermöglicht es, Handlungen im Vor- oder Nachhinein mit einer Richtung zu versehen. Trägt die Idee einer Mitarbeiterin dazu bei, Meeresplastik zu bekämpfen, treten Nebenfolgen wie die Notwendigkeit von kapitalistischer Geldwirtschaft oder die auch umweltschädliche Glasproduktion vorerst in den Hintergrund. Spezifische Zwecke wie diese ermöglichen es, ein auf längere Sicht stabiles Verhalten zu etablieren. Das liegt auch darin begründet, dass sie als koordinierendes Prinzip (ebd., S. 130) in die Formalstruktur einer Organisation integriert sind. Wie aber schon mehrfach betont wurde, kann die Formalstruktur niemals alle Bedürfnisse des Systems erfüllen – gleiches gilt auch für die Zwecke, gleich wie spezifisch sie sein mögen.

Das andere Ende des Kontinuums sind Zwecke, die in Form von „nicht unmittelbar anwendungsfähigen allgemeinen Glücksvorstellungen" (ebd., 129 f.) daherkommen. Typischerweise sind diese Zwecke stark mit externen Wertgesichtspunkten bestückt (Ebd., S. 136) – das bedeutet: Sie sind unabhängiger von kurzfristigen Wirkungen, als die stärker spezifizierten Zwecke, dafür aber wesentlich abhängiger von der Umwelt des Systems. Sie sind wie z. B. Nachhaltigkeit, Nächstenliebe, Toleranz usw. gesellschaftlich mindestens bei bestimmten Personengruppen akzeptiert. Im Gegensatz zu den stark spezifizierten Zwecken, zu deren Befolgung man die meisten Personen vor allem durch Bezahlung bewegt, eignen sich die stärker wertaufgeladenen Zwecke, um Personen zu Handlungen zu motivieren.

Jemanden dazu zu bringen, in Vollzeit neue technische Lösungen zum Recyceln von Plastik zu entwickeln, erscheint ohne monetäre Entlohnungen schwierig. Sucht man sich Personen, die an nachhaltiger Lebensweise interessiert sind und kann ihnen glaubhaft vermitteln, dass sich die Entwicklung der Recycling-Methoden darauf beziehen, erscheint eine höhere Motivation der Handelnden wahrscheinlich. Naheliegendes

Extrem-Beispiel können hier auch Vereine sein, die dem Tierschutz oder der Kulturförderung dienen. Menschen werden Mitglieder in diesen Organisationen, ganz ohne, dass sie dafür eine Bezahlung erhalten oder gezwungen werden. Diese Organisationen werden dadurch jedoch unflexibler in der Wahl ihrer Zwecke und können diese nicht ohne Weiteres ändern (Luhmann 1999, S. 330). Wenn die Anforderungen in der Umwelt sich verändern und aktuelle Zwecke nicht mehr legitim in ihr anerkannt werden, droht dem System das Aus (Luhmann 1968, S. 96). Die Abhängigkeit beschränkt sich nicht auf die externe Umwelt, also z. B. Kund:innen, die Politik oder das Bildungssystem, sondern besteht eben insbesondere in Bezug auf die „interne" Umwelt des Systems: die Mitglieder (Luhmann 1999, S. 25). Die betreffende Organisation wird durch allgemeine und unspezifische Zweckformeln demnach abhängiger von der Stabilität, die diese ihr bieten. Stabilität meint bezogen auf unser Beispiel z. B. die Notwendigkeit, Mitglieder zu finden, die geringere Bezahlung, längere Arbeitszeiten oder Anfeindungen von außen tolerieren, ohne die Organisation zu verlassen.

Sowohl bei der Definition aus der Managementliteratur als auch aus dem ausformulierten Purpose des empirischen Beispiels wurde der Doppelcharakter in Form der Orientierung an einem höheren Gut und dessen Konkretisierung erkennbar. Aus dem theoretischen Blickwinkel betrachtet, enthält der Purpose in dem hier diskutierten Fall sowohl einen schwach spezifizierten als auch einen stärker spezifizierten Teil. Purpose-Unternehmen versuchen demnach beide Zweckausprägungen gleichzeitig für die Organisation zu nutzen: zum einen, um der Organisation hinreichende Kriterien für zielgerichtetes Entscheiden zu beschaffen und zum anderen, um die Mitglieder zu besagten Höchstleistungen zu motivieren. Der Purpose wirkt dabei als Dachbezeichnung für alle Zwecke der Organisation, die sich im Kontinuum zwischen Rationalisierung und Motivation bewegen. Auch wenn für die einzelnen Zweckformeln nicht immer einwandfrei festgestellt werden kann, ob sie nun motivieren oder rationalisieren oder für beides nützlich sind, kann eine genauere Betrachtung des empirischen Beispiels erhellen, wie sich das Purpose-Konzept in Kombination mit Holacracy verhält.

3.3 Die Grenzen der Rationalisierungsfunktion des Purpose

Plasticles vertreibt Produkte aus recyceltem Plastik und führt ein festgelegtes Volumen von Spenden an Umweltorganisationen ab – offensichtlich gelingt es dem Organisationssystem, in einer veränderlichen Umwelt seinen Bestand zu sichern. Auch wenn ein Zweck längst nicht alle erforderlichen Leistungen zum Bestand einer Organisation beitragen kann, so wird doch sichtbar, dass der stärker spezifizierte Teil des Purpose eine Rationalisierungsfunktion für Plasticles erfüllt. Diese Funktion artikuliert sich vor allem in der Formalstruktur, die generalisierte Regeln für die Organisation vorschreibt und diese an die Mitgliedschaft bindet. Jene wurde bereits in der Einführung zum Aufbau holakratischer Organisation erläutert.

Plasticles nutzt, wie zu erwarten war, vor allem Zweckprogrammierung. Die Spezifikation der Zwecke und zugehöriger Mittel wird auf den unteren Ebenen des Unternehmens fortgesetzt, sodass sich Unterkreise für die Logistik, PR und Marketing sowie Sales ausgebildet haben. Diese sind mit eigenen Zwecken (Purposes) ausgestattet und prinzipiell frei in ihrer Mittelwahl. Gleiches gilt für die Rollen, die sich in den Kreisen befinden. Soweit unterscheidet sich der Aufbau kaum von den klassischen Abteilungen einer althergebrachten Organisation, die vor allem Zweckprogrammierung einsetzt – z. B. einer Firma, die Autos entwickelt und herstellt. Der große Unterschied besteht in der Selbstorganisationskomponente, die Holacracy einbringt. Innerhalb ihrer Bereiche (Domains) sind Rollen und Kreise autonom – das heißt, nicht auf die Weisungen von Vorgesetzten oder Abteilungsleitenden angewiesen. Diese Art, die Hierarchie in einer Organisation „horizontal" zu strukturieren, ist vom koordinierenden Prinzip der Zwecke genauso durchdrungen, wie es in klassischen Organisationen der Fall ist. Hierarchiekonzept und Zweck-Mittel-Relationen werden als „Wirkungseinheit" vorgestellt. Holacracy entwirft die horizontale Hierarchie der gleichwertigen Mitglieder als Ordnung der Mittel, die zum Erreichen der Zwecke nötig sind (Luhmann 1968, S. 50). Die Vorstellung ist also: Alles, was für die Betreuung der Kunden und Kundinnen nötig ist, wird im Sales-Kreis erledigt, alles, was für die Außenkommunikation nötig ist, im Kommunikationskreis usw. Gleichzeitig „heiligt" der Zweck all diese Mittel und neutralisiert Folgen, die diese Mittel zusätzlich zu den gewollten mit sich bringen.

Besonderheit der Holacracy ist nun, dass sie den Befehl (Luhmann 1968, S. 55) nicht mehr kennt und so in der Lage ist, die Überforderung der Kommunikationswege an deren Knotenpunkten, also den Führungspersonen, zu umschiffen. Die Entscheidungen werden sozusagen bottom-up öfter gleich da getroffen, wo auch die entsprechenden Informationen sind (z. B. autonom in einer Rolle, die selbst entscheidet, wie sie Produkte am besten verpackt). In der Praxis zeigt sich aber auch, dass die Autonomie der einzelnen Rollen Unsicherheitsräume, die die Personen auf der Rolle mit eigenen Selektionsgesichtspunkten füllen, entstehen lässt (Interview 1b, #00:30:25). Solche Momente, in denen die Organisation nicht genügend Anhaltspunkte für eine Entscheidung bereitstellt, kommen in allen formalen Organisationen vor (Luhmann 1999, S. 107). In klassisch-hierarchisch aufgebauten Betrieben stehen allerdings Kommunikationsknotenpunkte in Form von Führungspersonen zur Verfügung, die beim Versagen der Zweck-Mittel-Relationen einspringen können. Da dies bei Plasticles nicht möglich ist, ist anzunehmen, dass häufiger Räume für Unsicherheit entstehen. Es wird zunehmend unklarer, welche Entscheidung dem Zweck am ehesten dient und ob eine weitreichende Entscheidung tatsächlich allein getroffen werden sollte.

In der Vorstellungswelt der Holacracy kommt nun der Purpose ins Spiel. Wenn keine detaillierten Entscheidungshilfen vorstrukturiert sind, soll der abstrakte Teil des Purpose die Entscheidung lenken. Er wird als „Schiedsrichter" oder „Anker" vorgestellt, der die abweichungsgefährdeten Mitglieder wieder auf die von der Organisation geplante Bahn zieht (Quinn und Thankor 2019, S. 9; Archer et al. 2016, S. 43). Eine interessante

Konfliktlinie bei Plasticles macht deutlich, dass es sich dabei um eine monokausale und zu stark vereinfachte Annahme handelt.

In den Interviews hat sich ein besonderes Konfliktpotenzial beim Aufkommen von Aufträgen durch Großkonzerne (beispielsweise der Lebensmittel- und Automobilindustrie), die im Ruf stehen, nicht nachhaltig zu handeln, dargestellt. Es muss in der Organisation entschieden werden, ob Aufträge zugunsten von industriellem Prestige und finanziellem Gewinn angenommen oder wegen Ablehnung der Wirtschaftsweise der Unternehmen und der beabsichtigten Vermeidung von „Greenwashing" fallengelassen werden (Interview 8, #01:05:00 und #01:06:40). Der klassische Bezugspunkt von Großkundenbetreuung, die hierarchische Spitze des Unternehmens, steht aufgrund der holakratischen Organisationsweise naturgemäß nicht zur Verfügung. Plasticles hat eine Rolle für diese Entscheidungen namens „Corporate Transactions" geschaffen, die zwei Personen im Unternehmen innehaben.

Eine Person, die diese Rolle füllt, gesteht ein, selbst auch mal entgegen der im Purpose festgehaltenen Nachhaltigkeit zu handeln. Wenn es günstiger sei, dann nehme sie gelegentlich auch auf der innerdeutschen Strecke statt der Bahn das Flugzeug. In der Organisation würden sie dafür manche Mitglieder „ans Kreuz nageln" (Interview 10, #00:22:00) wollen, aber sie hielte sich mit der Weitergabe solcher Informationen im Betrieb dann stark zurück. Alle lebten bei Plasticles „friedlich nebeneinanderher", ohne solche Unterschiede zu sehr zum Thema zu machen (ebd.). Zudem gibt sie an, sich trotzdem mit der Nachhaltigkeit zu identifizieren (ebd., #00:02:00). In einem der Interviews schilderte eine Person, die die Rolle Corporate Transactions einnimmt, die Konsequenzen einer ihrer Entscheidungen. Corporate Transactions verkaufte eine geringere Anzahl von nachhaltigen Produkten an einen großen Sportartikelhersteller für den internen Gebrauch. Die Person legte die Entscheidung (im dafür vorgesehenen Slack-Channel) offen und daraufhin äußerten etwa zehn andere Mitarbeitende starke Kritik an der Entscheidung, da der Auftraggeber katastrophale Arbeitsbedingungen in der Produktion biete. „Spannungen" wurden eingebracht (ebd., #00:07:45) In den konfrontativen Gesprächen mit den Kritiker:innen blieb Corporate Transactions bei der Entscheidung und begründete diese mit dem Purpose der Organisation und der Tatsache, dass auch ein unnachhaltiger Großkonzern irgendwo anfangen müsse – außerdem sei durch den internen Gebrauch „Greenwashing" kein Thema.

Konflikte dieser Art scheinen durchaus schon öfter und auch bei größeren Aufträgen vorgekommen zu sein, nach einer Erklärung vonseiten der Corporate Transactions Rolle scheinen sich die Konflikte aber nicht weiter getragen zu haben. Der Interviewte begründet dies mit der Möglichkeit, die Purposeorientierung der Entscheidung in den Gesprächen zu verdeutlichen und auch Verständnis für die Kritik aufzubringen.

An dem Beispiel werden verschiedene Dinge im Hinblick auf den Umgang mit Unsicherheit auf der einen Seite und dem schwach spezifizierten Purpose auf der anderen Seite sichtbar. Zuerst fällt das Verhalten der rollenfüllenden Person ins Auge. Mal trifft Corporate Transactions eine Entscheidung, die mit dem Purpose nur schwer in Einklang zu bringen ist (Kurzstrecke fliegen), mal trifft sie scheinbar intuitiv eine Entscheidung über einen Großkundenauftrag, die sie dann im Nachhinein mit dem Purpose rechtfertigt. Um es kurz zu machen: Es wird opportunistisch – also je nach Gelegenheit – entschieden. Wir erinnern uns: Zwecke dienen mitunter dazu, dem Opportunismus Grenzen zu setzen (Luhmann 1968, S. 137). Auf den schwach spezifizierten Teil des Purpose scheint das nur bedingt zuzutreffen.

Als Nächstes wird auffällig, dass sich die zitierte Person in den Äußerungen über ihre Reisegewohnheiten gegenüber anderen Mitgliedern zurückhält. Sie fürchtet harte Kritik an ihrem Verhalten. Das Beispiel legt nahe, dass in der Organisation ein großer Druck auf diejenigen ausgeübt wird, die sich nicht gemäß den Nachhaltigkeitsideen des Purpose verhalten. Konflikte über diese Themen sind außerdem bei Plasticles keine Seltenheit, wie in vielen Interviews angedeutet wurde (Interview 1b, #01:18:00). Wie auch das Beispiel verdeutlicht scheinen diese aber (noch) nicht in eine Spaltung der Organisation in verschiedene Lager geführt zu haben, sondern der Zusammenhalt in der Organisation wird eher als groß erlebt (z. B. Interview 12, #00:38:10).

Folgendes kann festgehalten werden: Der spezifizierte Teil des Purpose leistet die Rationalisierung in der Organisation, die die Formalstruktur nach ihm aufbaut und so in der Lage ist, die Aufgaben und Abläufe so zu gestalten, dass die Organisation sich in der Umwelt halten kann. Für Plasticles bedeutet das konkret, dass nachhaltige Produkte hergestellt und erfolgreich vertrieben werden. Diese Rationalisierungsfunktion hat jedoch Grenzen, hier kommt man zu einer widersprüchlichen Bestandsaufnahme: Einerseits versagt der Purpose als Schiedsrichter insofern, als dass er nicht in der Lage ist, tatsächlich alle Entscheidungen auf Linie zu bringen und andererseits wird er scheinbar von den Mitgliedern energisch verteidigt – ohne, dass jedoch die Organisation an dieser Schwachstelle entzweigehen würde. Wie lässt sich das erklären?

3.4 Motivationsfunktion, „Wir-Gefühl" und Konfliktbearbeitung

Im letzten Abschnitt haben wir gesehen, dass die Rationalisierung durch den stärker spezifizierten Zweck ihre Grenzen dort hat, wo autonome Rollen Entscheidungen treffen müssen, ohne dabei auf formale Hilfen zurückgreifen zu können. Die Selbstorganisation, die im Konzept von Holacracy angelegt ist, untergräbt also teilweise den Erfolg, der mit der Rationalisierung zu erzielen ist, obwohl gerade das Gegenteil, nämlich die Ausweitung, ihr Anspruch ist. Wo eine klassische Hierarchie in der Lage ist, klare Zweckdefinitionen per Entscheidung von oben festzulegen, finden sich in der Holacracy nur die in der Rolle festgelegten Purpose-Bestandteile. Das eingeführte Beispiel ist dabei ein Extremfall. Bei Plasticles scheint die Unsicherheit im Allgemeinen eher gering zu sein. Der Blick fällt also auf die Motivationsfunktion des Purpose: Reicht die Zweckidentifikation der Mitglieder etwa aus, um ihr Entscheidungsverhalten so stark zu stabilisieren, dass es die Lücke, die der zu abstrakte Purpose öffnet, schließen kann? Das Beispiel aus dem letzten Abschnitt stimmt pessimistisch: Selbst, wenn die Mitglieder stark mit dem

Zweck der Organisation übereinstimmen, handeln sie nicht immer so, dass es auch mit dem abstrakten Purpose wirklich in Einklang zu bringen wäre. Vielversprechender ist die Tatsache, dass so ein Verhalten in der Organisation zu großen Darstellungsproblemen führen würde, ließe man alle Mitglieder daran teilhaben. Völlige Transparenz wäre hier in hohem Maße dysfunktional.[2]

Alle Befragten bei Plasticles äußern oder setzen deutlich voraus, dass eine „nachhaltige Einstellung" für eine Arbeit bei Plasticles gewünscht ist. Auffällig ist, dass die interviewten Mitarbeitenden darin eine starke Homogenität bei den Mitgliedern annehmen. Drei Personen haben das Gefühl, sich in einer „Nachhaltigkeits-Bubble" (Interview 8, #00:38:25; Interview 9, #01:05:00; Interview 12, #00:12:40) zu befinden und vor allem mit Menschen zusammenzuarbeiten, die jung sind und über einen akademischen Abschluss verfügen. Ein Großteil der Mitarbeitenden sei „aus Überzeugung" im Betrieb und das Personal würde hauptsächlich aus diesem Umfeld rekrutiert (Ebd. u. Interview 9, #01:05:20). Die Zugehörigkeit zu dieser Blase richtet sich scheinbar nach den eher unspezifischen Zwecken aus, die sich grob unter Nachhaltigkeit fassen lassen und bezieht auch Aspekte des menschlichen Zusammenlebens mit ein – ein „großes Gefühl von Gemeinschaft und Verbundenheit" (Interview 12, #00:38:10) existiere in der Organisation. Zwei Mitglieder sind sich sogar manchmal unsicher, „ob das meine Freunde oder meine Arbeitskollegen sind" (ebd.).

Dieses „Wir-Gefühl", das auch im Hinblick auf die wahrgenommene Übereinstimmung in der Zweckidentifikation der Mitglieder festgestellt werden kann (dazu besonders Archer et al. 2016, S. 40), schafft scheinbar die Stabilität, die von einem unspezifischen Zweck an sich nicht geleistet werden kann (Luhmann 1968, S. 155). Es kommt dabei weniger darauf an, ob sich tatsächlich alle Mitglieder stark mit z. B. Nachhaltigkeit identifizieren und ausnahmslos nur danach handeln, sondern vielmehr auf die Darstellung des Festhaltens und Orientierens an diesem (möglicherweise nur fiktiven) Konsens.

> „Wer anderer Meinung ist, muß dies ausdrücklich melden; er hat die Last der Initiative, das Schwergewicht einer vermuteten Selbstverständlichkeit und die Gefahr von Enttäuschungsreaktionen gegen sich. Im Allgemeinen wird er sich daher lieber auf eine fiktive Gemeinsamkeit einlassen" (Luhmann 1999, S. 68 f.).

Es bildet sich daher eine Kommunikationsschranke (ebd., S. 280 f.): Nachhaltigkeit wird bei Plasticles niemals offen diskreditiert. Fraglich ist dann, wie es gelingt, diesen Konsens aufrecht zu erhalten – auch dann, wenn die Organisation stark wächst oder durch ökonomische Krisen (wie die Corona-Pandemie) gehen muss. Eine Möglichkeit ist natürlich die Wahl passenden Personals. Schon weiter oben ist uns das Personal als eine Möglichkeit begegnet, Organisationen formal zu strukturieren, die dennoch im Konzept von Holacracy nicht näher ausgeführt und vorgeschrieben wird.

---

[2] Zum Thema Transparenz siehe Abschn. 6.2 im Beitrag von Stefan Kühl in diesem Band.

Bei Plasticles ist die Suche und Einstellung neuen Personals verwaltungstechnisch bei einer extra dafür eingerichteten Rolle angesiedelt, wird aber ansonsten vom Lead Link des jeweiligen Kreises und Rollen übernommen, die die gleiche oder eine relevante Rolle in Bezug auf die haben, die mit einem neuen Mitglied besetzt werden soll (Interview 10, #00:32:50 und Interview 12, #00:24:00). Demnach sind viele verschiedene Rollen (und Personen) am Personalauswahlprozess beteiligt.

Alle befragten Mitglieder von Plasticles betonen die große Bedeutung einer authentischen Identifikation mit den sozialen und ökologischen Ideen, die im Purpose festgehalten sind. Es werde „extrem geprüft" (ebd., #00:26:00), ob sich potenzielle neue Mitarbeitende tatsächlich mit dem Purpose identifizieren und, ob jener auch der „wirkliche Grund" ist, warum die Personen bei Plasticles arbeiten möchten. Bei nahezu allen Rollen, bis auf einige, die nur in Teilzeit gefüllt werden, sei jene Identifikation mit dem Purpose das wichtigste Kriterium (ebd.). Ist eine Mitarbeiterin oder ein Mitarbeiter am Ende der Probezeit angelangt, wird in einem „Übernahme-Meeting" im ganzen Kreis abgefragt, ob die Mitarbeitenden der Meinung sind, dass eine Zusammenarbeit mit der zu übernehmenden Person sie dem Purpose näherbringt (Interview 1b, #01:12:10).

Neben der Selektion nach Purpose-Konsens in Vorstellungsgesprächen usw. spielt auch das soziale Umfeld der Mitglieder bei der Personalwahl eine Rolle. Zwei (der fünf) Befragten geben an, selbst über Freunde und Bekannte ins Unternehmen gekommen zu sein (Interview 8 und 10) und es wird wiederholt erwähnt, dass in einigen Kreisen (schwerpunktmäßig dem Logistikkreis) Personal über „Freundesfreunde oder Studi-Kollegen" rekrutiert wird (Interview 10, #00:32:50).

Trotz der generell vorgenommenen Suche nach einem „skill set" (Interview 12, #00:21:30) scheint der schwächer spezifizierte Zweck als allgemeine Projektionsfläche bei der Personalwahl eine große Bedeutung zu erhalten. Die Personalentscheidungen basieren daher auch kaum auf formalen Kriterien, sondern auf einer Passung in das diffuse „Wir-Gefühl", das bei Plasticles existiert. Deutlich wird dies z. B. daran, dass in einem geschilderten Fall eine hoch qualifizierte Person nicht eingestellt wurde, weil es „menschlich nicht gepasst" habe (Interview 9, #00:40:00).

Beim Betrachten der Personalwahl darf nicht außen vor gelassen werden, welche Motivationsmittel (siehe dazu Kühl 2011, S. 38 ff.) Plasticles noch einsetzt – außerhalb der Motivation durch Zwecke. Wie auch bei anderen herstellenden Betrieben werden Mitglieder finanziell entlohnt. Da die Bezahlung aber wesentlich geringer ist, als bei vergleichbaren Organisationen bei gleicher Tätigkeit, scheinen sich kaum Menschen zu bewerben, die nicht bereit sind, in Konsens mit dem Purpose zu gehen (Interview 10, #00:33:30). Die Bezahlung dient also weniger der Motivation der Mitglieder, als dass sie vielmehr eine Arbeit bei Plasticles vor dem Hintergrund eines chronischen Geldbedarfs möglich macht.[3]

---

[3] Die ist so schon früh für selbstorganisierte Betriebe im Allgemeinen festgestellt worden, so z. B. bei Rothschild-Whitt (1979, S. 516).

Wir können in jedem Fall festhalten: Der Modus der Personalwahl bei Plasticles scheint den in der Organisation vorhandenen Konsens zu unterstützen und bis zu einem gewissen Grad sicherzustellen, dass neue Mitglieder das „Wir-Gefühl" nicht zu sehr stören. Damit ist allerdings noch nicht viel darüber gesagt, wie unter den bestehenden Mitgliedern ein solcher Konsens gewahrt werden kann. Wie wir gesehen haben, bezieht sich der Konsens in hohem Maße auf den sehr abstrakten Zweck der Nachhaltigkeit. Den Bestand eines Organisationssystems aufrechtzuerhalten, setzt aber mehr voraus, als ohne Weiteres mit diesem Zweck und auch der daran gebildeten Rollenaufteilung in der holakratischen Struktur ausgedrückt werden kann (Luhmann 1968, S, 48). Besonders in Krisen sind häufig Entscheidungen vonnöten, die den Zwecken eigentlich zuwiderlaufen. Diese müssen von den relativ autonomen Mitgliedern getroffen werden.

Gutes Anschauungsmaterial bietet dafür eine Gehaltsdebatte, die aufgrund einer Finanzierungskrise zu Anfang der Corona-Pandemie bei Plasticles entstand (Interview 12, #01:03:00). Um Geld einzusparen, war es für die Organisation nötig, die Gehaltskosten für eine gewisse Zeit zu senken. Der oberste Kreis (GCC) plante deshalb eine allgemeine Gehaltskürzung um mindestens 20 %, die jedoch auf Widerstand in einem Unterkreis stieß und schließlich zu Nachbesserungen führte. Auch Plasticles kann sich gewissen ökonomischen Forderungen aus der externen Umwelt nicht entziehen und ist gezwungen, auf diese zu reagieren. Interessanterweise werden diese latenten Zwecke nicht nur über die externe Umwelt – also z. B. eine Bank – an Plasticles herangetragen, sondern ergeben sich auch aus den ökonomischen Verhaltensprämissen der Mitglieder (also der internen Umwelt). An Aussagen von Mitgliedern „[…] im Endeffekt müssen wir ja auch Geld verdienen […]" (Interview 9, #01:13:50) als auch an Entscheidungen in der Organisation zugunsten von Aufträgen für Großkonzerne (Interview 10, #00:20:30), die eher als nicht nachhaltig bekannt sind, wird dies besonders deutlich.

Ein solcher Umgang mit Zwecken ist aus den Beispielen zahlreicher Organisationen geläufig, die auf der Schauseite (Luhmann 1999, S. 112; Kühl 2011, S. 136) mit edlen Zielen auftreten, diese jedoch in ihrem Hauptgeschäft völlig ignorieren. Bei Plasticles geraten die wertbeladenen Zwecke jedoch nicht zur bloßen „Rechtfertigungsformel" (Luhmann 1968, S. 41) – um sie wird in der Organisation immer wieder gestritten. In der eben erwähnten Gehaltskrise wurden Spendenvolumen nicht angetastet (Interview 12, #01:02:30) und somit der Zweck zumindest auf ökologisch-nachhaltiger Seite nicht hintergangen. Situationen, wie wir sie im ersten Beispiel um die strittigen Großkundenentscheidungen der Rolle Corporate Transactions gesehen haben, führen aber vor Augen, dass es durchaus zu grundlegend verschiedenen Auslegungen des abstrakten Zweckes kommen kann. Diese Konfliktlinien wie z. B. die zwischen ökonomischer Rentabilität und Nachhaltigkeit haben das Potenzial, die Organisation und speziell ihre Mitglieder in verfeindete Lager zu spalten. Die Widersprüche, die durch den Interpretationsspielraum bei schwachen Zweckformeln entstehen, müssen einerseits ausgehalten werden, da sie für reale Bedürfnisse der Organisation stehen und andererseits ist es nötig, die daraus resultierenden Konflikte einzuhegen.

Das freundschaftliche Miteinander und der starke Konsens versagen hier als hinreichender Erklärungsansatz, denn zu große tatsächliche Homogenität im Purpose-Verständnis würde es allein nicht erlauben, darunter widersprüchliche Lösungen zu versammeln. Wir kennen das aus Freundschaften: Sie sind zwar hochgradig erfüllend, aber bei starken Divergenzen auch umso schneller vorbei.

In die Lücke, die sich hier auftut, springen bei Plasticles Kommunikationsformate jenseits von Holacracy, die ein offen-konstruktives und möglichst angenehmes Gesprächsklima erzeugen und gleichzeitig bei der Bewältigung von Konflikten helfen sollen. Einerseits ist dies das Konzept der „Gewaltfreien Kommunikation" (GFK), nachdem sich die Mitglieder in ihrer Kommunikation untereinander mit Wertschätzung für die Bedürfnisse des oder der jeweils anderen begegnen wollen. Nach der Aussage einer Befragten, wird die GFK von einigen eher als „Tool" (Vermeiden von Du-Botschaften etc.) und von einigen eher als „persönliche Haltung, innere Überzeugung" (Interview 8, #00:08:55) praktiziert. In der Organisation werden regelmäßig GFK-Workshops angeboten und es existiert die Möglichkeit einer GFK-Jahresausbildung (Interview 1b, #00:56:55). Dazu wurde für diesbezügliche Themen eine Rolle etabliert, die sich speziell um Fragen der „Persönlichkeits- und Kulturentwicklung" kümmert und auch die Umsetzung von GFK überwachen soll.

Bei Plasticles stehen für Konfliktfälle außerdem „Mediatoren" (ebd., #00:58:00) zur Verfügung, die in eigens einberufenen Meetings den Konfliktlösungsprozess lenken und beaufsichtigen sollen. Darüber hinaus gibt es alle vier Wochen ein offenes „Personal-Relations-Meeting", in dessen Rahmen Konflikte behandelt werden, aber auch allgemein „Raum für Wertschätzung und Bedauern" geschaffen werden soll (ebd., #00:58:00).

Die Erkenntnisse und Eindrücke aus den Interviews legen nahe, dass es bei Plasticles so zu einer stärkeren Bearbeitung von Konflikten kommt, als es in Organisationen oft der Fall ist. Die Konflikte, die durchaus vorkommen, wie an verschiedenen Beispielen schon gezeigt wurde, werden nicht oder zumindest nicht sofort „zugunsten einer Scheinharmonie" (Luhmann 1999, S. 102) aufgegeben, sondern im Rahmen bestimmter Grenzen ausgetragen. Das starke „Wir-Gefühl" und der Fokus auf die menschlichen Bedürfnisse, die in vielen Organisationen aufgrund des dezidiert unpersönlichen Charakters der Mitgliedschaft nicht oder nur schwer thematisiert werden können, scheinen zur Folge zu haben, dass die Konflikte (teils unter Beteiligung von Mediation etc.) „weggemenschelt" werden (vgl. z. B. Interview 12, #00:14:40).

Dieses Fallenlassen von Konfliktpotenzial zugunsten des sozialen Friedens und der Kollegialität in der Organisation passiert jedoch oft erst nach einer Aussprache, die eine „Sezession" (Ebd.) eines Teiles der Mitglieder zu verhindern scheint. Es lässt sich vermuten, dass GFK erheblich dazu beiträgt, Konflikte bei Plasticles einzuhegen. Da sich die Äußerungen der Kommunikationspartner:innen vor allem an ihren Bedürfnissen ausrichten sollen und ein Verzicht auf aggressive Anschuldigungen erwartet wird, erscheint es wahrscheinlich, dass für Konflikte nicht nur Gründe in Form sachlicher Differenzen angesprochen werden. Sozial-diffusere Ereignisse wie „schlechte Laune" und individuelle Eigenschaften der Personen werden relativ thematisierbar (Interview

8, #00:42:55). Sie können als Projektionsfläche für das Konfliktpotenzial wirken und die Widersprüche, die notwendigerweise im System entstehen und von den Mitgliedern abgefangen werden müssen, für den Moment nivellieren.

Für den empirischen Fall Plasticles ergibt sich zusammengefasst folgendes Bild: Das Unternehmen verfügt über eine Zweckformel, Purpose genannt, die sowohl spezifizierte als auch abstraktere Bestandteile enthält. Die Zweckformel ist auch und gerade im Kontext von Holacracy so gewählt, dass sie sowohl rationalisieren und klare Mittel beinhalten als auch motivieren können soll. Die zurückliegenden Ausführungen konnten zeigen, dass Eigenverantwortung bzw. Autonomie der Mitglieder, wie sie in Holacracy angelegt ist, dazu führt, dass Unsicherheit dort entsteht, wo formale Kriterien nicht mehr instruktiv sind. Diese Unsicherheiten können durch den Purpose an sich nicht aufgefangen werden, sondern müssen in der externen Umwelt, bei den Mitgliedern, bewältigt werden. Bei Plasticles gelingt dies durch das starke „Wir-Gefühl" unter den Mitgliedern, das durch eine stark auf Zweckidentifikation und persönliche Bindung beruhende Personalwahl und einen speziellen Umgang mit Konflikten bewahrt werden kann. Dabei ist es hochgradig von einem vorgestellten Konsens in Bezug auf Fragen der Nachhaltigkeit, also des abstrakten Purpose-Bestandteils abhängig. Zu betonen ist dabei, dass sich der Aufbau dieses Konsenses jenseits formaler Strukturen vollzieht und somit nicht direkt gesteuert werden kann.

3.5   Fazit

Es erscheint nach der Detailbetrachtung von Plasticles nun angebracht, einen größeren Bogen zurück zum Ausgangspunkt dieses Artikels zu schlagen. Zielsetzung war nicht nur eine theoretisch schärfere Definition des Purpose-Konzepts zu entwickeln, sondern im gleichen Zug auch eine Einschätzung der Funktionalitäten und Folgen dieses Konzepts vorzunehmen. Die folgenden Schlussfolgerungen erheben weder einen Anspruch auf Vollständigkeit noch auf lückenlose Generalisierbarkeit. Sie sind als Thesen jedoch wertvolle Anhaltspunkte für weitergehende Forschung.

Die möglichen Funktionen des Purpose-Konzepts sind zunächst nicht zu übersehen: Ein mit entsprechender Spezifik gewählter Zweck leistet für Organisationen zentrale Strukturierungsleistungen und ermöglicht es ihr erst, sich in der Umwelt zu erhalten. Der Purpose in der Holacracy will jedoch nicht nur das, sondern zusätzlich auch eine Motivation der Mitglieder leisten. Wenn dies gelingt, erkauft sich die Organisation diese Funktion mit einer größeren Abhängigkeit von ihren Mitgliedern. Man könnte sagen: Das Klima, das Wir-Gefühl in der Organisation, wird zum entscheidenden Merkmal. Nur, wenn es dort gelingt, dem abstrakten Teil des Purpose eine konsensfähige Auslegung zuzuordnen, können die notwendigerweise auftretenden Konflikte bewältigt und der Purpose an sich erhalten werden. Andernfalls, so erscheint es jedenfalls hier, gerät er zur bloßen Rechtfertigungsformel für den jeweiligen Zustand der Organisation, wird bloße Projektionsfläche für den Opportunismus der Mitglieder.

Im Hinterkopf müssen wir dabei immer behalten, dass diese Gefahren bei jeder Organisation bestehen. Doch die Holacracy bildet hier auch keine Ausnahme, sondern verlagert das Einfallstor dieser Risiken von den Entscheidungen der hierarchisch Mächtigen, hin zu einer breiteren Masse weitgehend autonomer Rollen. So kann auch erklärt werden, wieso viele holakratische Organisationen, nicht zuletzt angeleitet durch Beratungsfirmen, durch die Etablierung eines „People-Context" oder ähnlicher Maßnahmen, den Einfluss des (dargestellten) Mitgliederkonsenses einzufangen versuchen. Ein freundschaftlich-konfliktbereites Miteinander oder eine tatsächliche Identifikation mit den Zwecken einer Organisation lassen sich aber nicht verordnen. Wie wir sehen konnten, hängen diese Merkmale an diffusen Kriterien und Entscheidungen und bewegen sich jenseits des formalen Einflusses. Dass dies nicht immer schlecht sein muss, führt das Beispiel Plasticles allemal vor.

Literatur

Altherr, Marcel. 2019. Die Organisation der Selbstorganisation. In: *Experten führen*, hg. von Peter Kels und Stephanie Kaudela-Baum, 411–426. uniscope. Publikationen der SGO Stiftung. Wiesbaden: Springer Fachmedien Wiesbaden.

Archer, Isaiah, Sarah Forrester-Wilson und Lewis Miurhead. 2016. *Exploring Holacracy's Influence on Social Sustainability Through the Lens of Adaptive Capacity*. Karlskrona.

Fink, Franziska und Moeller, Michael. 2018. *Purpose driven organizations*. Stuttgart: Schäffer-Poeschel Verlag.

Hansen, Morten T. 2018. *Great at work*. London; New York; Sydney; Toronto; New Delhi: Simon & Schuster.

Hasenzagl, Rupert. 2019. Agile Transformation? *Austrian Management Review*, Nr. 9.

Kaduthanam, Santhosh und Edgar Heim. 2019. Holacracy bei Labster. In: *Digitalisierung in der Praxis*, hg. von Axel Uhl und Stephan Loretan, 311–323. Wiesbaden: Springer Fachmedien Wiesbaden.

Kette, Sven. 2018. *Unternehmen*. Lehrbuch. Wiesbaden: Springer VS.

Kühl, Stefan. 2011. *Organisationen: eine sehr kurze Einführung*. 1. Aufl. Wiesbaden: VS, Verl. für Sozialwiss.

Kühl, Stefan. 2017. Organisationskultur. *Eine systemtheoretische Anwendung von Ockhams Rasiermesser*. Bielefeld.

Laloux, Frédéric. 2015. *Reinventing Organizations*. München: Verlag Franz Vahlen.

Luhmann, Niklas. 1999. *Funktionen und Folgen formaler Organisation*. 5. Aufl. Bd. 20. Berlin: Duncker & Humblot.

Luhmann, Niklas. 1968. *Zweckbegriff und Systemrationalität über die Funktion von Zwecken in sozialen Systemen*. Soziale Forschung und Praxis. Tübingen: Mohr.

Luhmann, Niklas. 2019. Allgemeine Theorie organisierter Sozialsysteme. In: Schriften zur Organisation (Hrsg.), Luhmann, Niklas, Lukas, Ernst und Tacke, Veronika 2:219–235. Wiesbaden: Springer Fachmedien.

Marrold, Lisa. 2018. Mit Holacracy auf dem Weg zur agilen Organisation. In: *Arbeitswelt der Zukunft*, hg. von Harald R. Fortmann und Barbara Kolocek, 83–99. Wiesbaden: Springer Fachmedien Wiesbaden.

Quinn, Robert E. und Anjan V. Thakor. 2019. *The Economics of Higher Purpose*. First Edition. Oakland CA: Berrett-Koehler Publishers Inc.

Rey, Carlos, Nuno Pitta, Donatas Ramonas und Phil Sotok. 2019. Agile Purpose: Overcoming Bureaucracy. In: *Purpose-driven Organizations*, hg. von Carlos Rey, Miquel Bastons, und Phil Sotok, 75–86. Cham: Springer International Publishing.

Robertson, Brian J. 2016. *Holacracy*. München: Verlag Franz Vahlen.

Rothschild-Whitt, Joyce. 1979. The Collectivist Organization: An Alternative to Rational-Bureaucratic Models. *American Sociological Review* 44, Nr. 4: 509.

Strauch, Barbara, Annewiek Reijmer und Gerard Endenburg. 2018. *Soziokratie*. München: Verlag Franz Vahlen.

Weber, Max. 2019. *Max Weber-Gesamtausgabe*. Hg. von Edith Hanke. 1. Aufl. Tübingen: Mohr Siebeck.

Adrian Strothotte ist Soziologe und Historiker an der Universität Bielefeld. Seine aktuellen Forschungsschwerpunkte sind die strukturellen Implikationen von Zwecken in Organisationen der Vergangenheit und Gegenwart sowie die Soziologie des Theaters.
adrian.strothotte@uni-bielefeld.de

Das Holacracy-Paradox. Wie durch präzise Regeln diffuse Regellosigkeit entsteht

Serafin Eilmes

Die Forderung nach klaren Regeln ist allgegenwärtig. Von der Politik wird erwartet, dass sie klare Regeln für Wirtschaftsunternehmen aufstellt, Gesetze sollen möglichst präzise definiert werden und Organisationsmitglieder klare Vorgaben befolgen. Regeln sollen Eindeutigkeit schaffen, wo vorher Uneindeutigkeit war: Kommunikationsregeln für Mitarbeitende im Außendienst sollen die Außendarstellung vereinheitlichen; Kernarbeitszeiten Erreichbarkeit gewährleisten; Verfahrensregeln klarstellen, welche Schritte die Mitarbeitenden im Bürgeramt bei der Erstellung eines Personalausweises beachten müssen. Im alltagssprachlichen Umgang werden Regeln gedanklich gleichgesetzt mit Klarheit und Eindeutigkeit.

Von dieser Gleichstellung ist auch die Organisationsform der Holacracy durchzogen, mithilfe möglichst genauer Regeln soll sie eine neue Form des Arbeitens ermöglichen: überall dort, wo Menschen miteinander agieren, gibt es Regeln. Damit sollen die Meetings kürzer (Robertson 2016, S. 81), Ellbogenmentalität einzelner Mitarbeiter eingehegt (Robertson 2016, S. 20) und sich nur auf den Zweck konzentriert werden. Verhaltensregeln nehmen damit einen zentralen Bestandteil des Organisationsalltags ein (Holocracy; Robertson 2016).

Diese regelförmige Organisationspraxis wird in der praxisnahen Literatur kontrovers diskutiert. Verfechter der Holacracy betonen, dass die situationsgerechte, flexible Anwendung der holakratischen Regeln die Umweltanpassung vereinfacht (schon im Titel Robertson 2016).

S. Eilmes (✉)
Fakultät für Soziologie, Universität Bielefeld, Bielefeld, Deutschland
E-Mail: serafin.eilmes@uni-bielefeld.de

© Der/die Autor(en), exklusiv lizenziert an Springer Fachmedien Wiesbaden GmbH, ein Teil von Springer Nature 2023
S. Kühl und P. Sua-Ngam-Iam (Hrsg.), *Holacracy*,
https://doi.org/10.1007/978-3-658-40111-5_4

Die Holacracy gleicht in dieser Lesart einem „Lebewesen", das sich bedarfsgerecht von innen heraus immer wieder an die äußeren Bedingungen anpasst (Wittrock 2021). Die Holacracy wurde von Brian Robertson als Reaktion auf wahrgenommene Defizite klassischer Organisationen entwickelt. Damit versucht sie, Antwort auf folgende Fragen zu sein: wie sind Innovationen auch in größeren und schnell wachsenden Organisationen möglich? (Robertson 2016, S. 15 ff.). Wie können die Fähigkeiten des Einzelnen unabhängig von der hierarchischen Position in den Entscheidungsprozess einfließen? (Robertson 2016, S. 67 ff.) Wie kann eine Organisation auch komplexe Entscheidungen schnell treffen? (Mitterer 2015). Die holakratischen Regeln wirken aus Sicht der Befürworter ermöglichend, präzisierend und hemmend, wo mikropolitische Spielchen die Organisation lähmen.

Kritiker:innen betonen dagegen, dass die Holacracy den Menschen ausblendet und das spezifisch Soziale in Organisationen nicht in den Blick nimmt. Erstere, die das Menschenbild in den Fokus nehmen, sprechen vom „mechanistisches Menschenbild" (Kuphal 2021) oder von der Holacracy als ein „dehumanizing script" (Appelo 2016). Die Kritik der Verneinung des Sozialen greift dagegen tiefer und unterstellt aus einer soziologischen Perspektive heraus Unverständnis über die tatsächlichen Abläufe in einer Organisation. Die Holacracy lege nahe, dass es in einer Organisation nur auf die Formalordnung ankomme. Sie sei damit eine „Renaissance des Maschinenmodells" (Kühl 2021a), ein „naiv zweckgesteuertes Modell" (Hasenzagl und Müller 2020, S. 16) oder ein „Organisationsmodell als Betriebssystem" (Zeuch 2016). Diesen Diagnosen ist gemeinsam, dass sie kritisieren, dass die Holacracy soziale, kulturelle Erkenntnisse nicht beachtet und durch Regeln versucht, ein Modell zu schaffen, das vollständig auf Effizienz ausgerichtet ist.

Dieser Beitrag will diese Kritik aufgreifen und die Besonderheiten des holakratischen Regelverständnisses spezifizieren. Am empirischen Beispiel [Biofruchtig] soll aufgezeigt werden, wie aus dem Versuch möglichst präziser Regeln diffuse Regellosigkeit entstehen kann. Zwei Ursachen sehe ich hierfür als besonders begünstigend an. Zum einen die externe Ursache, die innerhalb der Bauweise der holakratischen Regeln liegt, zum anderen die interne Ursache der mangelnden Regeleinübung innerhalb von Biofruchtig. Interne und externe Ursachen führen zu einem Funktionsverlust der Regeln und zur Regellosigkeit. Mit anderen Worten: Regeln schaffen dann nicht nur mehr Klarheit, sondern auch Unklarheit. Als eine besondere Form stark formalisierter Organisationen bieten sich als Referenztheorie die frühen systemtheoretischen Arbeiten Niklas Luhmanns an (Luhmann 1964). In diesen wird der formalen Ordnung im Spannungsfeld zur informalen Ordnung besondere Aufmerksamkeit eingeräumt. Ergänzt und erweitert wird die Theorie um einige Überlegungen über Regeln, um die Besonderheiten der Holacracy besser betrachten zu können.

Den Beginn meines Beitrags bildet die kurze Vorstellung der beforschten Organisation. Danach sollen in einem theoretischen Teil allgemeine Merkmale bei der Anwendung von Regeln betrachtet und die Bauweise der holakratischen Regeln untersucht werden. Im empirischen Teil der Arbeit soll aufgezeigt werden, wie künstliche

Regeln, kombiniert mit falscher Einübung Regellosigkeit erzeugen. Das soll an den Folgeproblemen Verlust der Einklagbarkeit von Regeln, Verlust der Zurechnung von Macht und schließlich Kontrollverlust verdeutlicht werden.

4.1 Die Nicht-Anwendung der holakratischen Regeln bei Biofruchtig

Im Mittelpunkt des Beitrags steht das kleinere, mittelständische Unternehmen [Biofruchtig] (unter 25 Mitarbeitende). Als Obstgroßhändler mit ökologischem Schwerpunkt gehören regionale Früchte und frische, fertig abgepackte Obstsalate zum Sortiment. Gegründet vor 25 Jahren gehört es zu den Pionieren des Bio-Obsthandels und war die meiste Zeit in klassischen Abteilungen organisiert.

Nach einem Streit über den richtigen Führungsstil hat der Geschäftsführer Martin Lopez die Anteile seines Teilhabers gekauft und zuerst die Gemeinwohlökonomie, eine umfassende Bilanzierung des Unternehmens nach sozialen und ökologischen Gesichtspunkten und anschließend 2015 die Holacracy eingeführt. Neben ihm arbeitet noch seine Frau und eine gewisse Zeit auch sein Sohn in der Organisation (über die besondere Informalität von Familienunternehmen (Froschauer und Lueger 2015). Die Analysegrundlage bilden 14 Expert:inneninterviews und ein Abschlussgespräch, die wir mit zwölf Mitarbeitenden im Zeitraum von 2018 bis 2020 geführt haben. Die Mitarbeitenden gehörten unterschiedlichen Kreisen und Rollen an, vom Vertrieb über Buchhaltung bis hin zur Assistenz der Geschäftsführung.

Biofruchtig beschreibt seinen Umgang mit der Holacracy in einer Unternehmensbroschüre als „Selbstorganisation orientiert an der Holacracy" (Unternehmensbroschüre). Nur einige Elemente der Holakratie wurden übernommen, während andere eingeführt, aber nicht durchgehalten oder nie wirklich ausprobiert wurden. Es gibt Kreise und Rollen, aber kaum holakratische Meetings; Accountabilities, d. h. verteilte Aufgaben, aber kaum Identifikation mit dem Purpose. Ob auf die Holacracy zurückgegriffen wird, hängt sehr stark von den einzelnen Personen ab. Als im Vertriebskreis noch der Geschäftsführer Lead Link war, wurden dort auch noch holakratische Meetings durchgeführt. Mit dem Wechsel des Lead-Links hat sich auch die Meetingform zu unregelmäßigen, nicht weiter benannten Telefonkonferenzen geändert (Interview 11, #00:18:21). In anderen Kreisen sieht es ähnlich aus: Im Markenkreis wird ein an Holacracy angelehntes Meeting durchgeführt, bei dem die Check-in-Runde übernommen wird. Im Assistenzkreis werden Steh-Meetings durchgeführt. Im übergeordneten Biofruchtigkreis werden wiederum weitgehend holakratische Meetings abgehalten. Die verschiedenen Beispiele zeigen unterschiedliche Anwendungsformen der Holacracy, die sich nach Person und Kreis unterscheiden. Die Einführung der Holacracy ist kein Selbstläufer, damit die holakratischen Meetingabläufe und Abläufe eingehalten werden, bedarf es der Mitwirkung der Mitarbeitenden.

4.2   Warum Regeln nicht aus sich selbst heraus wirken

Regeln wirken nicht aus sich selbst heraus, sondern in dem sich performativ an ihnen orientiert wird. Das bedarf einiger Erläuterung. Entgegen der verbreiteten Auffassung, dass Regeln Klarheit und Eindeutigkeit herstellen, ist noch die präziseste Regel grundlegend interpretationsbedürftig – und das in zweierlei Hinsicht: hinsichtlich der Sprache und der Situation.

„Echtes" sprachliches Verstehen ist höchst unwahrscheinlich und voraussetzungsvoll. Schon allein, weil wir dem anderen nicht in den Kopf schauen können (Hahn 1983, S. 1989).[1] Deshalb bedarf es ein grundlegend geteiltes Verständnis der Regel, damit ein und dieselbe Regel ähnlich ausgelegt wird (Schneider 2012, S. 24). Häufig wird versucht, dieses Verstehensproblem zu lösen, in dem die Regel möglichst präzise formuliert wird. So ist es auch bei der Holacracy, umfassende Bedingungen legen fest, was erfüllt sein muss und welche besonderen Umstände berücksichtigt werden sollen, wenn eine Regel angewendet wird (Constitution 2021). Die Legitimität der Holacracy lebt nicht zuletzt von der Vorstellung der eindeutigen Regeln, die präzise das Organisationshandeln bestimmen. Allerdings sind Präzisierungsversuche ab einem bestimmten Grad vergeblich und es braucht immer die sprachliche Interpretationsleistung des Verstehenden, um eine Regel auszulegen. Folgendes Beispiel soll das verdeutlichen. In der holakratischen Verfassung steht folgende Regel:

> „Darüber hinaus kann der Lead Link eine oder mehrere allgemeinere „Strategien" für den Kreis definieren. Dabei handelt es sich um einfache Entscheidungsregeln, die den Rollen des Kreises laufend Orientierung geben ihre eigenen Prioritäten zu setzen" (Constitution 2021, 2.2.2).

Schon diese Regel lässt viele Folgefragen zu: Was ist eine Strategie? Was ist allgemein? Was heißt definieren? Wie verbindlich ist die „allgemeinere Strategie"? Was passiert bei Missachtung? Wer entscheidet, ob ich die Strategie beachte oder nicht? Was heißt einfach? Was ist eine Entscheidungsregel? Was muss diese alles erfüllen? Was passiert, wenn diese Entscheidungsregel gerade ungeeignet scheint? Was heißt „laufend"? Täglich, wöchentlich, jede Minute? Was ist Orientierung? Was für den einen Orientierung bietet, ist vielleicht für den anderen eine einengende Vorschrift. Begründungen und Präzisierungsversuche neigen zu „infiniten Regressen" (Ortmann 2012, S. 87). Jeder Versuch etwas zu definieren, führt nur zu neuem Definitionsbedarf: Die häufig formulierte

---

[1] Alois Hahn (1989) führt sechs Gründe an, warum verstehen unmöglich ist 1. Es gibt keinen Zugang zum anderen Denken 2. Sinnhafte Vorgänge im Bewusstsein können nicht adequat kommuniziert werden 3. Das Ausgesprochene ist nur ein kleiner Ausschnitt mannigfaltiger Hintergrundprozesse 4. Kommunikation immer auch Inszenierung und Darstellung ist 5. Verstehen hängt von der Situation, der Kenntnisse, Absichten und Werte ab 6. Der Verstehende ist schon beim Wahrnehmen konstruierend (S. 346 ff.).

Forderung nach „eindeutigen Formulierungen" ist selbst vage, denn was ist schon eindeutig? (Ortmann 2015, S. 322). Wenn es nicht die eindeutigen Formulierungen sind, die einwandfrei das Verhalten bestimmen, sind es die grundlegend geteilten Regelauffassungen der Mitglieder, die den Regeln ihre Wirkmächtigkeit verleihen. Mit anderen Worten: nicht die Regel wirkt, sondern ausschlaggebend ist, wie sie verstanden wird.

Nicht nur die sprachliche Interpretationsbedürftigkeit steht eindeutigen Regeln im Wege. Regeln müssen zusätzlich je nach Situation unterschiedlich ausgelegt werden.[2] Zum Beispiel hat die Bewertung einer Situation als formal oder informal erheblichen Einfluss auf die Verhaltensweisen in dieser Situation. In formalen Situationen sind besondere Ausdrucksbeschränkungen angebracht, während in informalen Situationen die Kollegialität mehr Spielraum ermöglicht (Luhmann 1964, S. 259). Indizien für die Auffassung einer Situation als formal könnten sein: Schriftlichkeit, Gruppengröße oder protokollarischer Ton. Ob die Situation eher formal oder informal aufgefasst wird, liegt nicht zuletzt bei den Mitgliedern. Durch „Mitwirkungspflichten" tarieren sie formal und informal aus und tragen so zu dem „Gelingen der Situation" (Luhmann 1964, S. 299 f.) bei. Der Sprechakttheoretiker John Searle bringt die Gültigkeit von Regeln auf die allgemeine Formel: X zählt als Y in Kontext K (Searle 1969, S. 36). Es sind also nicht nur die Regeln, die von selbst wirken und das Handeln in der Situation bestimmen, sondern auch das Fingerspitzengefühl der Mitglieder, die die Regeln situationsgerecht auslegen.

Wenn Regeln, weder vollständig präzisiert werden können, noch allgemein auf alle Situationen übertragbar sind, liegt auf der Hand, dass Regeln immer unvollständig bleiben (Schneider 2012, S. 17). Für Organisationen ist es kaum möglich, beim Aufstellen von formalen Regeln alle Eventualitäten mitzudenken, sondern die Regelanwendung bedarf der Mitwirkung der Organisationsmitglieder.

Wenn das Verstehen der Regeln von Sprache und Situation abhängt, bedarf es die Organisationsmitglieder, die die Regel aufrechterhalten und ihr so Wirksamkeit verleihen. Regelgeleitetes Handeln ist somit eine Praxis (Ortmann 2012, 2015; Schneider 2012; Sander 2006). Auch wenn Luhmann selbst nicht von Praxis spricht, hat er sie doch mitgedacht, wenn er schreibt:

> „auch wenn sie [formale Regeln] als Regel unpersönlich und zeitlos formuliert sind, hängt ihr konkreter Sinn davon ab, ob sich jemand auf sie beruft, wer, in welchen Situationen und mit welchen Folgen. Regeln bleiben nur lebendig, wenn sie zitiert und benutzt werden – oder wenn man zumindest mit der Möglichkeit rechnen muß, daß dies geschieht". (Luhmann 1964, S. 308).[3]

---

[2] Inwieweit Regeln zitiert werden, ist von unterschiedlichen Faktoren abhängig, der Situation, der Stellung des Mitgliedes, der Zurechnung von Verantwortung, vom Ansehen der Beteiligten etc. (vgl. Luhmann 1964, S. 310 ff.).

[3] Versucht der „neue" Luhmann den Menschen aus Systemtheorie zu tilgen, kommt der „alte" Luhmann nicht davon aus, dem Menschen als aktiver Gestalter der Situation zu betrachten (siehe auch Luhmann 1964, 295 ff., dazu auch Schimank 2005).

An der regelgeleiteten Praxis wirken die Organisationsmitglieder aktiv mit. Mit zwei „Zu-Taten" (Ortmann 2012, S. 60) können sie verhindern, dass Regeln in der Bedeutungslosigkeit verschwinden. Erstens bedarf es performativer Aufforderungen: auffordernde, missbilligende, korrigierende, lobende Sprechakte und zweitens Verhaltensweisen Anderer, die als Missbilligung oder als ein Sollen wahrgenommen werden können (Ortmann 2012, S. 60). Das wird an späterer Stelle noch wichtig werden, wenn es darum geht, warum bei Biofruchtig die holakratischen Regeln nicht eingeübt wurden.

Aus dieser kurzen Einführung wird deutlich: Regeln sind auch von der Auslegung und Befolgung der Mitglieder abhängig. Regeln sind notwendigerweise allgemein, sie sind in Aushandlungsprozesse verwickelt und von „Zu-Taten", wie performative Sprechakte und Verhaltensweisen abhängig. Der scheinbar rationale Charakter von Regeln macht sie anfällig für Projektionen und Steuerungsfantasien, wie dem „Scientific Management", wo Konditionierung und Normierung einzelner Arbeitsschritte und Handgriffe besondere Effizienz versprechen (Taylor 2004). Dabei braucht es immer auch die Akzeptanz und Mitwirkung der Mitglieder, sonst können „perverse Effekte" (Mayntz 2012, S. 271) entstehen, Regeln, die zu Handlungen führen, die gerade durch die Regel ausgeschlossen werden sollten: „Frauenförderungsprogramme" werden boykottiert (Riegraf 2013), Finanzregeln im Sinn verdreht (Mayntz 2012) und Qualitätsmanagement führt zu weniger Qualität (Kühl 2001).

4.3   Die Regeln in der Holacracy

Die Komplexität der holakratischen Regeln erschwert ihre Einübung und begünstigt ihre Missachtung. Als externe Ursache, die bei Biofruchtig zur Regellosigkeit führt, lässt sich die Konstruktion der holakratischen Regeln beobachten. Die Holacracy versucht durch klare Regeln steuernd in die Organisationspraxis einzugreifen. Regeln werden überall dort relevant, wo Mitglieder miteinander in Kontakt kommen; in Kreisen, in Meetings, bei dem sorgfältigen Abstecken von Aufgaben und Zuständigkeiten (Rollen und Accountabilities) – sogar die formale Regelung von Beziehungen ist in der neuesten Version der Verfassung möglich (Constitution 2022, Artikel 6). Abseits von der Regelung des sozialen Miteinanders sollen die Mitarbeitenden nur einer einzigen, der „goldenen Regel" folgen:

> „Wenn Sie eine Rolle ausfüllen, dann erhalten Sie die Autorität, jede Handlung auszuführen, die Sie für nützlich halten, um die Aufgabe der Rolle auszudrücken oder einer ihrer Verantwortlichkeiten nachzukommen – so gut wie Sie es mit den verfügbaren Ressourcen tun können –, solange Sie nicht den Bereich einer anderen Rolle verletzen" (Robertson 2016, S. 75).

Die holakratische Formalisierung des Sozialen lässt sich dabei noch mal in zwei Formen unterscheiden. Zum einen die kaum veränderbare Verfassung.[4] In ihr wird das „wie" der Holakratie festgelegt, zum Beispiel Rollen, Zuständigkeitsbereiche, Kreise, Meetings und Einwände. Diese bilden das Grundgerüst der Holacracy und bestimmen das holakratische Verhalten. Zum anderen gibt es die „hyperflexible" (Kühl 2021b) Ausgestaltung der formalen Strukturen mithilfe der starren Elemente der Verfassung, bei der durch „Spannungen" die Formalordnung laufend verändert und angepasst wird (Kühl 2021b). Hier war das „was" geregelt, die organisationsspezifischen Absprachen, die Aufteilung der Rollen und Aufgaben. Für die Frage, wie bei Biofruchtig Regellosigkeit entstehen konnte, erscheint es hilfreich, sich die Besonderheiten der Verfassung näher anzuschauen. *Der Wesenskern der Verfassung ist bestimmt dadurch, dass sie extern definiert, artifiziell, engmaschig und für das Arbeiten zwingend erforderlich ist.*

Extern – Die holakratischen Regeln werden für die Organisation eingekauft. Nicht nur, weil die Holacracy eine stark kommerzialisierte Organisationsform ist, sondern weil die Regeln außerhalb der Organisation entstanden sind. Ihre Legitimität erhalten sie, weil sie eine verbesserte, effizientere, flexiblere Organisationsstruktur versprechen. Damit verschreibt sich die Organisation einer Idee, die erst einmal unabhängig von der Unternehmensbranche, vom Alter und Größe der Organisation steht. Die Kunst der Implementierungsphase ist es, die Organisation auf die holakratischen Regeln herunterzubrechen. Nicht die holakratischen Regeln passen sich an die Organisation an, sondern die Organisation an die holakratischen Regeln. Dass das nicht immer leicht ist, erklärt sich aus der nächsten Eigenart der Regeln: ihrer Künstlichkeit.

Künstlich – Die holakratischen Regeln sind hochkünstlich. In einem fernen, mittlerweile nicht mehr existierenden Start-up in den USA erstmals eingeübt und am Schreibtisch entwickelt, stehen sie mitunter im Widerspruch zu organisationsinternen Praktiken. Viele der holakratischen Regeln wirken erst einmal kontraintuitiv. Etwa die komplizierte Meetingstruktur, bei der jeder Einwand auf Rechtmäßigkeit geprüft wird, oder dass andere nicht mit ihren Namen, sondern mit ihrer Rolle angesprochen werden. Theoretisch gleichen die holakratischen Regeln den „konstitutiven Regeln", die der Sprechakttheoretiker John Searle beschrieb. Diese bringen die Wirklichkeit, von der sie sprechen, aktiv hervor (Searle 1969, S. 33). Beispielhaft ist das Gesellschaftsspiel, das erst in dem Moment entsteht, in dem die Regeln festgelegt werden und die Mitspielenden die Regeln einhalten. In diesem Sinne versucht die Holacracy eine optimierte neue Wirklichkeit herzustellen.

Engmaschig – Die Idee der holakratischen Regeln ist es, den Organisationsprozess zu optimieren und vermeintliche Organisationshemmnisse zu eliminieren. Das

---

[4]Unter Formalisierung versteht Luhmann, diejenigen Erwartungen, die an die Mitgliedschaft geknüpft sind. Also diejenigen, gegen die nicht verstoßen werden kann, ohne zu riskieren gekündigt zu werden (Luhmann 1964, S. 38).

holakratische Regelverständnis gleich dabei einem Regelkorsett: Um unerwünschtes Verhalten auszuschließen, wird der Raum des gewünschten Handelns möglichst eng abgesteckt. Organisationsmitglieder werden zu feinmaschig definierten Rollen, die festgelegten Regeln folgen sollen. Auffällig ist in der Konstruktion der holakratischen Regeln eine Ambivalenz gegenüber dem Menschen in der Organisation. Zum einen sind Menschen in Organisationen der Ort für Ineffizienz, Unproduktivität und Organisationsermüdung, gleichzeitig sollen durch die Holakratie den Menschen ganz neue Möglichkeiten der Selbsterfüllung gegeben werden. Hasenzagl spricht von „humanistischen Mythen" (Hasenzagl 2019, S. 95), mit denen die Menschen für die Holacracy gewonnen werden sollen, aber dahinter verbirgt sich vor allem ein zweckrationales Denken.

Zum Arbeiten zwingend erforderlich – Damit regelkompetentes Arbeiten in der Holacracy möglich wird, ist die Kenntnis der holakratischen Regeln zwingend erforderlich. Die holakratischen Regeln haben den Anspruch, zu bestimmen, „wie" gearbeitet wird, und ertragen daher keine andere Form des Arbeitens neben sich. Ein holakratisches Meeting kann nur dann unfallfrei gelingen, wenn alle Beteiligten sich an die holakratischen Regeln halten. Anderenfalls kennen und erkennen die Mitglieder nicht ihre Einsätze, wann sie wie was sagen dürfen. Die engmaschige Definition des Meetings hebt umso deutlicher hervor, wenn einer der Beteiligten nicht nach den holakratischen Vorgaben agiert. Die Holacracy funktioniert also nur, wenn sich auch alle gleichermaßen an die Regeln halten. Anders gesagt: Der *Modus operandi* des Arbeitens unterscheidet sich von einer „klassischen" Organisation, weil die Regeln nicht nur orientierend wirken, sondern zum Arbeiten zwingend erforderlich sind. Hierin liegt ein Grund, warum viele die Eingewöhnung als besonders schwer erleben und auch nach längerer Anwendung das Gefühl haben, dass die Holacracy, viel zu viele Regeln hat (u. a. Gespräch, Unternehmensberatung).

Bei der Zusammenführung der Bestandteile der Holacracy, extern definiert, künstlich, engmaschig und zwingend erforderlich ergibt sich das Bild der Holacracy als Rollenspiel. Die dazu definierten Rollen versuchen eine optimierte Arbeitsweise aus dem Nichts entstehen zu lassen. So betrachtet ist Holacracy ein life action role play mit fast 30-seitiger Verfassung, in der jede Regel verfolgt werden muss, ansonsten entstehen kaum auflösbare Unstimmigkeiten. Dabei ist die Metapher des Gesellschaftsspiels oder Rollenspiels nicht weit von der Selbstbeschreibung der Holakraten entfernt.

4.4   Holacracy als Rollenspiel

In der Einleitung zum Robertsons Buch: *Holacracy: Ein revolutionäres Management-System für eine volatile Welt* greift Gerald Mitterer, Mitgründer der deutschsprachigen holakratischen Organisationsberatung *dwarfs and giants* zur Metapher des Fußballspiels. Durch klare Rollen und einem ausgefeilten Spielsystem würde das Zusammenspiel der

Mannschaft blind funktionieren, gleichzeitig bliebe die Autonomie der Spieler unangetastet (Mitterer 2016, S. XI). Damit in Organisationen kein Chaos entsteht,

> „braucht es – wie beim Fußball – klare, gemeinsame Spielregeln, die für alle als Bezugspunkte gelten, damit das Zusammenspiel funktioniert. Die Grenzen der eigenen Autonomie – das eigene Spielfeld – müssen klar sein. Und hohe individuelle Freiheit braucht gleichzeitig hohe Rollenklarheit. Und genau dieses Regelsystem liefert Holacracy." (Mitterer 2016, S. XI).

Auch der Gründer und Entwickler der Holacracy, Brian Robertson, versucht die holakratische Methode immer wieder mit den Regeln eines Spiels zu vergleichen (Robertson 2016, 21, 59 ff., 139). So ließe sich der Sinn der Holacracy nur begrenzt aus der Regelanleitung (Holocracy) verstehen, sondern erst im Spiel (Robertson 2016, S. 21), wie bei einem professionellen Sportteam brauche es Regeln als Handlungsgrund (Robertson 2016, S. 59) und das Spiel funktioniere nur, wenn auch alle Regeln gleichzeitig eingehalten würden, sonst gehe der Sinn des Spiels verloren (Robertson 2016, S. 139).

Im Theorieteil ist schon deutlich geworden, dass Regeln eine Praxis sind (Ortmann 2012, S. 60). In Bezug auf das holakratische Regelverständnis erscheint diese Aussage in neuem Licht. Nicht das Pauken der holakratischen Regeln hilft bei der Anwendung, sondern für regelkompetentes Handeln müssen die Regeln verinnerlicht werden. Allerdings ist diese Verinnerlichung und Einübung gar nicht so einfach.

Ein Grund ist in den holakratischen Regeln selbst angelegt: wo Regeln bestimmen, welche Handlung erwünscht ist, wird gleichermaßen mitbestimmt, welche Handlungen unerwünscht sind. Je spezifischer und präziser die Regel ausformuliert ist, desto enger und kleiner ist der Bereich des „korrekten" Handelns, dementsprechend größer werden die Möglichkeiten, falsch zu handeln (zu dieser Denkfigur Baecker 2011, S. 55 ff.).[5] Die Holakratischen Regeln schaffen in ihrer versuchten Präzisierung, viele Schattierungen des Regelbruches. Wer penetrant auf die „richtige" Anwendung der Holacracy pocht, erreicht schnell einen Zustand der „ständigen Kritisierbarkeit" (Treiber 1973), wie sie beim Militär üblich ist – irgendein Fehler findet sich immer.

Nicht nur die Möglichkeit Fehler zu machen, führt dazu, dass regelkompetentes Handeln in der Holacracy schwerer wird, auch, dass die Holacracy ihren Sinn verliert, sobald nicht mehr holakratisch gehandelt wird. Um das zu illustrieren, hilft folgendes Beispiel: Monopoly als Spiel ergibt nur Sinn, wenn die Regeln von Monopoly auch eingehalten werden. Wenn eine Mitspielerin, in die entgegensetzte Laufrichtung zieht, führt das nicht nur zur Verwirrung, es stellt auch das Spiel als solches infrage (siehe dazu auch

---

[5] Dazu ein Mitarbeiter: „Wenn da manchmal diese Entscheidungsrunden gemacht werden und dann sagt… stellt jemand eine Zwischenfrage und dann heißt es, nein, nein, du darfst jetzt nicht reden oft sind die Leute irritiert, weil sie sagen, darf ich gerade reden und die Moderatorin angucken und das kommt mir alles total steif vor" (Interview 10, #00:10:15).

Searle 1969, S. 34). In dieser Überlegung liegt der Grund, warum Organisationen darauf bedacht sind, den Zusammenhang ihrer Regeln zu schützen. Wer eine Regel bricht, stellt das ganze System infrage (Luhmann 1964, S. 63). Dementsprechend erfordert die Holacracy besondere Bereitschaft und Umsetzung der vielen Regeln. Im Vergleich zu „klassischen" Organisationen haben sie einen wesentlich höheren Bedarf, ihre Regeln zu schützen, weil mehr explizite Regeln gebrochen werden können.

Hier könnte eingewendet werden, trifft das Gesagte wirklich nur auf holakratische Organisationen zu? Ist regelkompetentes Handeln nicht in allen Organisationen wichtig? Sind nicht diejenigen, die nicht wissen, „wie der Hase läuft", orientierungslos, erkennen die Machtverhältnisse nicht und laufen Gefahr, permanent in „Fettnäpfchen" zu treten? Richtig ist, in jeder Organisation gibt es eine Reihe von Erwartungen, einige sind schriftlich festgehalten, viele haben sich aber einfach eingeschlichen: Sitzordnungen, wer vor einem wichtigen Meeting nochmal um Rat gefragt wird, wer wann auch mal früher gehen darf. Organisationssoziologisch lassen sich so ausgebildete Erwartungen in der Organisationskultur, Ritualen, oder auch entschiedenen und nicht entscheidbaren Entscheidungsprämissen wiederfinden (Luhmann 1992, S. 174; Schein 2009; Luhmann 2000, S. 239 ff.; Kühl 2018, S. 9; Sackmann 2015, S. 127). Häufig sind diese Erwartungen selbstverständlich (taken for granted) und werden kaum hinterfragt. Im Gegensatz dazu sind die Holakratischen formalen Anordnungen explizit statt implizit entstanden; sind zentral entschieden, anstatt eingeschlichen, sind manifest, statt latent zu beobachten.

Zusammenfassend fällt bei dem holakratischen Organisationsmodell die Verregelung des Sozialen auf: Es verlangt von den Organisationsmitgliedern einiges ab, die vielen, externen, künstlichen und engmaschigen Regeln präsent zu halten, sie situationsgerecht zu verwenden und ihnen immer wieder gerecht zu werden. Durch den Versuch, das soziale Miteinander mit Regeln in klare formale Bahnen zu lenken, wird falsches Handeln geradezu produziert, weil unweigerlich der Raum des richtigen Handelns sich verengt. Das Rollenspiel, das den Organisationsmitgliedern bei der Holacracy abverlangt wird, macht es umso notwendiger, dass alle Organisationsmitglieder mitspielen. Dem war sich auch Brian Robertson bewusst:

> Dabei ist es wichtig zu wissen, dass es ein Regelwerk gibt, und sich darauf zu verständigen, dass man sich daran hält – ein Spiel wäre kein Spiel, wenn ein Mitspieler während des Spiels einfach die Regeln verändert (Robertson 2016, S. 21).

Neben diesen besonderen Herausforderungen, die die Einübung der holakratischen Regeln erschweren, lassen sich in Biofruchtig einige Besonderheiten bei der Regeleinübung beobachten. Diese tragen neben der externen Ursache, der Bauweise der holakratischen Regeln, als interne Ursachen zur Regellosigkeit bei.

4.5   Biofruchtig: Einübung von Regellosigkeit

Dass die Holacracy bei Biofruchtig uneinheitlich und individualisiert angewendet wird, liegt nur zum Teil innerhalb der Holacracy selbst begründet. Zwar trägt sie mit ihren künstlichen, externen, engmaschigen und zum Arbeiten zwingend erforderlichen Regeln dazu bei, dass ihre Anwendung erheblich erschwert ist, aber wir konnten innerhalb von unseren beforschten Organisationen auch geglückte Anwendungen beobachten. Zu den Konstruktionsspezifika als externe Ursache lassen sich innerhalb von Biofruchtig weitere interne Ursachen bei der Praxis der Einübung der Regeln Identifizieren.

Die theoretische Vorüberlegung, dass Regeln akzeptiert, ausgedeutet und immer wieder neu hervorgebracht werden müssen, hat die Bedeutung der Mithilfe der Mitglieder schon hervorgehoben. Bei Biofruchtig lässt sich beobachten, wie die Mitglieder sich den holakratischen Regeln zum Teil verweigern und infolge mangelnder Kontrolle individualisierte Regelverständnisse hervorbringen. Vier Ursachen fallen dabei besonders ins Auge:

Erstens hat Biofruchtig die holakratische Verfassung nicht unterschrieben. In ihr verpflichten sich holakratisch arbeitende Organisationen, die holakratischen Regeln anzuwenden. Damit soll gewährleistet werden, dass über die Organisationen hinweg ein geteiltes Regelverständnis existiert. Die Entscheidung, die Verfassung nicht zu unterschreiben, war bewusst: „es fühlt sich nicht mehr so selbstorganisiert an, wenn alles vorgegeben ist" (Interview 2b, #00:44:05) erläutert der Geschäftsführer. Bei Biofruchtig findet damit kein Entschluss darüber statt, welche Regeln verbindlich gelten sollen und welche nicht. Die Unterzeichnung der Verfassung ist nur eine Möglichkeit für ein geteiltes Verständnis. Eine andere wäre, sich zu verständigen, welche Elemente gelten sollen und welche nicht, das heißt die Holakratie modular zu verwenden. Bei Biofruchtig führt die skeptische Einstellung zur Verfassung dazu, dass Unklarheit über die geltenden Regeln herrscht, infolgedessen alle so handeln, wie sie es für richtig halten.

Der erste Punkt hängt eng mit dem zweiten zusammen: Die Einführung der Holacracy sollte ohne Zwang von den Mitarbeitenden selbst gewollt werden: „wichtig fand ich [der Geschäftsführer] immer, das so zu machen, nicht: ‚Ihr müsst da jetzt alle [am Holacracy Workshop] teilnehmen', sondern: ‚Ihr dürft da teilnehmen, es ist schön, wenn irgendwann alle teilgenommen haben, aber ihr könnt euch aussuchen, ob jetzt sofort oder später oder wann ihr Lust habt'" (Interview 2a, #00:19:18). Dieses Warten auf Einsicht, dass die holakratischen Regeln die bestmögliche Form des Arbeitens sind, begünstigt unterschiedliche Regelpraxen, wenn einige der Holacracy nicht viel abgewinnen können. Ein geteiltes Verständnis der Regeln kann sich so nur schwer ausbilden.

Drittens gibt es keine Kontrollinstanz über die Einhaltung der Holacracy: „Manchmal, denke ich, dann wird das [die Holacracy] eher halbherzig gemacht, da müsste jemand sein, der sich das alles anguckt […] und die Sachen, die bei uns aus Bequemlichkeit falsch gemacht werden, in Bahnen lenkt." (Interview 6, #00:10:54). Die zuvor eingeführten zwei „Zu-Taten", mit denen ein gemeinsames Verständnis von Regeln eingeübt wird, fehlen bei Biofruchtig. Einerseits die performative Aufforderungen und andererseits die korrigierenden und vormachenden Verhaltensweisen Anderer (Ortmann 2012, S. 60). Damit bleibt es zusätzlich folgenlos, wenn unterschiedlich ausgeprägt die holakratischen Regeln angewendet werden.

Viertens stößt Biofruchtig auf Skalierungsprobleme. Bei weniger als 25 Mitarbeitenden sind die Wege kurz und die Abteilungen klein. Einige Kreise bestehen nur aus zwei Personen, der Kreis Buchhaltung sogar nur aus einer Person. „Wenn wir weniger als vier sind, also wenn wir drei sind, dann machen wir das [holakratische] Meeting nicht" fasst der Geschäftsführer (Interview 2a, #00:39:27) die Praxis zusammen. Die Holacracy gibt zwar an sich keine optimale Firmengröße vor, allerdings ist es bei kleineren Organisationseinheiten einfacher, sich informal abzusprechen, ohne den Umweg über ein eigenes Meeting zu nehmen.

Diese Gründe tragen dazu bei, dass die Holacracy individualisiert, von der Zustimmung des Einzelnen (insbesondere der jeweiligen Lead-Links) abhängig wird. So können die Regeln nicht als gesamte Organisation eingeübt werden, dies trägt dazu bei, dass innerhalb von Biofruchtig Regellosigkeit entsteht, das heißt, die Funktionen der Regeln Einklagbarkeit, Thematisierung der Macht und die Verhaltenssteuerung wegfallen, wie in der folgenden Auseinandersetzung mit der Empirie deutlich wird.

4.6   Regellosigkeit: Verlust der Einklagbarkeit

Die unterschiedlichen Vorstellungen darüber, was die Holacracy ist und welche Ansprüche sie stellt, lassen sich besonders gut bei den unterschiedlichen Vorstellungen von Selbstorganisation bei den interviewten Mitarbeiter:innen herausarbeiten.[6] Dabei lassen sich unterschiedliche Typen bilden, die sich in ihrem Verständnis und Haltung zur Holacracy unterscheiden: die Geschäftsführung als diejenige, die die Holacracy eingeführt hat und die Holacracy vorantreibt; die Ich-mach-mein-Ding-Fraktion, die der Einführung reserviert gegenübersteht und lieber nicht weiter behelligt werden will und die Selbstorganisationscracks, die die Holacracy zwar befürworten, allerdings mit der Art und Weise der Umsetzung bei Biofruchtig hadern.

Die Geschäftsführung

Die Geschäftsführung findet, die Holacracy ist genau das Richtige für Biofruchtig. Ziel sei es „gesunde Entwicklung zu unterstützen", sowohl für die Mitarbeitenden als auch für das Unternehmen. Holacracy passe gut zu diesen Prinzipien im Gegensatz zur klassischen Hierarchie. „Ich denke in einer hierarchischen Organisation gibt es die Grundhaltung, es gibt einen, der kann es am besten und der ist ganz oben. Und

---

[6] Die Typen wurden idealtypisch mithilfe der quantitativen Inhaltsanalyse nach Mayring (Mayring 2010) auf Basis der geführten Interviews erstellt.

die Firma funktioniert am besten, wenn der Chef toll ist" (Interview 2b, #00:47:25). Im Grunde könnten die Mitarbeitenden das, was sie tun, selbst am besten. Die Aufgabe der Geschäftsführung sei es zu „moderieren", in einer „Stand-by-Rolle" immer da zu sein, wenn jemand kommt, um dann Impulse zu geben (ebd., #00:02:40). Die Holacracy ist der Geschäftsführung zufolge flexibel und anpassungsfähig, gerade die dynamische Steuerung[7] erlaube es, sich immer wieder den Situationen anzupassen. Der Übergang ins Homeoffice während der Corona-Krise „klappt eigentlich ziemlich gut durch die Selbstorganisation" (ebd., #00:00:21). Etwas bedauerlich sei, dass die Holacracy noch nicht bei allen vollständig umgesetzt werde. Der Purpose sollte zwar als Handlungsleitung dienen, wird aber von den Mitarbeitenden „stiefmütterlich" behandelt (Interview 4a, #00:14:39). Ursache dafür seien die alten kulturellen Gewohnheiten, die der Holacracy widersprechen und schwer abzulegen sind: „also ich denke, das Umschalten, das dauert halt einfach Zeit, […] wenn schon so lange die alten Sachen eingeübt worden sind und dann plötzlich neu gedacht werden soll, dann sind vielleicht auch ein paar Mechanismen noch geblieben, die früher da waren" (ebd., #00:24:35). Wenn die Holacracy nicht umgesetzt werde, dann liegt das nicht daran, dass die Holacracy nicht funktioniere, sondern dass die Funktionsweise der holakratischen Praxis noch nicht ausreichend verinnerlicht werde.

Die „Ich-mach-mein-Ding" Fraktion
Biofurchtig wäre diesem Typus zufolge auch ohne Holacracy ein nettes Unternehmen: „Ich bräuchte das für mich nicht […] Ich würde behaupten, dass Biofruchtig, ganz grundsätzlich ohne dass wir uns jetzt irgendeiner Unternehmensform … also ohne dass da was drüber steht, eh schon so wäre" (Interview 5, #00:33:34) Die „ich-mach-mein-Ding" Fraktion hat kein besonderes Interesse am Ausprobieren von neuen Unternehmenskonzepten, macht aber mit, weil es zu Biofruchtig gehört und sie bei Biofruchtig arbeiten. „Aber gut [das holakratische Meeting] findet nicht statt, dann bricht die Welt auch nicht zusammen, bricht auch bei Biofruchtig nichts zusammen, da passiert nichts" (Interview 6, #00:21:08). In erster Linie gehe es darum, den Job gut zu machen. Eine persönliche, empathische und freundliche Atmosphäre sei wichtig. Aber die sei vorhanden: in Biofruchtig werde geduzt, es gebe viel Freiheit, sich die Zeit einzuteilen, es gibt keine strengen Anweisungen und keinen großen Ärger, wenn etwas nicht klappt. „Man ist echt zufriedener, wenn man merkt, dass man sich die Zeit frei einteilen kann" (Interview 12, #00:06:54). Obwohl Biofruchtig schon immer ein nettes Unternehmen gewesen sei, sei die Zeit der Umstellung dennoch stressig gewesen: Vieles sei neu gewesen und einige hätten sich sogar überlegt, ob Biofruchtig noch das Richtige für sie

---

[7]Die Dynamische Steuerung ist ein holakratisches Konzept, das als Antwort auf die Unmöglichkeit, lange in die Zukunft zu planen entworfen wurde. Anstelle von detaillierten Planungen will die Dynamische Steuerung versuchen, entlang des Purpose immer genau das zu machen, was gerade am besten für die Organisation ist.

sei. „[A]lso je öfter dann Meetings waren und es ist dann immer erzählt worden, was Holacracy ist, […] das war natürlich am Anfang schwierig für mich, also ich habe da wirklich lange gebraucht und ich muss auch dazusagen, ich war eigentlich schon wieder so weit, dass ich gesagt habe, ich komme hier nicht klar, ich kündige, ich gehe wieder" (Interview 8, #00:02:35). Am Ende sei es aber gut, dass sie geblieben seien. Eigentlich würden sie gar nicht so viel von der Holacracy mitkriegen. Während der Corona-Krise hätten sie nicht mehr so viel Kontakt zu den anderen Mitarbeiter:innen: manche fänden es gut, andere schade, dass so wenig Austausch stattfinde.

Die Selbstorganisationscracks
Ähnlich wie die Geschäftsführung befürworten die Selbstorganisationscracks die Holacracy. Zu einem alternativen Unternehmen gehöre auch eine alternative Organisationsform (Interview 4a, #01:01:15). Dass die Selbstorganisationscracks im Vergleich zur Geschäftsführung einen eigenen Typus bilden, hat zwei Gründe: einerseits nehmen sie eine andere Position innerhalb von Biofruchtig ein und zum anderen geht ihre Bejahung der Selbstorganisation über die der Geschäftsführung hinaus. Weil Biofruchtig genau das sei, was sie sich schon immer vorgestellt haben: selbstorganisiert, dem Gemeinwohl verpflichtet und den einzelnen zugewandt, haben sich die Selbstorganisationscracks voller Motivation initiativ beworben.[8] Dass Biofruchtig Obstsalat vertreibt, wäre nicht unbedingt die erste Wahl gewesen, sei aber auch gar nicht so wichtig, denn hier gehe es um mehr als nur das Produkt. Wer sich selbst organisiert, der müsse sich auch einbringen. Höhere Anforderungen an die Mitarbeiter („Das ist dann auch Selbstorganisation, wenn ich das total doof finde, muss ich woanders hingehen" (Interview 11, #00:45:53)), höheres Kommunikationsgefühl bei einem selbst sind kennzeichnend für den Typus. Die holakratischen Rollen gäben die Möglichkeit, mehr und unterschiedliche Erfahrungen zu sammeln. Die Erwartungen der Selbstorganisationscracks sind hoch, aber es gibt Zweifel. Manches in Biofruchtig mag nicht so ganz mit der eigenen Vorstellung von der Selbstorganisation passen: „Die Art und Weise, wie Meetings geführt werden, die Art und Weise, wie kommuniziert wird, die Art und Weise, wie Entscheidungen getroffen werden, das entspricht nicht so meinen Vorstellungen [von Selbstorganisation] und auch nicht so, wie ich das praktisch in der Vergangenheit gelernt habe" (Interview 10, #00:05:30).

Wenn Regeln Praxisformen sind, dann wirken Regeln nicht aus sich selbst heraus, sondern sind interpretationsbedürftig (siehe Abschn. 4.2). Sie können nur wirkmächtig

---

[8] Die unterschiedlichen Motivationen sich zu bewerben, tragen zur Spaltung der Mitarbeitenden bei. Drei der interviewten Personen haben sich initiativ gerade wegen der Holacracy beworben. Zudem gibt es, vier (inklusive Geschäftsführung), die schon vor der Einführung der Holacracy bei Biofruchtig waren und noch die alten Strukturen kannten. Für sie läuft die Holacracy eher nachrangig nebenher (Ausnahme der Geschäftsführer). Die übrigen haben sich aufgrund von Bekannten beworben und es ging ihnen weniger um die Holacracy als um die Arbeit in einem rücksichtsvollen Unternehmen.

werden, wenn sie von den Handelnden immer wieder hervorgebracht werden. Damit das gelingt, braucht es eine geteilte Handlungsvorstellung, ein gemeinsames Verständnis der Regel (Schneider 2012, S. 23). Wie die Typologie der Vorstellungen über Selbstorganisation zeigt, ist ein gemeinsames Verständnis über Praxis der Holacracy bei Biofruchtig kaum vorhanden.

Selbstorganisation ist nicht nur ein zentraler Teil der Holacracy, aus ihr leiten sich eine ganze Reihe holakratischen Regeln ab: zum Beispiel Next Actions, Purpose, Domains usw. Wenn gemeinsam gearbeitet werden soll, auf welches Verständnis soll sich bei der Auslegung der holakratischen Regeln berufen werden? Will die Geschäftsführung sich für mehr Purpose-Orientierung und holakratische Meetings aussprechen, reagiert die „ich-mach-mein-Ding-Fraktion" abweisend und die Selbstorganisationscracks bemängeln fehlende demokratische Beteiligung und informale Hierarchie. Aus den unterschiedlichen Verständnissen entstehen divergierende Ansprüche, wie die Organisation gestaltet werden soll und wie die Mitglieder in Prozesse eingebunden werden sollen (siehe Erwartungen und Ansprüche Luhmann 1984, S. 363). Hier wird das erste Mal empirisch sichtbar, wie die Mitglieder von Biofruchtig das holakratische Spiel nach unterschiedlichen Regeln spielen. Anstelle der Regelordnung folgen sie ihrem eigenen Verständnis von Selbstorganisation. Zwar haben alle Mitarbeitenden zu Beginn ihrer Arbeit einen Holacracy Workshop besucht, eine gemeinsame Wissensgrundlage hat sich dadurch aber nicht eingestellt. Die Selbstorganisationsvorstellungen der Mitglieder speisen sich vielmehr aus den bisherigen Erfahrungen in Unternehmen, z. B. alten Arbeitgebern oder aus selbstständiger Beschäftigung, wie etwa mit New-Work-Ansätzen.

Unterschiedliche Wahrnehmungen und unterschiedliche Verständnisse von Abläufen sind in Organisationen für sich genommen nichts Besonderes. Gerade hierfür existiert die Formalordnung, sie hält die unterschiedlichen Vorstellungen zusammen. Durch das Bekenntnis, Mitglied sein zu wollen, werden die Formalordnung und die formalen Erwartungen anerkannt. Im Falle von Konflikten oder Unstimmigkeiten können diese eingeklagt werden, um an Absprachen, Vorgaben, festgehaltene Erwartungen, Hierarchie und Kommunikationswege zu erinnern und die Unstimmigkeiten formal zu klären. Die innerhalb der Formalordnung festgelegten Regeln bilden so ein „Monopol der Legitimität" (Luhmann 1964, S. 64), auf die sich die Mitglieder jederzeit zurückziehen können. Dabei spielt es prinzipiell keine Rolle, wer sich auf die Formalordnung beruft – auch der Chef ist verpflichtet, sich an sie zu halten (Luhmann 1964, S. 259). Da im Zweifel immer der Rückzug auf die Formalordnung bleibt, ist tatsächlicher Konsens nicht mehr notwendig, er wird ersetzt durch die Fiktion einer geteilten Formalordnung (Luhmann 1964, S. 71).

Die Möglichkeit der Einklagbarkeit der Regeln ist in doppelter Weise funktional für die Organisation. Sie gewährt einerseits allen Mitgliedern Schutz. Solange sie keine formalen Erwartungen brechen, sind sie formal unangreifbar. Von den Mitgliedern kann nichts verlangt werden, was entgegen der Formalordnung stehen würde z. B. Recht brechen, Dienstwege übergehen, Zuständigkeiten missachten etc. Wenn doch, können sie sich mit Verweis auf die Formalordnung schützen und ihr Recht geltend machen (Luhmann 1964, S. 84, 286). Andererseits erlaubt die Einklagbarkeit der Formalordnung, Konflikte zu schlichten. Die Formalordnung kann, von allen durch die Mitgliedschaft akzeptiert, Recht sprechen (Luhmann 1964, S. 244). Die Einklagbarkeit der Formalordnung unabhängig von der Stellung der Organisation erlaubt es, Konflikte zu befrieden.

Bei Biofruchtig fällt auf, dass die Einklagbarkeit von holakratischen Regeln bei divergierendem Verständnis der Regeln kaum noch möglich ist. Die Ursachen für diesen Funktionsverlust liegen in der Kombination aus der Einübung der Holacracy in Biofruchtig (intern) und der Komplexität der holakratischen Regeln (extern). Intern hat Biofruchtig die Verfassung nicht unterschrieben, weshalb es keine Einigkeit über die anzuwendenden Regeln gibt. Darüber hinaus zieht regelabweichendes Handeln keinerlei Konsequenzen nach sich. Daneben steht extern die strukturelle Komponente der holakratischen Regeln, die die Einübung erschweren. Aufgrund ihrer Komplexität und Starrheit werden die Regeln als künstlich und kontraintuitiv wahrgenommen. So nehmen gleich zwei Mitarbeitende von Biofruchtig Holacracy als „übergestülpt" wahr (Interview 6, #00:11:19 und Interview 10, #00:10:10).

Innerhalb von Biofruchtig entsteht ein Konflikt zwischen den alten eingeschlichenen Verhaltensweisen und den neuen externen Regeln von außen. Die holakratischen Regeln verschärfen den Konflikt, weil sie außerhalb ihrer eigenen Regeln keine Organisationspraktiken anerkennen und zwingend zum Arbeiten erforderlich sind (vgl. dazu auch Hasenzagl und Müller 2020). Interne und externe Ursachen zusammen führen dazu, dass an die Stelle des geteilten Verständnisses[9] bei Biofruchtig ein mikropolitischer Kampf um die Deutungshoheit des richtigen Organisierens tritt. Ein Zwischenfazit ist, dass dort wo Regellosigkeit herrscht, eine geteilte Formalordnung nicht mehr existiert, auf deren Basis Erwartungen eingeklagt werden könnten. Die Einklagbarkeit der Regeln geht verloren. Wie diese unterschiedlichen Verständnisse Raum für Konflikte schaffen, die auf formaler Ebene nicht mehr gelöst werden können, weil sich unterschiedliche Parteien im Recht sehen, wird am nächsten Beispiel deutlich.

4.7   Regellosigkeit: Verlust der Zurechnung der Macht

Vor einigen Jahren beschloss der größte Kunde von Biofruchtig ein eigenes Fruchtsegment aufzubauen, mit dem Umsatzrückgang von 40 %, kämpft Biofruchtig bis heute. Ende 2019 kam Biofruchtig immer mehr in finanzielle Bedrängnis. Die bisherige

---

[9]Adrian Strothotte in diesen Band zeigt, dass über die Auswahl sehr homogener Mitglieder ein fragiler Konsens erreicht werden kann. Eine starke Orientierung an sozialen und ökologischen Nachhaltigkeitswerten ist dann die gemeinsam geteilte Annahme, auch wenn die genaue Aushandlung und das Situationsgerechte handeln zu Konflikten führt.

Strategie der Nicht-Nachbesetzung von Mitarbeiterstellen reichte als Sparmaßnahme nicht mehr aus. Deshalb beschloss der Geschäftsführer, dass weitere Einsparungen nötig seien und dass die Mitarbeitenden ihre Arbeitszeiten reduzieren sollten. Diese Maßnahme wurde im Biofruchtigkreis angekündigt und sollte anschließend in persönlichen Einzelgesprächen durchgeführt werden. Die Bewertung dieses Vorganges bei der Geschäftsführung und den Mitarbeitenden fällt sehr unterschiedlich aus. Martin Lopez beschreibt den Vorgang der Entscheidung als unkompliziert: „Wir haben im Dezember entschieden, weil noch ein paar Umsätze wegzubrechen drohten, dass wir die Arbeitszeiten der Mitarbeiter ein bisschen reduzieren. […] Da haben wir geguckt, bei wem geht wie viel und dadurch haben wir Kosten gespart" (Interview 2b, #00:36:32). Ebenfalls positiv bewertet den Vorgang seine Frau: „Martin hat Anfang des Jahres zu dem Kniff gegriffen, die Leute zu bitten, alle ein bisschen mit ihren Stunden runterzugehen, was ja auch finanzielle Einsparungen bringt und den Leuten dann aber auch im Gegenzug auch ein bisschen Freizeit und das hat super funktioniert" (Interview 4b, #00:53:38).

Der hier dargestellten Fraktion der Geschäftsführung stehen einige Mitarbeitenden kritisch gegenüber: Eine Mitarbeiterin, die von den Stundenkürzungen direkt betroffen ist, sagt: „Ende letzten Jahres wurde irgendwie beschlossen, wir müssen jetzt sparen und eine Option wäre ja irgendwie, dass wir alle weniger arbeiten, […] dann hat der Chef das einfach durchgedrückt ganz schnell, […] hat aber gesagt, er führt mit jedem persönliche Gespräche und das beruht auf einer freiwilligen Basis. Und dann stellte sich […] heraus, dass mindestens fünf im Team … dass [es] nicht freiwillig für die war, […] eine hat jetzt auch gekündigt" (Interview 10, #00:18:35). Eine andere Mitarbeiterin äußert sich nicht ganz so kritisch: „Das ging schon von der Geschäftsführung aus. […] Und das war so eine Mischung aus Freiwilligkeit und aber auch schon eine klare Aufforderung dazu. Jeder hat so viel reduziert, wie er konnte. Einige haben aber auch gesagt, das geht gar nicht bei mir. […] Ich habe relativ viele Stunden reduziert. Ich habe um sieben Stunden reduziert. Aber schrittweise. Bei mir kam das zu einem total bescheuerten Zeitpunkt, wo ich einfach bestimmte Investitionen getätigt […] das konnte ich dann auch kommunizieren und konnte sagen, grundsätzlich bin ich dazu bereit" (Interview 11, #00:37:39).

Die unterschiedlichen Vorstellungen der Selbstorganisation, die sich in unterschiedlichen Erwartungen und Ansprüchen niederschlagen, führen zum Konflikt um die Stundenkürzungen. Verhandelt wird nicht, ob Stundenkürzungen der richtige Weg aus den finanziellen Schwierigkeiten sind, sondern welche die zulässige Form des Vorgehens ist. In der Metapher des Rollenspiels gesprochen besteht die Diskussion darin, festzulegen, welcher Spielzug erlaubt ist und welcher nicht. Im Grunde geht es bei dem Konflikt also um die unterschiedliche Ausdeutung der holakratischen Regeln.

Die unterschiedlichen Regelverständnisse, die hier zum Konflikt führen, leiten sich, wie im vorherigen Abschnitt deutlich geworden ist, aus den divergierenden Vorstellungen der Selbstorganisation ab. Im Falle der Geschäftsführung ist Selbstorganisation vereinbar mit dem Treffen wichtiger Entscheidungen für die ganze Organisation, während für die kritische Mitarbeiterin Selbstorganisation auch Mitspracherecht bedeutet. Solche

Meinungsverschiedenheiten sind nicht unüblich und könnten relativ einfach über die Formalordnung geklärt werden. In Organisationen mit klassischer Hierarchie würde der Verweis auf die herausgehobene hierarchische Stellung des Geschäftsführers ausreichen, um das Vorgehen zu rechtfertigen. In der Holacracy ist der Weg etwas komplizierter, aber dennoch formal bearbeitbar. Innerhalb der Holacracy ist der Lead Link für die Zuteilung der Ressourcen zuständig. Der Geschäftsführer, der gleichzeitig die höchste Lead-Link-Position innehat, könnte mit Verweis auf die Verfassung argumentieren, dass die Entscheidung über die Stundenzeiten innerhalb seiner Kompetenz liegt (Constitution 2021, Anhang A). Andererseits könnte die sich übergangen fühlende Mitarbeiterin geltend machen, dass der Geschäftsführer nicht in die Autonomiebereiche der Rollen eingreifen darf. Da die Kürzung der Arbeitszeit die Ausübung der Rolle beeinträchtigen würde, wäre dieser Einwand formal gerechtfertigt (Constition 2021, 3.2.4). Um diesen Konflikt zwischen dem Vorschlag (Stundenkürzungen) und dem Einwand (Einschränkung des Autonomiebereichs) aufzuheben, sieht die Holacracy ein integriertes Entscheidungsverfahren vor. Hier versucht die Einwandbringerin selbst, einen Alternativvorschlag zu geben. Schafft der Alternativvorschlag es, keine gültigen Einwände hervorzubringen, ist der Vorschlag angenommen (Constitution 2021, 3.2.6). Mithilfe dieser Bezugnahme der Formalordnung könnte der Konflikt über die holakratischen Regeln formal befriedet werden. Allerdings konnte dieser Lösungsansatz bei Biofruchtig nicht beobachtet werden, weil es die geteilte Formalordnung, die den Konflikt lösen könnte, nicht gibt. Ebenso wie die ordnungsbildende Funktion der Einklagbarkeit fällt auch die Möglichkeit, über die Formalordnung Konflikte zu lösen, weg.

Darüber hinaus wird in dem Beispiel noch etwas deutlich, nämlich, dass die Machtverhältnisse kaum thematisierbar sind. Nicht alle Mitglieder haben die gleichen Möglichkeiten, sich auf die Formalordnung zu beziehen und ihre Rechte geltend zu machen (auch weil sie gar nicht um die Möglichkeiten wissen). So trifft nach wie vor der Geschäftsführer alle wichtigen Entscheidungen (z. B. Stundenkürzungen), während bei den Mitgliedern das Gefühl vorherrscht, die Holacracy sollte mehr Mitsprache ermöglichen. Es bildet sich eine stark wahrgenommene, aber kaum thematisierbare informale Hierarchie heraus. Eine Mitarbeiterin spricht von einer „Kluft" zwischen der Geschäftsführung und den restlichen Mitarbeitenden (Interview 1, #00:17:05). Verstärkt wird die informale Hierarchie dadurch, dass sie größtenteils von der Geschäftsführung verkannt wird. Sie selbst sieht sich in keiner herausgehobenen Stellung, davon zeugt die Selbstbeschreibung als „Stand-By-Rolle", die aktiv wird, sobald Hilfe gebraucht wird (Interview 2b, #00:02:40). Dass die informale Hierarchie nicht thematisiert werden kann, liegt in erster Linie daran, dass es auch hier keine gemeinsam geteilte Vorstellung über die holakratischen Regeln gibt.

Formale Strukturen, wie Hierarchie, aber auch Regeln können dazu beitragen, Macht und Verantwortlichkeiten in der Organisation aufzudecken, sichtbar und hinterfragbar werden zu lassen. Diese Tendenz hat schon Max Weber beobachtet. Die bürokratischen Organisationen und die Rationalisierung der Gesellschaft hatten traditionelle Herrschaftsformen zerstört und Frauen, Kindern und Sklaven zu neuen Rechten verholfen (Weber 2002, S. 579 ff.). Regeln helfen demnach, Willkür einzuschränken und verhelfen den Machtlosen zu Rechten. Da eine hierarchielose Organisation kaum möglich ist, ist der Bedarf an Schutz schwächer gestellter Menschen in Organisationen groß. Selbst unter formal gleichgestellten Gruppenmitgliedern bilden sich innerhalb kürzester Zeit informale Hierarchien, sogar dann, wenn das innerhalb der Gruppe gar nicht beabsichtigt ist. Die Tendenz informale Eliten auszubilden, wird in der Organisationssoziologie als „ehernes Gesetz der Oligarchie" bezeichnet (klassisch Michels 1911). Für die Organisation bedeutet das, informale Eliten sind schwieriger für ihre Entscheidung verantwortlich zu machen, wenn sie offiziell nicht in der Position waren, die Entscheidungen zu treffen.

Mit formalen Positionen kann den Entscheidungsträgern Verantwortlichkeit zugerechnet werden (Luhmann 1964, S. 129; Freeman 1972) über die Zurechnung von Verantwortlichkeit auch Sturhahn in diesen Band). Eine formalisierte Hierarchie schützt zwar nicht vor informalen Parallelstrukturen, aber es können sich leichter wechselseitige Kontrollmechanismen herausbilden. Zum Beispiel, wenn Untergebene nur selektiv Informationen weitergeben oder Personen ihre Fachkompetenz nutzen, um Entscheidungen zu steuern. Diese Formen nennt Luhmann im Gegensatz zur Überwachung durch die Vorgesetzten „Unterwachung" (Luhmann 2018). Ein Mindestmaß an Formalität erlaubt deshalb die Zurechnung von Verantwortlichkeit und damit die Thematisierbarkeit von Macht.

Der Verlust der Möglichkeit die Macht in der Organisation zu thematisieren, wird auch hier wieder von der Holacracy begünstigt. Die Hierarchie wird in der Holacracy nicht grundlegend abgeschafft, sondern nur verändert. Es gibt Kreise, die einander über und untergeordnet sind, Lead-Links, die Strategien und Prioritäten vorgeben dürfen und Zuständigkeitsbereiche, in denen die Mitglieder unabhängig von anderen ihre eigenen Entscheidungen treffen können (siehe Constitution 2021; Robertson 2016, S. 21 ff.). Allerdings verschwimmen so leichter die tatsächlichen Einflussbereiche und die Entstehung von Schattenhierarchien wird begünstigt (siehe auch Kühl in diesen Band). Abseits der „klassischen Hierarchie" wird Macht schwerer Thematisierbar (siehe dazu auch Baecker 2003, S. 59 ff.).

Die Holacracy bietet zwar Konfliktlösungsmöglichkeiten und Thematisierungsmöglichkeiten der Macht, aber sie hebt auch das Komplexitätsniveau des Arbeitens. Da die Regeln sich nicht innerhalb der Organisation eingeschlichen haben, sondern künstlich von außen in das Unternehmen geholt wurden, verlangt sie von den Organisationsmitgliedern bedeutend mehr kognitive Leistungen ab, um regelgeleitet zu handeln. Die Regeln müssen präsent gehalten werden, verstanden, interpretiert und auf die Situation heruntergebrochen werden. Die Präzision der Regeln ist die Präzision ihrer Ausübung und dazu waren die Mitglieder bei Biofruchtig nicht in der Lage. Die Holacracy schafft also dort, wo eigentlich Klarheit hergestellt werden sollte, Unklarheit, wenn die holakratischen Regeln unterschiedlich verstanden werden. Regellosigkeit entsteht, weil es keine Einigkeit über die Regeln gibt und die zentralen Funktionen Einklagbarkeit,

Thematisierung von Macht und schließlich auch die Steuerungsmöglichkeiten der Mitglieder wegfallen.

4.8   Regellosigkeit: Kontrollverlust

Organisationen können mithilfe von Regeln Bedingungen aufstellen, die erfüllt werden müssen. Wenn diese Regeln gebrochen werden sollten, dann kann im Extremfall die Mitgliedschaft beendet werden (Luhmann 1964, S. 38). Die Möglichkeit Bedingungen an das Fortbestehen der Mitgliedschaft zu stellen, eröffnet Organisationen Räum, in denen sie ihren Mitgliedern Regeln auferlegen und so das Verhalten steuern können. Über diese an die Mitglieder gestellten Erwartungen können Organisationen das Verhalten ihrer Mitglieder auf einen übergeordneten Zweck ausrichten. So sind Mitglieder im Extremfall auch dann noch bereit Regeln zu befolgen, wenn sie selbst in ihrer Arbeit keinen Sinn sehen ("Bullshit Jobs") (Graeber 2018). Organisationen können von ihren Mitgliedern eine grundsätzliche Teilnahmemotivation voraussetzen, in deren Rahmen sie auch unbequeme Anweisungen geben können (siehe auch Luhmann 1964, S. 63). Ebendiese Funktion, das Verhalten verschiedener Akteure zu steuern, macht Organisationen in unserer Gesellschaft so wirkmächtig.

Bei Biofruchtig stellt sich die Frage, inwiefern das Verhalten der Mitglieder noch steuerbar ist, wenn keine Regel durchgesetzt werden kann und keine Organisationspraxis sanktionierbar ist. Im Zustand der Regellosigkeit ist nicht nur die Anwendung der Regeln individualisiert, sondern auch die Möglichkeit der Einflussnahme ist stark begrenzt.

Die drei herausgestellten Funktionen von Regeln, Verhaltenssteuerung, Thematisierung der Macht und Konfliktlösung erfüllen ordnungsbildende Funktionen in Organisationen. Bei unterschiedlichen individuellen Motivationen und Zwecksetzung der Mitglieder erlauben sie, dass die Organisation handlungsfähig bleibt und ein übergeordnetes Organisationsziel verfolgen kann. In dem Moment, in dem man sich nicht mehr an den Regeln performativ orientiert, die Regeln nicht akzeptiert werden und die Regeln nicht allgemeingültig verabschiedet wurden, verlieren sie ihren Sinn. Die holakratischen Regeln werden bei Biofruchtig nicht direkt gebrochen, das würde die Kenntnis der Regeln voraussetzen, sondern werden aufgeweicht. Das steht der formulierten Eindeutigkeit der Regeln entgegen. In der Metapher des Rollenspiels gesprochen: Die holakratischen Regeln sind derart vielfältig, dass kaum formal korrekt gehandelt werden kann. Das künstliche Rollenspiel wollen und können die Mitarbeitenden nicht mitspielen.

Aus dem Zustand der Regellosigkeit entsteht ein potenziell konflikthaftes soziales Miteinander, das von den Mitgliedern mit einem Rückzug auf die Arbeit beantwortet wird. Interagierende Aktivitäten werden gemieden. Es wird allein gegessen und der Pausenraum nicht genutzt, die „Vollversammlungs-Freitage" mit Kaffee und Kuchen werden nur halbherzig wahrgenommen. Die Bereitschaft, gemeinsam an der Organisation zu arbeiten, ist gering: „Es gab schon mehrere Versuche Workshops zu machen, aber irgendwie sind immer alle nur genervt" (Interview 10, #00:16:55). Der Rückzug auf die Arbeit geht einher mit einer allgemeinen Ernüchterung. Die Geschäftsführung verliert den Glauben an die Veränderungskraft: „und dann entsteht plötzlich die Gegenbewegung zu der Holacracy, dann höre ich von jemandem, dass der gehört hat, dass irgendjemand anders, dessen Namen er nicht nennen will, weil das wäre ja irgendwie nicht nett, dass der ein Problem mit dem und dem hat und das doof findet" (Interview 2a: #00:44:10). Zusammenfassend beschreibt ein Mitarbeiter das Arbeitsklima und die Einführung der Holacracy:

> „Meiner Ansicht nach ist es schwierig in einem Unternehmen Holacracy einzuführen, wo Leute sind, die sich damit nicht wohlfühlen, was hier durchaus teilweise der Fall ist. Klar ist es möglich und man kann das auf Biegen und Brechen darum herum wurschteln und es funktioniert ja auch und ist dann ja auch ok… wird dann teilweise ein bisschen ignoriert: ‚Ich mach halt hier jetzt meinen Scheiß'" (Interview 3, #01:02:31).

Der Rückzug auf die Arbeit, das Meiden des sozialen Miteinanders kann als Schutzmechanismus verstanden werden, um die Vorstellung einer gemeinsam verstandenen Formalordnung zu schützen. Die Konsensfiktion, dass alle am gleichen Strang ziehen und zum Beispiel unter Selbstorganisation Ähnliches verstanden wird, kann nur aufrechterhalten werden, wenn die entlarvende Öffentlichkeit nicht gesucht wird.[10] Mit anderen Worten, könnte der Rückzug auf die Arbeit die konsensstiftende Funktion der Formalordnung ersetzen (zur Konsensfiktion der Formalordnung Luhmann 1964, S. 71). Die kriselnden Konflikte um die unterschiedlichen Deutungen treten vor allem dann zutage, wenn es die Situation unausweichlich macht (z. B. bei den Stundenkürzungen). In der Metapher des Rollenspiels gesprochen, spielen die Organisationsmitglieder nach unterschiedlichen Regeln, die unweigerlich zum Konflikt über das richtige „Spielen" führen, allerdings versuchen sie die unterschiedlichen Spielweisen zu verdecken, in dem sie möglichst wenig miteinander kommunizieren.

4.9 Folgeprobleme einer partikularen Anwendung von Holacracy

Die partikulare Anwendung der Holacracy, die Beliebigkeit der Meetings, die unbekannten holakratischen Regeln und die Umsetzung abhängig vom Interesse des Einzelnen, verursachen Folgeprobleme. Allen voran einen Funktionsverlust der Holakratischen Regeln. Diese können dann nicht mehr durchgesetzt werden, die Macht

---

[10] Sehr eindrücklich beschreibt Alois Hahn, wie selbst in jungen Ehen, sich trotz, oder besser wegen großen Konsensbedürfnis, Konsensfiktionen ausbilden, obwohl Einstellungen über Kindererziehung; Motive, Präferenzen und religiöse Ansichten zum Teil konträr zueinanderstehen (Hahn 1983).

in Biofruchtig ist nicht mehr thematisierbar, die organisationsinterne Konflikte sind schwieriger zu schlichten und schließlich können die Mitglieder nicht mehr gesteuert werden. Um dem konflikthaften Sozialen aus dem Weg zu gehen und die Fiktion einer gemeinsam geteilten Formalordnung aufrechtzuerhalten, findet ein Rückzug auf die Arbeit statt.

Innerhalb des Beitrags habe ich argumentiert, dass die Ursachen der Regellosigkeit sowohl intern innerhalb von Biofruchtig selbst liegen als auch extern durch die Bauweise der holakratischen Regeln strukturell begünstigt werden. Regeln wirken nicht aus sich selbst heraus, sondern indem sich die Organisationsmitglieder an ihnen orientieren. Vier Gründe konnten innerhalb von Biofruchtig beobachtet werden, die dazu beitragen, dass eine geteilte Organisationspraxis unwahrscheinlich wird. Die Verfassung wurde nicht unterschrieben, sodass keine Gemeinsamkeit herrscht, welche Regeln angewendet werden sollen und welche nicht (1). Das Hoffen auf Einsicht der Mitarbeitenden, dass sie von selbst die holakratischen Regeln übernehmen (2). Die mangelnde Kontrolle der holakratischen Praxis (3) und die Größe der Organisation, die in vielen Situationen die Anwendung der holakratischen Regeln unpraktisch erscheinen lässt (4).

Diese zögerliche Praxis Regeln anzuwenden, fällt bei Biofruchtig umso mehr ins Gewicht, da die Holacracy in ihrer Konzeption eine sehr genaue Regelbefolgung von ihren Mitgliedern verlangt, ansonsten sind die Kernideen wirkungslos. Die Holacracy schafft als künstliches, von außen nach innen geholtes Regelgerüst die strukturelle Grundlage für die Regellosigkeit. Die Regeln selbst mögen noch so eindeutig sein, aber in ihrer Anwendung bei Biofruchtig entsteht Regellosigkeit. Insbesondere drei Eigenschaften wirken katalysierend.

Erstens: das externe, künstliche, engmaschige und für das Arbeiten zwingend erforderliche Regelverständnis der Holacracy, dass erst durch die Regeln, das optimierte Arbeiten herstellen will, steht im Kontrast zu bisherigen Verhaltensweisen und Organisationskultur (über die Leerstelle von Organisationskultur in der Holacracy s. a. (Hasenzagl und Müller 2020). Gleich zwei Mitarbeitende nehmen die Holacracy in Biofruchtig als „übergestülpt" wahr (Interview 6, #00:11:19 und Interview 10, #00:10:10). Die Holacracy produziert einen Konflikt zwischen alten eingeschlichenen Verhaltensweisen und den neuen, externen Regeln.

Zweitens: durch das rollenspielähnliche Regelverständnis wird in der Holacracy Orientierung und regelgeleitetes Handeln erschwert. Die Mitglieder müssen in den Rollen spielen und die Regeln befolgen, sonst bricht die Holacracy als Organisationsstruktur zusammen.

Drittens: die vielen Regeln bestimmen in dem Maß, wie sie das richtige Handeln festlegen, ebenso Handeln, das falsch ist. Falsches Handeln wird produziert, wie richtiges Handeln versucht wird zu präzisieren. Das schafft die Möglichkeit, permanent auf Fehler hinzuweisen, die an das Militär erinnern. Die vielen Regeln dort schaffen einen Zustand der „ständigen Kritisierbarkeit" (Treiber 1973) der helfen soll, die alten geltenden Normvorstellungen durch die der militärischen Gemeinschaft abzulösen (Apelt 2006).

Interne und externe Ursachen führen dazu, dass bei Biofruchtig, das „Systemvertrauen" (Luhmann 1964, S. 71, 1968), die Geltung der Formalordnung unabhängig von Ort, Zeit und Person, durch den Zustand der Regellosigkeit bedroht wird. Die Funktionen wie Einklagbarkeit, Thematisierung von Macht und Steuerung der Mitarbeitenden gehen verloren. Die eigentlich präzisen Regeln werden bedeutungslos und weichen einer diffusen Regellosigkeit.

Literatur

Apelt, Maja. 2006. Militärische Sozialisation. In *Handbuch Militär und Sozialwissenschaft*, hrsg. von Sven B. Gareis und Paul Klein, 26–39. Wiesbaden: VS Verlag für Sozialwissenschaften.

Appelo, Jurgen. 2016. Holacracy is fundamentally broken. Zugriff am 14. Juli 2016. https://www.forbes.com/sites/jurgenappelo/2016/07/14/holacracy-is-fundamentally-broken/?sh=6554790a1126.

Baecker, Dirk. 2003. *Organisation und Management: Aufsätze*. Berlin, Frankfurt am Main: Suhrkamp Verlag.

Baecker, Dirk. 2011. *Organisation und Störung: Aufsätze*. Frankfurt am Main: Suhrkamp Verlag.

Constitution (2022): Holacracy Constitution Version 5.0. https://www.holacracy.org/constitution/5.

Constitution (2021): Holacracy-Constitution v4.1.4.DE. https://github.com/holacracyone/Holacracy-Constitution-4.1-GERMAN/blob/master/Holacracy-Verfassung-(in-construction).md.

Freeman, Jo. 1972. The tyranny of structurelessness. *Berkeley Journal of Sociology* 17: 151–164.

Froschauer, Ulrike und Manfred Lueger. 2015. Informalität als organisationaler Basisrhythmus. In *Formalität und Informalität in Organisationen*, hrsg. von Victoria von Groddeck und Sylvia M. Wilz, 191–213. Wiesbaden: Springer.

Graeber, David. 2018. *Bullshit Jobs*. Stuttgart: Klett-Cotta.

Hahn, Alois. 1983. Konsensfiktionen in Kleingruppen: dargestellt am Beispiel von jungen Ehen. *Kölner Zeitschrift für Soziologie und Sozialpsychologie*. Sonderheft 25: 210–32.

Hahn, Alois. 1989. Verständigung als Strategie. In *Kultur und Gesellschaft: Verhandlungen des 24. Deutschen Soziologentags in Zürich 1988*. Frankfurt am Main: Campus Verlag.

Hasenzagl, Rupert. 2019. Agile Transformation? *Austrian Management Review* 9: 89–101.

Hasenzagl, Rupert und Barbara Müller. 2020. Organisation ohne Hierarchie. *Austrian Management Review* 10: 11–23.

Kühl, Stefan. 2001. Paradoxe Effekte und ungewollte Nebenfolgen des Qualitätsmanagements. In *Qualitätsmanagement in Organisationen*, hrsg. Von Hartmut Wächter und Günther Vedder, 75–113: Wiesbaden: Springer.

Kühl, Stefan. 2018. Organisationskultur. *Managementforschung* 28: 7–35.

Kühl, Stefan. 2021a. Die Renaissance des Maschinenmodells. Zugriff am 5. Januar 2022. https://sozialtheoristen.de/2021/02/01/die-renaissance-des-maschinenmodells/.

Kühl, Stefan. 2021b. Starrheit der holakratischen Organisationsprinzipien. Zugriff am 5. Januar 2022. https://sozialtheoristen.de/2021/04/06/starrheit-der-holakratischen-organisations-prinzipien/#comments.

Kuphal, Joschi. 2021. Konsent, Kreise und Kollegen. Zugriff am 5. Januar 2022. https://tollwerk.de/blog/konsent-kreise-und-kollegen.

Luhmann, Niklas. 1964. *Funktionen und Folgen formaler Organisation*. Berlin: Duncker & Humblot.

Luhmann, Niklas. 1968. *Vertrauen*. Stuttgart: Enke.

Luhmann, Niklas. 1984. *Soziale Systeme: Grundriss einer allgemeinen Theorie*. Berlin: Suhrkamp.

Luhmann, Niklas. 1992. Organisation. In *Mikropolitik: Rationalität, Macht und Spiele in Organisationen*, hrsg. von Willi Küpper. 2., durchges. Aufl., 165–185. Wiesbaden: Springer Fachmedien.

Luhmann, Niklas. 2000. *Organisation und Entscheidung*. Wiesbaden: VS Verlag für Sozialwissenschaften.

Luhmann, Niklas. 2018. „Unterwachung." In *Schriften zur Organisation 1*, hrsg. Von Lukas Ernst und Veronika Tacke. 415–24. Wiesbaden: Springer.

Mayntz, Renate. 2012. „Die Regelung von Finanzmärkten durch internationale Organisationen." In *Organisationen regeln*, hrsg. von Stephan Duschek, Michael Gaitanides, Wenzel Matiaske und Günther Ortmann. 263–75. Wiesbaden: Springer.

Mayring, Philipp. 2010. *Qualitative Inhaltsanalyse: Grundlagen und Techniken*. 11., aktualisierte und überarb. Aufl. Weinheim: Beltz.

Michels, Robert. 1911. *Zur Soziologie des Parteiwesens in der modernen Demokratie: Untersuchungen über die oligarchischen Tendenzen des Gruppenlebens*. 4. Aufl. Stuttgart: Kröner.

Mitterer, Gerald. 2015. Holacracy – ein Fleischwolf für organisationale Entscheidungsprozesse. In *Management der Nonprofit-Organisation: Bewährte Instrumente im praktischen Einsatz*, hrsg. Rolf Eschenbach, Christian Horak, Michael Meyer und Christian Schober, 426–432, 3. Aufl. Stuttgart: Schäffer-Poeschel.

Mitterer, Gerald. 2016. Vorwort zur deutschen Ausgabe. In *Holacracy: ein revolutionäres Management-System für eine volatile Welt*, von Brian J. Robertson. München: Vahlen.

Ortmann, Günther. 2012. „Enabling limits. Organisationen regeln, was zählt und als was es zählt." In *Organisationen regeln*, hrsg. von Stephan Duschek, Michael Gaitanides, Wenzel Matiaske und Günther Ortmann, 59–93. Wiesbaden: Springer.

Ortmann, Günther. 2015. Lob der Vagheit. In *Formalität und Informalität in Organisationen*, hrsg, von Victoria von Groddeck und Sylvia Marlene Wilz, 319–40. Wiesbaden: Springer.

Riegraf, Birgit. 2013. Frauenförderung als mikropolitische Aushandlungs- und Entscheidungsprozesse in Unternehmen. In *Geschlecht und Organisation*, hrsg. Von Ursula Müller, Birgit Riegraf und Sylvia Marlene Wilz, 165–83. Wiesbaden: Springer.

Robertson, Brian J. 2016. *Holacracy: ein revolutionäres Management-System für eine volatile Welt*. München: Vahlen.

Sackmann, Sonja A. 2015. Das Zusammenspiel des Informellen und Formellen aus organisationskultureller Perspektive. In *Formalität und Informalität in Organisationen*, hrsg, von Victoria von Groddeck und Sylvia Marlene Wilz, 123–42. Wiesbaden: Springer.

Sander, Thorsten. 2006. Bedeutung, Regel und Gebrauch. *Deutsche Zeitschrift für Philosophie* 54, 347–86.

Schein, Edgar H. 2009. *The corporate culture survival guide*. Hoboken: John Wiley & Sons.

Schimank, Uwe. 2005. *Differenzierung und Integration der modernen Gesellschaft*. Wiesbaden: Springer.

Schneider, Hans Julius. 2012. „Was ist eine Regel?". In *Organisationen regeln*, hrsg. von Stephan Duschek, Michael Gaitanides, Wenzel Matiaske und Günther Ortmann, 17–28. Wiesbaden: Springer.

Searle, John Rogers. 1969. *Speech acts: An essay in the philosophy of language*. Cambridge: Cambridge University Press.

Taylor, Frederick Winslow. 2004. *Scientific management*. Milton Park: Routledge.

Treiber, Hubert. 1973. *Wie man Soldaten macht: Sozialisation in kasernierter Vergesellschaftung*. München: Bertelsmann Universitätsverlag.

Weber, Max. 2002. *Wirtschaft und Gesellschaft: Grundriss der verstehenden Soziologie*. Tübingen: Mohr Siebeck.

Wittrock, Dennis. 2021. „Holacracy ist keine Maschine.", 7. Februar 2021. https://denniswittrock. com/2021/02/07/holacracy-ist-keine-maschine/.

Zeuch, Andreas. 2016. „Holacracy. Vom Scheitern eines Betriebssystems.", 12. Dezember 2016. https://unternehmensdemokraten.de/2016/12/12/holacracy-vom-scheitern-eines-betriebssystems/.

Serafin Eilmes ist Soziologe an der Universität Bielefeld. Seine aktuellen Forschungsschwerpunkte sind die Wirkungen von Regeln in Organisationen und das Spannungsverhältnis von Bürokratie und Demokratie.

serafin.eilmes@uni-bielefeld.de

Agilität durch Autonomie? Entscheidungshemmnisse im Konzept der Holacracy

5

Robin Sturhahn

Die meisten Organisationsstrukturen sind hoffnungslos veraltet. Zumindest, wenn man den immer lauter werdenden Stimmen aus dem Managementdiskurs glaubt, die eine stärkere Anpassung von Unternehmen an die moderne Gesellschaft fordern (z. B. Laloux 2015; Robertson 2015). Aus derselben Motivation heraus tauchen seit Mitte des 20. Jahrhunderts immer mehr Konzepte auf, die radikale Umstrukturierungen von Organisationen verlangen. Die Kritik richtet sich vor allem gegen die bürokratische Struktur, die oft als zu starr und zeitintensiv eingeschätzt wird (Maravelias 2003, S. 549; Neumer 2020, S. 23 f.). Es lässt sich beobachten, dass Unternehmen zunehmend mit neuen Konzepten experimentieren, die sich unter dem Label „postbürokratische Organisation" subsumieren lassen (Heckscher 1994). Diese neuen Organisationsformen und Managementmoden werden in der Forschung laufend aufgegriffen und reflektiert (Kieser 1997; Nicolai und Simon 2001). Dabei stehen bestimmte strukturelle Veränderungen im Zentrum des Interesses. Begriffe und Konzepte wie Dezentralisierung (Kühl 2015a, S. 117 ff.), Selbstorganisation (Altherr 2019) und Autonomie (Moldaschl 2015) sind aus modernen Debatten um die ideale Organisationsform kaum mehr wegzudenken.

Einige Autoren plädieren hierbei für eine Stärkung der Eigenverantwortung, aus der sie sich sowohl höhere Arbeitsmotivation erhoffen als auch stärkere Flexibilität bei der Aufgabenerfüllung (vgl. Sprenger 2015, S. 80). Die Idee ist, dass Vorgesetzte ihren Mitarbeitenden mehr Ermessensspielraum bei Entscheidungen zugestehen sollen, um

R. Sturhahn (✉)
Fakultät für Soziologie, Universität Bielefeld, Bielefeld, Deutschland
E-Mail: robin.sturhahn@uni-bielefeld.de

© Der/die Autor(en), exklusiv lizenziert an Springer Fachmedien Wiesbaden GmbH, ein Teil von Springer Nature 2023

S. Kühl und P. Sua-Ngam-Iam (Hrsg.), *Holacracy*,
https://doi.org/10.1007/978-3-658-40111-5_5

auf diese Weise neue Lösungsansätze zu erarbeiten und das Potenzial der Angestellten stärker auszuschöpfen. Während die einen darin einen Schritt zu mehr Mitgliederbeteiligung und Freiheit in Unternehmen sehen (Borsch und Borsch 2019), warnen Gegenstimmen vor einer „Subjektivierung von Arbeit" (Voß und Pongratz 1998) und einer Überlastung der Mitarbeitenden durch die zusätzlichen Entscheidungsleistungen (Friedman 1977). Ähnlich verhält es sich bei Diskussionen um den Grad der Zentralisierung bzw. Dezentralisierung. Während ersteres wegen unzureichender Geltung von lokalem Wissen und Bedürfnissen kritisiert wird, bemängeln Skeptiker an letzterem, dass Koordinierung und Vereinheitlichung eine zu geringe Rolle spielen (Brunsson 2005, S. 12).

Ein Managementkonzept, das Autonomie als ein zentrales Element herausstellt und Organisationen von Grund auf neu zu denken versucht, ist die „Holacracy". Hier kann jedes Mitglied im Rahmen seiner Aufgabenbereiche frei entscheiden und sich in Meetings einbringen, wenn es mehr Verantwortung übernehmen will (Robertson 2015, S. 19 ff.). Holacracy kann als ein Nachfolger der Soziokratie verstanden werden, in der Autonomie, Gruppenentscheidungen und flache Hierarchien schon früh eine wichtige Rolle gespielt haben (Altherr 2019, S. 420). Mitglieder können im Rahmen ihrer Aufgabenbereiche Entscheidungen treffen – sobald eine Änderung allerdings mehrere Personen betrifft, muss das zunächst in einem Meeting besprochen werden (Robertson 2015, S. 26). So soll sich eine selbstbestimmte Arbeit im Rahmen der eigenen Aufgabenbereiche ergeben, die nicht mehr durch eine Führungskraft vorgeschrieben wird (ebd., S. 23). Hierbei findet eine konzeptionelle Trennung von Rolle und Person statt: Die Aufgaben sollen innerhalb von Rollen erledigt und persönliche Befindlichkeiten getrennt davon behandelt werden (ebd., S. 36).

In diesem Beitrag möchte ich das Konzept der Verantwortung nutzen, um holakratische Organisationen und ihre Entscheidungsprozesse zu untersuchen.[1] Der dafür genutzte Verantwortungsbegriff stammt von Niklas Luhmann (1964). Das Bestechende an seiner Definition ist die klare Trennung von Verantwortung und Verantwortlichkeit. Während er mit Verantwortung den Ermessensspielraum einer Person meint, stellt im Gegensatz dazu Verantwortlichkeit eine formal festgelegte Rechenschaftspflicht dar. Diese Weiterentwicklung des Verantwortungsbegriffs macht sein Konzept so interessant für die Organisationsforschung. So kann einerseits der Versuch unternommen werden, die Verantwortung einzelner Personen näher zu bestimmen. Andererseits kann so eine genaue Verortung von Rechenschaftspflichten in der formalen

---

[1] Es geht hierbei um innerorganisationale Verantwortung und Verantwortlichkeit, die einerseits in der Kommunikation unter Mitgliedern stattfindet und andererseits die Zurechnung von Entscheidungen auf *einzelne Personen* beschreibt. Der systemtheoretische Ansatz von Luhmann erlaubt keine Verantwortlichkeit von Gruppen, wie weiter unten noch gezeigt werden wird. Insofern werden Konzepte, in denen gesamtorganisationale Verantwortung behandelt wird, nicht berücksichtigt. Das vermutlich prominenteste Beispiel für einen solchen Ansatz ist die „Corporate Social Responsibility (CSR)". Für einen Überblick dazu siehe (Garriga und Melé 2004).

Struktur der Organisation vorgenommen und Verantwortung und Verantwortlichkeit miteinander in ein Verhältnis gesetzt werden.

In der Geschichte der Organisationswissenschaften gab es schon oft Versuche, den Begriff der Verantwortung für die Forschung fruchtbar zu machen (siehe dazu Preisendörfer 1985). Hervorzuheben ist besonders eine Studie von Petra Hiller (1993), die die Gedanken Luhmanns systematisch aufgreift, um Verwaltungsentscheidungen zu untersuchen. In Bezug auf postbürokratische Organisationen finden diese Ideen bisher nur unter dem Deckmantel von „Freiheit", „Autonomie" oder „Initiative" Anwendung. Dieser Beitrag versucht, die Forschungen zu Verantwortung und Autonomie in Organisationen miteinander zu verbinden und dadurch Erkenntnisgewinne in Bezug auf Entscheidungen in postbürokratischen Organisationen zu generieren. Die Holacracy strapaziert in besonderer Weise die Autonomie ihrer Mitglieder und stellt so ein Musterbeispiel für die Untersuchung von Verantwortung und Verantwortlichkeit dar.

Um herauszufinden, wie sich die veränderte Bedeutung der Verantwortung auf das Entscheidungsverhalten und strukturelle Veränderungen auswirkt, wurden insgesamt elf Interviews mit sieben Mitgliedern der Firma [SoftLink] durchgeführt. SoftLink ist ein Softwareunternehmen mit etwa 200 Mitgliedern, das Apps und digitale Anwendungen für seine Kunden entwickelt. Zum Zeitpunkt der Untersuchung (2019–2020) war das Unternehmen seit ungefähr fünf Jahren holakratisch organisiert. Für IT-Firmen ist Holacracy besonders interessant, weil das Managementkonzept eigene Softwarelösungen mitliefert. Programme wie „GlassFrog" (Verwaltungssoftware) oder „Holaspirit" (Aufgaben-Management-Tool) sind Bestandteile von Holacracy. Sie sollen die Umsetzung und Implementierung neuer Regeln sowie die Bearbeitung von Aufgaben erleichtern.[2]

Die Problemstellung bearbeite ich in vier Schritten. Im Folgenden werde ich nach einer kurzen Einordnung in den postbürokratischen Diskurs den Begriff der Verantwortung näher beschreiben, die systemtheoretische Konzeptualisierung vorstellen (Luhmann 1964, 2000, 2018) und die Relevanz für Organisationen aufzeigen (s. Abschn. 5.1). Aufgrund dieses bisher in der Forschung wenig genutzten Konzepts bietet sich eine tiefergehende Analyse an. Deshalb werde ich danach unter Bezugnahme auf die ebenfalls von Luhmann aufgegriffene verhaltenswissenschaftliche Entscheidungstheorie (Barnard 1938; Cyert und March 1964; March und Simon 1976) das holakratische Entscheidungssystem mit dem der klassischen Bürokratie vergleichen (s. Abschn. 5.2). Dieses theoretische Rüstzeug nutze ich dann, um ausgewählte Interviewstellen auf die Konsequenzen der Stärkung von Eigenverantwortung im Unternehmen zu untersuchen (s. Abschn. 5.3). Der Beitrag schließt mit einem Resümee über die Ergebnisse und einem Ausblick auf mögliche zukünftige Forschung (s. Abschn. 5.4).

---

[2]Agilität ist ein Prinzip, das häufig in IT- Firmen angewendet und in Kombination mit technischen Lösungen für Organisationsprobleme eingeführt wird (vgl. Baecker 2021: 161 ff.). Hierzu existieren eigene Studien, die dieses Phänomen unter Begriffen wie „agile Softwareentwicklung" (Lukas 2021: 102 ff.) oder „agile Projektarbeit" (Neumer 2020: 31 ff.) zu fassen versuchen.

5.1   Eigenverantwortliches Arbeiten im Unternehmen

Das Erfolgsrezept der bürokratischen Organisation wurde lange in ihrer effizienten Struktur gesehen, die durch Planung mit den verschiedensten Problemen umgehen und sie in Prozesse umwandeln kann. Doch diese Effizienz hat ihre Grenzen. Nach und nach wurde deutlich, dass nicht jede Regel auf alle Eventualitäten ausgelegt ist. Organisationen reagieren auf diese Unschärfe häufig mit zusätzlicher Planung (Neumer 2020, S. 29). Je mehr Strukturen allerdings für die Bearbeitung von Problemen geschaffen werden, desto stärker schränken diese weitere Planungs- und Verhaltens-möglichkeiten ein. Unvorhergesehene Ereignisse können außerdem häufig gar nicht geplant werden. Gleichzeitig kommt es durch lange Kommunikationswege zu Informationsverlusten, weil viele Entscheidungen erst von Führungspersonen abgesegnet werden müssen (Doppler und Lauterburg 2005, S. 40 und 139). Auf diese Weise würden, so die Bürokratiekritik, Entscheidungen von Personen getroffen werden, die dafür oft gar nicht die entsprechende Expertise hätten (Robertson 2015, S. 20 f.).

Anstatt immer neue Vorgaben zu entwickeln, die die Freiheit der Mitglieder stärker einschränken, setzt das Modell der Holacracy auf Dezentralisierung von Entscheidungs-kompetenzen und Lockerung der Vorgaben einzelner Rollen (ebd., S. 22 f.). Die Vor-stellung ist, dass Autonomie die nötige Freiheit schafft, um auf unvorhergesehene Probleme einfacher reagieren zu können. Allerdings heißt das nicht, dass Freiräume auch für die Schaffung neuer Strukturen genutzt werden. Häufig werden nach Auto-nomiegewinnen alte Gewohnheiten und Erwartungen wieder aufgegriffen, die es schon in der vorherigen Organisationsform gab (Kühl 2015b, S. 135 ff.). Routinen und feste Gewohnheiten werden häufig als Starrheit angesehen. Demgegenüber zeigen manche Forschungen aber, dass gerade hier eine mögliche Quelle für Flexibilität besteht, weil die Vorgaben von Personen ausgedeutet und somit an spezifische Situationen angepasst werden können (Feldman und Pentland 2003, S. 99).

Die Stärkung von Eigenverantwortung kann zudem eine verstärkte Identifikation mit der Entscheidung hervorrufen, was negative Konsequenzen nach sich ziehen kann. Personen zeigen Tendenzen, unter solchen Bedingungen sogar an Entscheidungen mit negativen Folgen festzuhalten, obwohl sie sich der vorherigen Verluste bewusst sind (Staw 1976, S. 99). Zu starkes „commitement" kann also ebenfalls zur Inflexibili-tät führen. Die Analyse autonomer Entscheidungssituationen kann differenzierter statt-finden, wenn man das soziologische Konzept der Verantwortung hinzuzieht. Autonomie führt immer zu einem Anstieg an Entscheidungsfreiheit und damit zu erhöhter Ver-antwortung. Der soziologische Verantwortungsbegriff wird im Folgenden kurz skizziert und in Abgrenzung dazu die in dieser Arbeit genutzte Unterscheidung zwischen Ver-antwortung und Verantwortlichkeit von Niklas Luhmann dargestellt.

Verantwortung als soziologischer Begriff
Der Begriff der Verantwortung taucht schon früh in soziologischen Arbeiten auf, ohne allerdings systematisch ausgearbeitet zu werden (z. B. Simmel 1983 [1908], Weber

2010 [1919]). Dabei wird Verantwortung zunächst mit Schuld in Verbindung gebracht. Georg Simmel stellt beispielsweise die These auf, dass Gruppen zu grausameren Taten in der Lage seien, weil der einzelne in der Gruppe verschwinde und sich so Handlungen schwieriger zurechnen lassen (Simmel 1983, S. 143). Durch diese Zurechenbarkeit entsteht eine Rechtfertigungspflicht. Wenn man Personen im Nachhinein die Schuld geben kann, weil erkennbar ist, dass sie eine Handlung vollzogen haben, dann müssen sie diesen Umstand schon beim Treffen ihrer Entscheidung miteinbeziehen (Bienfait 2008, S. 5). Auf diese Weise entsteht nach Max Weber eine neue Form der Rationalität, die sich auch an den Folgen der Handlungen orientiert, weil die Entscheidung hinterher vor anderen gerechtfertigt werden muss (Weber 2010, S. 56). Die Zurechenbarkeit einer Handlung oder Entscheidung lässt sich weiterhin trennen von der bloßen Bürde des Entscheidens, die Personen auf sich nehmen. Alfred Schütz unterscheidet daher zwischen subjektiver Verantwortung (die das Entscheiden bzw. eine Aufgabe selbst beschreibt) und objektiver Verantwortung (die die Zurechnung von Entscheidungen zu Personen beschreibt) (Schütz 2011, S. 311 ff.).

Luhmanns Konzept von Verantwortung und Verantwortlichkeit
Verantwortung meint mehr als eine bloße Pflicht zur Rechtfertigung des eigenen Verhaltens. Für die Beschreibung scheint es zudem nicht ausreichend, lediglich die Übernahme einer vorgeschriebenen Aufgabe einzubeziehen; Würde es sich dabei bloß um reine Aufgabenerfüllung handeln, bräuchte es den Begriff der Verantwortung nicht (Luhmann 1964, S. 178). Daher beschreiben Organisationsforscher eine Aufgabe dann als besonders verantwortungsvoll, wenn ein großer Ermessensspielraum in Bezug auf die Art ihrer Erfüllung besteht (Simon 1944, S. 18). So versuchte beispielsweise Elliott Jaques (1961), die Verantwortung von Mitgliedern zu messen, indem er die „Time-Span of Discretion" erfasste. Damit war die Zeitspanne gemeint, in der die Mitglieder unter Unsicherheit Entscheidungen treffen mussten, die nicht im Detail vorgegeben waren. Eine Führungskraft kann diese Mitglieder in ihren Entscheidungen schützen und von Kritik und Schuldzuweisungen aus der Umwelt abschirmen, indem sie sich als verantwortlich darstellt (Brunsson 2007, S. 24). So können Mitglieder sich in Ruhe mit ihren Aufgaben befassen.

Luhmann greift diese Gedanken auf, um den Verantwortungsbegriff aufzuteilen. Ihm zufolge besteht Verantwortung dann, wenn eine Person eigenständig eine Entscheidung trifft und andere dieser Entscheidung vertrauen (Luhmann 2018, S. 48). In Abgrenzung dazu meint Verantwortlichkeit die Zurechnung einer Entscheidung zu einer Person (Luhmann 1964, S. 179). Verantwortung fungiert hierbei als Informationsfilter. Bei der Erledigung eines Auftrags teilt ein Mitglied dem anderen nur die Informationen mit, die für seine Arbeit relevant sind. Die Empfänger:innen einer Mitteilung vertrauen darauf, dass sie alle relevanten Informationen erhalten. Das machen sie vielleicht, weil ein gewisses Vertrauen in die Person besteht. Organisationen funktionieren aber auch, und das ist das Besondere, wenn ein völlig unpersönlicher Kontakt stattfindet. Das Vertrauen in dieser Situation entspringt dem Vertrauen in die Funktionsweise der

Organisation, durch deren Vorgaben es zu diesem sozialen Kontakt gekommen ist
(Luhmann 2018, S. 53).

Die Informationen, die in Organisationen den Kolleg:innen mitgeteilt werden,
basieren auf Entscheidungen. Der Begriff des Entscheidens deutet dabei schon das
Scheiden von Alternativen an, die Auswahl einer Möglichkeit, die dann anderen als entschieden kommuniziert wird. Luhmann schreibt dazu: „Gelänge es, nach den Standard-
Richtlinien der Informationstheorie Information zu messen mit Bezug auf die durch sie
ausgeschlossenen Möglichkeiten, könnte man demnach auch Verantwortung messen"
(Luhmann 2000, S. 198). Ausschlaggebend für die Analyse der Verantwortung ist also
die Informationsselektion. Hierbei kommt wieder das eigene Ermessen ins Spiel.
Je nachdem, wie viel Freiheit ein Mitglied bei dieser Selektion hat, desto mehr Verantwortung trägt es. Diese Verantwortung wird oft als psychisch belastend beschrieben,
während Verantwortlichkeit zusätzlich mit einem sozialen Risiko verbunden ist (Hiller
1993, S. 99). Um das Verhältnis von Verantwortung und Verantwortlichkeit zu analysieren, werde ich verschiedene Aspekte der formalen Struktur in der Holacracy untersuchen und mit Aussagen von Mitarbeitenden eines holakratischen Unternehmens
vergleichen. In diesem Beitrag liegt der Fokus auf dem Entscheidungssystem der
Organisation, denn nach Luhmann zeichnet „[d]ie Art des Systems […] die Möglichkeiten der Verantwortung vor" (Luhmann 1964, S. 176).

5.2   Klassisches vs. holakratisches Entscheidungssystem

Wenn man Verantwortung als Ermessensspielraum betrachtet und Verantwortlichkeit als formale Rechenschaftspflicht, lohnt es sich, sich zunächst die strukturellen
Bedingungen für Entscheidungen zu vergegenwärtigen. Dazu hat Luhmann in seinem
Spätwerk über Organisationen das Konzept der „Entscheidungsprämissen" aufgegriffen
(Luhmann 2000, S. 222 ff.), das von March und Simon (1976) entwickelt wurde. Diese
stellen die Rahmenbedingungen dar und bestimmen so, auf welche Art Entscheidungen
in Organisationen zustande kommen. Über die Prämissen kann einerseits entschieden
werden (entschiedene Entscheidungsprämissen), sodass sie formale Geltung haben.
Andererseits bilden Organisationskultur und informale Kontakte auch Entscheidungsprämissen, die nicht entschieden worden sind und Entscheidungen somit informal
beeinflussen (nichtentschiedene Entscheidungsprämissen) (Luhmann 2000, S. 223).
Ich fokussiere mich in dieser Arbeit auf die formalen Strukturen. Hierbei unterscheidet
Luhmann zwischen drei verschiedenen Kategorien: 1. Programme (Zweck-/Konditional-
programme) 2. Kommunikationswege und 3. Personal (ebd.: 225).

Programme sind Regeln, die das genaue Vorgehen bei einer Entscheidung festlegen. Hierbei gibt es einerseits Zweckprogramme, die Entscheidungen unter die
Bedingung eines bestimmten Zwecks stellen, auf den Mitglieder hinarbeiten sollen.
Beim Konditionalprogramm werden andererseits „Wenn/Dann- Regeln" geschaffen, die
das Vorgehen bei Eintreten eines bestimmten Ereignisses vorzeichnen. Rollen und Kreise

unterliegen in der Holacracy immer einem Purpose, sie sind also zweckprogrammiert. Mitglieder müssen immer nach diesem Purpose handeln und ihre Entscheidungen danach ausrichten (zur zentralen Bedeutung von Zwecken in der holakratischen Formalisierung siehe den Beitrag von Adrian Strothotte in diesem Band). Konditionalprogrammierung findet beispielsweise in Meetings statt. Hier gibt es einen festen Ablauf und eine strenge Regulation des Verhaltens, das durch die Rolle des „Secretary" überwacht wird.

Die Kommunikationswege bilden in der Hinsicht die Grundlage für Entscheidungen, da sie festlegen, wer mit wem kommunizieren muss, damit eine Entscheidung zustande kommen kann. Sowohl die Kommunikation gegenüber einem Chef als auch Abstimmungen in einer Gruppe können unter diese Kategorie fallen. Ein Anlass, den es für die Einführung von Holacracy gibt, ist nach Robertson der lange Dienstweg in klassischen Organisationen (Robertson 2015, S. 19). Mitglieder müssen ihre Entscheidungen immer erst mit einem Vorgesetzten abstimmen, wodurch Robertsons Ansicht nach viel Zeit verloren geht. Vertikale Kommunikationswege lassen sich trotzdem finden, und zwar in der Weitergabe von Informationen des Rep-Links in den oberen Kreis und des Lead-Links in den unteren Kreis. Der wesentliche Kommunikationsweg ist allerdings die konsentorientierte Abstimmung in Meetings. Nur durch diese Abstimmungen gelten Entscheidungen, die mehrere Rollen betreffen, in der Holacracy als formal legitim.

Die letzte Kategorie der Entscheidungsprämissen ist das Personal. Durch Einsatz von Personen an bestimmten Stellen werden Entscheidungen vorbestimmt, denn jede Person entscheidet ein bisschen anders. In einer klassischen Organisation werden besonders hochrangige Positionen mit Bedacht ausgewählt, weil dort unbestimmtere Verhaltensstandards gelten und mehr Entscheidungsbefugnisse (und Verantwortlichkeiten) konzentriert sind. Das Personal wird besonders im Falle autonomer Entscheidungen innerhalb von Rollen wesentlich, weil ihre Mitglieder stärker nach eigenem Ermessen entscheiden. Im Folgenden werde ich auf die Entscheidungsprämissen näher eingehen, um zu zeigen, inwiefern sich das Entscheidungssystem der Holacracy von einem klassischen unterscheidet und wie es Verantwortung und Verantwortlichkeit beeinflusst.

Kommunikationswege

Durch Meetings und Kreisstruktur ergibt sich in der Holacracy eine Dezentralisierung und stärkere Selbstorganisation. In Meetings werden Entscheidungen durch Gruppen getroffen, sodass sich Verantwortung und Verantwortlichkeit auf die Gruppenmitglieder verteilen. Verantwortlichkeit kann aber nicht einer Gruppe zugerechnet werden, sie muss immer auf einzelne Personen zugeschnitten sein (Luhmann 2000, S. 197). Sonst könnten sich die Mitglieder der Gruppe hinterher gegenseitig die Schuld zuschieben, ohne den Fehler aufzuarbeiten. In dem Fall käme es also zu einer Diffusion. Auf der Ebene von Verantwortung bedeutet das, dass die Übernahme von Verantwortung durch einzelne Personen (z. B. in Form von Initiativen in Meetings) dadurch erschwert wird, dass das auch andere machen könnten. Darley und Latane (1968) haben das am Beispiel eines plötzlichen Krankheitsfalles gezeigt: Je mehr Personen potenziell helfen bzw. zuständig sein könnten, desto geringer ist die Bereitschaft von Einzelnen, Initiative zu zeigen und die Verantwortung zu übernehmen. Denn die Schuld ist durch das Heraustreten aus der Gruppe bei einer Initiative klar zurechenbar (Kette 2021, S. 135).

Auf der anderen Seite können Gruppenentscheidungen in besonderem Maße dazu beitragen, Unsicherheit zu reduzieren. Luhmann erklärt dazu, dass das Einbeziehen anderer Mitglieder Personen in Entscheidungen entlasten kann (Luhmann 2000, S. 226). Auch das soziale Risiko hinterher zum Sündenbock erklärt zu werden, ist durch die Verteilung der Verantwortlichkeit geringer (vgl. Hiller 1993, S. 99). Denn, während die Funktion der Verantwortung die Absorption von Unsicherheit ist, liegt die Funktion der Verantwortlichkeit in der Übernahme von Risiken (ebd., S. 102). Deshalb herrscht die Annahme, dass Gruppen risikoreichere Entscheidungen treffen als Einzelpersonen (Preisendörfer 1985, S. 75).

Es zeigt sich also, dass die holakratische Formalisierung sowohl eine Tendenz der Zurückhaltung als auch eine Tendenz zu risikoreichem Entscheiden ermöglicht. Luhmann merkt allerdings auch an, dass durch Gruppenentscheidungen die „[…] Außenlenkbarkeit des Systems […] herabgesetzt [wird]" (Luhmann 1964, S. 186). Damit meint er, dass es nicht eine Person geben kann, die zu einem Zeitpunkt alle Zügel in die Hand nehmen, alle Entscheidungsgewalt an sich reißen kann. Diese Möglichkeit wird durch die formale Abschwächung der Hierarchie erschwert. Gerade durch hierarchische Anweisung ist es allerdings möglich, unter hohem Zeitdruck Entscheidungen zu treffen (Kühl 2015a, S. 128). In solchen kritischen Situationen werden klare formale Abläufe und Programme umso wichtiger (vgl. March und Simon 1976, S. 157).

Entscheidungsprogramme

Wie bereits erläutert, unterscheidet Luhmann in Bezug auf die Entscheidungsprogramme zwischen Zweck- und Konditionalprogrammen. Die Art des Programms ist laut Petra Hiller besonders entscheidend für die Verantwortung von Personen (Hiller 1993, S. 100). Während bei einer Konditionalprogrammierung durch „Wenn/Dann- Regeln" klarer formal definiert ist, was zu tun ist, ist der Ermessensspielraum bei zweckprogrammierten Entscheidungen höher. Zweckprogrammierung ermöglicht also eine stärkere Eigenverantwortung. Genauso verhält es sich mit der Verantwortlichkeit. Durch Konditionalprogrammierung wird genau festgelegt, welche Zuständigkeiten eine Stelle hat. Dadurch kommt die Arbeitsteilung zustande. Auf diese Weise verlagert sich das Risiko einer Entscheidung bei konditionaler Programmierung auf die Person, die sich für dieses Programm entschieden hat (ebd., S. 100 f.). In der Holacracy ist das aber nicht eine einzelne Person, sondern immer eine Gruppe.

Konditionale Programmierung der Arbeitsteilung ist in der Holacracy durch die Schaffung von Rollen detaillierter. Rollen entsprechen nicht der klassischen Stelle. Stattdessen wird für jede Aufgabe eine Rolle geschaffen, sodass eine Person viele verschiedene Rollen ausüben kann. Hierbei kann Verantwortlichkeit vermieden werden, indem Entscheidungen in kleine Schritte aufgeteilt und von möglichst vielen Stellen bearbeitet werden (Brunsson 2007, S. 69 ff.). So wird nicht eine Entscheidung von einer höheren Ebene getroffen, sondern viele kleine Einzelentscheidungen, die alle in dieselbe Richtung laufen. Luhmann stellt fest: „An den Klippen der Arbeitsteilung zerschellen die klassischen Prinzipien der Verantwortlichkeit" (Luhmann 1964, S. 185). Diese Ent-kopplung von Rolle und Person erschwert die klare Zurechnung einer Entscheidung zu einer Person, die normalerweise durch Konditionalprogrammierung zustande kommt. Denn bis auf wenige Ausnahmen kann eine Person nicht nur mehrere Rollen ausüben – es können auch mehrere Personen die gleiche Rolle ausüben (Lead Link, Rep Link, Secretary und Facilitator desselben Kreises bzw. Meetings).

Kreise und Rollen sind dagegen für sich zweckprogrammiert. Das bedeutet vor allem für Rolleninhaber, dass die Folgenverantwortung sie stärker belastet (Hiller 1993, S. 101). Die starke Arbeitsteilung wird von Robertson damit begründet, dass Auf-gaben auf diese Weise besser an Personen vergeben werden können, die auch die ent-sprechende Expertise haben (Robertson 2015, S. 13). Besonders an diesen Stellen wird am stärksten die Ungewissheit in der Organisation absorbiert (March und Simon 1976, S. 175). Dadurch werden Entscheidungen dezentralisiert, wodurch Probleme direkt ohne vorherige Absprache mit einer Führungskraft dort behandelt werden können, wo sie auftreten (Mintzberg 1979, S. 183). So wird dem Einzelnen eine gewisse Autonomie zugestanden und ein großer Ermessensspielraum bereitgestellt.

Personal
Während manche Personen Verantwortung eher negativ und somit als eine Belastung empfinden, sehen andere in ihr eher positive Aspekte, und nehmen sie als Heraus-forderung wahr (Blau 1998, S. 217). Das Konzept der Holacracy ist darauf ausgelegt, Personen einen möglichst großen Ermessensspielraum zur Verfügung zu stellen, um die Eigenverantwortung der Mitarbeitenden zu stärken. Durch Zweckprogrammierung der Rollen wird diese Freiheit erreicht. Die Diffusion von Verantwortlichkeit durch starke Arbeitsteilung und Gruppenentscheidungen senkt das soziale Risiko bei einer Entscheidung. Allerdings steigt die Belastung für einzelne Mitarbeitende dadurch, dass sie bei ihren zweckprogrammierten Entscheidungen höheren Rationalitäts-anforderungen gerecht werden müssen (Hiller 1993, S. 101). Das heißt, dass Mitglieder in stärkerem Maße über ihre Entscheidungen nachdenken müssen, weil die Folgen für die Organisation bei Einzelentscheidungen größer sein können als in einer klassischen Organisation. Das Personal kann aber auch durch andere Entscheidungsprämissen ent-lastet werden (Luhmann 2000, S. 226).

Die Entlastung kann durch Programmierung der formalen Struktur nicht stattfinden, ohne dass Mitglieder ihre Autonomie verlieren. Auch formale Kommunikationswege können dazu nicht beitragen, denn hierarchische Weisungsbefugnisse gibt es nicht mehr. Personen können sich also nicht bei einer Führungskraft absichern. Allerdings werden Mitglieder höherer Hierarchieebenen von ihrer ehemaligen Verantwortung für ihr Personal entlastet. Für jedes Mitglied ist es möglich, Probleme in Meetings vorzubringen. Über eine Tension (Spannung) sollen Mitglieder in Meetings Probleme ansprechen, die sie mit dem Arbeitsablauf oder der Organisation haben. Diese Tension vorzubringen, liegt allerdings in der Verantwortung der Mitglieder und kann so ebenfalls nicht zur Entlastung beitragen. In der Organisationsforschung ist bekannt, dass es einen Ausgleich zwischen der Belastung und Motivation von Mitgliedern geben muss (Barnard 1938, S. 87 f.). Wenn das Risiko einer Entscheidung zu groß wird, kann es sein, dass die Motivation eines Mitglieds nicht mehr ausreicht. Deshalb können Mitglieder dazu neigen, Entscheidungen zu vermeiden (Hiller 1993, S. 103) oder Probleme umzuformulieren, sodass andere Stellen als zuständig erscheinen (Kühl 2015a, S. 130).

5.3   Verantwortung und Verantwortlichkeit bei SoftLink

Die Organisationsstruktur der Holacracy verändert die Möglichkeiten der Übernahme von Verantwortung und der Wahrnehmung von verantwortlichen Personen. Im Folgenden werden nun anhand von Interviews die theoretischen Beschreibungen konkretisiert. Zunächst beschreibe ich die Veränderung von Verantwortung und Verantwortlichkeit als Diffusion. Danach zeige ich, dass die Entlastungsfunktion der Aufspaltung von Verantwortung und Verantwortlichkeit auf verschiedene Personen wegfällt und somit zusätzliche Unsicherheiten bei autonomen Entscheidungen einzelner Mitglieder entstehen können. Weiter erläutere ich, inwiefern das „Durchgreifen" in Meetings durch Aushandlungsprozesse erschwert wird. Zuletzt zeigen noch einige Interviewstellen die erschwerte Legitimation von Entscheidungen, die von einzelnen Personen getroffen werden, aber mehrere Mitglieder betreffen.

Diffusion und Spezifikation
Bei einer Verantwortungsdiffusion können sich einzelne Personen Entscheidungen entziehen, weil mehrere potenziell zuständig sein können (Kühl 2015a, S. 129). Verantwortlichkeit diffundiert dann, wenn eine Entscheidung nicht mehr klar einer Person zuzuordnen ist, z. B. weil sie von mehreren Personen gemeinsam getroffen wurde (Luhmann 2000, S. 197). Das Gegenteil einer Diffusion ist die Spezifikation, wenn also genau festgelegt ist, ob eine Person zuständig für eine Aufgabe oder schuld an einer Fehlentscheidung ist. Wie bereits weiter oben im Text aufgezeigt wurde, lässt sich anhand der Struktur beobachten, inwiefern die Verantwortlichkeit diffundiert. Diese These wird auch durch verschiedene Aussagen von Mitarbeitenden im untersuchten Unternehmen bestätigt.

   In holakratisch strukturierten Organisationen und auch im untersuchten Unternehmen teilt sich die Stelle noch ein weiteres Mal in verschiedene Rollen, die ein Mitglied ausübt. Ein Beispiel dafür ist die Rolle der Führungsperson. In einer klassischen Organisation finden sich verschiedene Kompetenzen und Befugnisse, die eine Führungskraft gegenüber den Untergebenen hat. Er oder sie ist verantwortlich für eine Abteilung, eine Arbeitsgruppe oder ein Team. Die klassischen Befugnisse der Führungskraft sind dabei die Entlassung und Einstellung von Mitgliedern, die Koordination und Vergabe von Aufgaben und Hilfestellung bei diesen.

In der untersuchten Organisation werden diese Führungskompetenzen auf verschiedene Rollen verteilt. Es gibt Expert:innen für unterschiedliche Arbeitsbereiche, Rollen, die Entlassungen vornehmen dürfen, Rollen, die rechtlich relevante Dokumente unterschreiben usw. In der Lead-Link-Rolle verbleibt lediglich die Befugnis der Vergabe oder des Entzugs einer Rolle und die Vermittlung von Informationen aus dem oberen Kreis, die für die Mitglieder wichtig sind. Ein Mitglied, das vor Holacracy eine solche Führungsperson war, erklärt, dass man nicht mehr den „Anspruch" habe, dass diese Leistung von „ein und derselben Person" kommen muss. Es seien dann zwar „verschiedene Personen", diese seien aber „genau auf das Thema spezialisiert" (Interview 3a, #00:49:56).

Den Vorteil sieht die ehemalige Führungsperson in der höheren Expertise, die jedes einzelne Mitglied in Bezug auf seine spezifische Aufgabe hat. Mitarbeiter:innen könnten so mehr Energie in eine Teilaufgabe stecken, für die sie qualifiziert sind. Allerdings gibt es durch die stärkere Verteilung der Aufgaben mehr Möglichkeiten des Entzugs einzelner Personen. Es müssen Gespräche zwischen den Rollenträger:innen stattfinden, in denen sie die genaue Vorgehensweise und die Aufteilung der Arbeit koordinieren. Auch der Entlassungsprozess ist das Ergebnis einer Beratung von verschiedenen Rollen, wie ein anderes Mitglied der Organisation berichtet. Es gibt „zwei Rollen", die sich darum kümmern. Einmal sei der „Personaler" zuständig, der eine „beratende Funktion habe" sobald ein Entlassungsfall auftrete. Daneben gebe es noch den „Entscheider über die Entlassung". Diese Person sei „jemand neutrales", die sich dann vom Personaler erklären lasse „was Sache ist" und dann „diesen Entscheid fällt" (Interview 2a, #00:57:13).

Dieses Beispiel veranschaulicht sehr gut, inwiefern sich Holacracy zwar an der klassischen Organisation orientiert, aber die Aufteilung von Verantwortung und Verantwortlichkeit nicht in derselben Weise vornimmt. Die Person, die den Entscheid fällt, ist nämlich nicht weisungsbefugt gegenüber dem Mitglied mit HR-Rolle, das lediglich eine beratende Funktion hat. So gibt es zwar theoretisch eine Trennung von Verantwortung und Verantwortlichkeit, praktisch teilt sich aber die Verantwortlichkeit zwischen beiden Rollen auf. Es gibt keine übergeordnete Hierarchiestufe mehr, vor der eine Entscheidungsperson verantwortlich ist.

Durch die starke Differenzierung der Arbeitsteilung entstehen außerdem weitere Effekte, die zu Unklarheiten in den Kompetenzen führen. Da Mitglieder Rollen in mehreren Kreisen haben können, werden die Beziehungen und Befugnisse gegenüber anderen Rollen unklar, wie die nächste Aussage eines Mitglieds zeigt. Es berichtet, dass es „weiter oben" auch eine Rolle haben könne und das der „große Unterschied" zu einem klassischen Organigramm sei. Man sei „irgendwo nur da" und bei Holacracy könne man „da da da irgendwo auch sein". Als Beispiel führt er an, dass er in einem Kreis der „Lead Link" sei. Der Lead Link des übergeordneten Kreises habe aber gleichzeitig eine Rolle in seinem Kreis. In einer Rolle sei die interviewte Person also der anderen übergeordnet, während es in einer anderen Rollenkonstellation umgekehrt sei (Interview 6, #00:45:39).

Ein weiterer Grund dafür, dass Verantwortlichkeit diffundiert, ist, dass sich die Wahrnehmung je nach Organisationsstruktur verändert. Da die personale Hierarchie nicht mehr besteht, werden Entscheidungen als „team- effort" verstanden. Wenn es mal ein „blaming" gebe, werde das nicht „auf Personen zurückgeführt" (ebd., 2019, #00:13:38). Auf die konkrete Frage hin, ob das Mitglied eine solche Diffusion beobachte, antwortet es, dass es davon abhängig sei „welche Rolle in welchem Circle" man habe. Seiner Ansicht nach könne man eine Rolle „mehrfach besetzen", wodurch „implizit" eine „Diffusion" entstehen würde (ebd., #00:41:27).

Die Ausschnitte aus dem Interviewmaterial zeigen, dass in den Gruppenentscheidungen eine Diffusion von Verantwortlichkeit stattfindet und auch die Mehrfachbesetzung von Rollen zu Unklarheiten in Bezug auf die Zuständigkeiten führen kann. Die Entscheidungen werden selten von den anderen Mitgliedern sanktioniert. Durch die Selbstorganisation gibt es ein Wohlwollen gegenüber den eigenverantwortlichen Entscheidungen. Durch die neue Organisationsstruktur scheint es auch eine andere Wahrnehmung der organisationsinternen Prozesse zu geben.

Belastung und Entlastung

Wie bereits angeführt, ist eine Funktion der Verantwortung die Bewusstseinsentlastung der Empfänger:innen einer Information. Diese müssen sich keine Gedanken mehr über mögliche Alternativen oder Probleme der Information machen und werden dadurch entlastet. Informationen können also dann als Belastung empfunden werden, wenn sie zu mehr Unsicherheit führen. Um Informationen verarbeiten und einordnen zu können, braucht ein Mitglied entsprechende Relevanzstrukturen, also ein Vorwissen, das die Informationen nutzbar macht (Wehrsing und Tacke 1992, S. 226). Fehlen diese Relevanzstrukturen, können Informationen Mitglieder verwirren und überfordern. Gleichzeitig wird die Aussicht auf Erfolg psychisch geringer bewertet als die Angst vor einem Versagen, was zu einem risikoscheuen Verhalten führt (Kahneman et. al. 1991, S. 196 f.). Mitglieder, die viel Erfahrung haben und eine lange Zeit ihre Stelle bekleiden, können besser mit einem großen Ermessensspielraum umgehen (Finkelstein und Hambrick 1990, S. 15). Aus diesem Grund sichern sich Personen vor Entscheidungen lieber bei einer Führungsperson ab, um keine gravierenden Fehler zu machen.

Durch die verstärkte Selbstorganisation werden Mitgliedern mehr Entscheidungsbefugnisse in die eigenen Hände gelegt. Aus der untersuchten Organisation wird berichtet, dass Holacracy auch eingeführt wurde, damit es keine Führungspersonen mehr gibt, die Mitarbeitende in jede Entscheidung einbeziehen müssen. Jedoch lässt sich beobachten, dass Mitgliedern Entscheidungen leichter fallen, wenn sie vorher von Vorgesetzten abgesegnet worden sind. Diese übernehmen die Verantwortlichkeit und sorgen damit dafür, dass sich Mitglieder nicht mehr so viele Sorgen um ihre Entscheidungen machen. Ein Mitglied der Organisation erzählt, dass es „vielleicht am besten entscheiden" kann und deshalb auch die „Kompetenz" haben sollte, das zu machen. Die Person empfinde es aber als „schwierig", dass es keine Person gebe, die entscheide „dass du diese Entscheidung richtig getroffen hast" (Interview 6, #00:40:27).

Durch die Aufspaltung von Verantwortung und Verantwortlichkeit werden die Unsicher-heiten nicht an die entscheidende Instanz weitergegeben. Es fällt der Führungsperson manchmal gerade deshalb leicht, Entscheidungen zu treffen, weil sie die Informationen, die sie eigentlich zum Zweifeln bringen würden, gar nicht kennt. Zudem kann ein Mitglied, das die entsprechenden Informationen der anderen Abteilungen und den entsprechenden Überblick nicht hat, Unsicherheiten in Bezug auf die anstehende Ent-scheidung entwickeln, wie das Beispiel einer Budgetentscheidung für die Renovierung eines Standortes der untersuchten Organisation zeigt.

Ein Mitglied sollte hierfür die entsprechenden Informationen einholen, die Firmen beauftragen und dann die Entscheidung treffen, ob die Organisation eine hohe Geld-summe für diese Arbeiten zahlen soll. Hierbei merkt eine interviewte Person an, dass es „ziemlich krass" für jemanden sei, der vorher „noch nie" eine Entscheidung „in diesem Ausmaß" getroffen habe. Die Person hatte über einen beträchtlichen Geldbetrag zu ent-scheiden und sei „von Pontius zu Pilatus" gegangen und habe sogar bei den „Feindes-leuten" nachgefragt, weil sie sich nicht sicher bei ihrer Entscheidung war. Irgendwann haben dann alle, die „Ahnung" hatten, „grünes Licht" gegeben, die Firma konnte sich das „offensichtlich leisten". Trotzdem sei es für diese Person „sehr hart" gewesen, die Entscheidung zu treffen (Interview 3a, #00:39:29).

Um die Unsicherheit zu reduzieren, die in einer klassischen Organisation durch die personale Trennung von Verantwortung und Verantwortlichkeit absorbiert wird, treffen Mitglieder Absprachen mit anderen Personen und versuchen sich dadurch der Richtig-keit ihrer Entscheidung zu vergewissern (vgl. Blau 1980, S. 108). Dieser Vorgang ist jedoch wesentlich komplizierter als die bloße Unterzeichnung durch einen Vorgesetzten, weil das Mitglied gleichzeitig die Folgen seiner Entscheidung tragen muss. Die Person aus dem Beispiel versucht sich gerade deshalb bei vielen Expert:innen und erfahrenen Mitglieder abzusichern, weil sie die Unklarheiten und Fehler ihrer eigenen Entscheidung genau kennen.

Die Bewusstseinsentlastung funktioniert in einer klassischen Organisation in zweifacher Hinsicht: Einerseits wird die Führungsetage entlastet, weil sie mit den Informationen nicht gut vertraut sein muss, andererseits die Untergebenen, weil diese Absprachen ihnen Sicherheit geben. In der personenunabhängigen Hierarchie muss diese Absicherung durch Absprachen mit anderen Mitgliedern ersetzt werden. Das beansprucht allerdings mehr Zeit und kognitiven Aufwand. Mitglieder zeigen gleich-zeitig eine Zurückhaltung bei Entscheidungen und verzögern diese, wie ein Mitglied weiter berichtet. In den ersten sechs Monaten habe man ein „Entscheidungsvakuum gespürt", wobei mehr „Verantwortung" und „Entscheidungen" notwendig gewesen wären. Diese Entscheidungen wurden aber „nicht gefällt", weil niemand „sich getraut" habe, voranzugehen und „die Verantwortung zu tragen" (Interview 3a, #00:36:57).

Aushandlungsprozesse in Meetings
Die klar festgelegten Prozesse und Zuständigkeiten zeigen die starke Formalisierung in der Holacracy. In Meetings gibt es klare Programme, die befolgt werden müssen,

sodass die Formalisierung Unsicherheiten reduzieren kann. Auch bei den Rollen ist zunächst klar festgelegt, wer für was zuständig ist. Die Schwierigkeit in der Holacracy besteht darin, dass die Formalstruktur sich stetig ändert und angepasst werden muss. Besonders dann, wenn Probleme in Projekten sichtbar werden, muss geklärt werden, welche Rollen für die Bearbeitung zuständig sind. In klassischen Organisationen ist bei solchen Fehlern automatisch die Geschäftsführung verantwortlich, auch wenn sie an den konkreten Handlungen gar nicht beteiligt war. Dies gleicht einem Ritual, das Aushandlungsprozesse in der Organisation zunächst reduziert (Preisendörfer 1985, S. 63). Beim Übertreten der Autonomie z. B. im Falle der *individual action* (einer Handlung, die zum ersten Mal ausgeführt wird) muss in Holacracy ausgelotet werden, ob dabei die Zuständigkeit einer anderen Rolle berührt wird und, falls das so ist, müssen sich Mitglieder über die Arbeitsteilung einigen. Das kostet Zeit und zusätzlichen Aufwand.

In der untersuchten Organisation steigt die Bürokratisierung, die Arbeitsteilung und der Ablauf von Meetings verläuft nach strikten Vorgaben und wird genau dokumentiert. Je nach Bedarf müssen immer wieder neue Rollen für neue Aufgaben verteilt werden. Die Zuständigkeiten werden für alle sichtbar in einer Software dokumentiert. Da immer wieder neue Aufgabenfelder entstehen, müssen sich Rollenträger darüber einigen, wer welche Aufgabe erledigt. Der Bedarf zu einer genauen Dokumentation verstärkt diese Aushandlungen. Wenn Positionsmerkmale nur grob umschrieben sind, wie in einer klassischen Organisation, einigen sich Personen mündlich über die Zuständigkeiten. Dazu merkt auch ein Mitglied der Organisation an, dass dieses „wohlwollende Füreinander" in Holacracy „zunehmend untergeht". Alle müssten „auf einmal diskutieren" obwohl sie das eigentlich „gar nicht wollen", aber „die Definition" des Kreises verlange das von den Mitgliedern ab. Man könne sich vorstellen, wie viele Leute „dann Lust dazu haben". Dies seien nur „wenige" - ein „spezieller Typus" von Personen (Interview 1, #00:56:59).

Auch die Entkopplung von Rolle und Person macht diesen Prozess aufwändiger. Personen können nicht einfach eine Handlung vollziehen, für die sie sich kompetent fühlen, sie müssen gleichzeitig immer die Rolle angeben, in der sie die Handlung vollziehen. Jede Handlung, die nicht explizit in den Zuständigkeiten der entsprechenden Rollen zu finden ist, wird zunächst als „individual action" gekennzeichnet. Wird dieselbe Handlung ein weiteres Mal ausgeführt, muss in einem Meeting eine neue Rolle geschaffen oder eine alte modifiziert werden. Dieser Prozess erschwert Anpassungen, die nicht durch die Befugnisse der Rollenautonomie abgedeckt sind und erhöht die Informationslast, mit denen sich die Mitglieder auseinandersetzen müssen. Ein Mitglied erklärt, dass es eine „Tendenz" gebe, dass Leute immer wieder „ewig lange Texte" schreiben. Die Person erklärt, sie sei „kein großer Freund" von der Software, in der die Organisationsabläufe geregelt werden. Es gebe zudem „unendliche Listen" von Regeln und Zuständigkeiten. Am Anfang hätte es häufig die Frage „wer macht was?" gegeben, worauf die Interviewperson geantwortet habe, dass sie es einfach als sie selbst und nicht in einer Rolle mache (Interview 4a, #00:10:48).

Eine detaillierte Festlegung von Zuständigkeiten hat Vorteile, solange sich an der Formalstruktur nichts ändert und sich keine größeren Probleme auftun. Jedes Mitglied weiß genau, was zu tun ist und kann sich auf seine Kernbereiche konzentrieren. Kommt es jedoch zu Problemen in einem Projekt, das größeren Änderungsbedarf an den formalen Vorgaben erfordert, müssen verschiedene Prozesse in Gang gesetzt werden. Hierbei entstehen neuen Schnittmengen von Aufgabenbereichen und Lücken in der Formalisierung, die Verantwortungsbereiche müssen neu ausgehandelt und festgelegt werden, Mitglieder müssen sich neu orientieren. Deshalb kann ein hoher Arbeitsaufwand durch Aushandlungsprozesse entstehen.

Legitimation von Entscheidungen

In klassischen Organisationen werden Statusunterschiede häufig damit legitimiert, dass manche Mitglieder mehr Verantwortlichkeit übernehmen müssen als andere (Preisendörfer 1985: 92). Vor allem die Gründer und Anteilseigner des Unternehmens sind durch die Investition von Kapital einem höheren Risiko ausgesetzt, falls etwas in der Organisation schiefläuft, sodass ihnen im Gegenzug mehr Entscheidungsbefugnisse und Gewinne aus dem Unternehmen zugestanden werden (Blau 1998, S. 214 ff.). Um Verantwortlichkeit übernehmen zu können, benötigen Mitglieder eine Legitimation z. B. durch ihre Zuständigkeiten oder durch ihre hierarchische Position. Vor allem bei kontroversen Themen ist diese Legitimation von Entscheidungen wichtig, damit sie von allen Mitgliedern akzeptiert werden. In einer klassischen Hierarchie schützen Vorgesetzte ihre Untergebenen vor Kritik aus der Umwelt, indem sie sich als verantwortlich darstellen. Besonders für langfristige Entscheidungen, die nur schwer rückgängig zu machen sind, ist diese Legitimation wichtig (Brunsson 2007, S. 24). Die Vorstellung von Expertenentscheidungen legitimiert Entscheidungen in der Holacracy. Sind allerdings mehrere Arbeitsbereiche und Zuständigkeiten durch eine Entscheidung betroffen, kann die Expertise nicht mehr zur Legitimation dienen, sodass die Entscheidung in einem Meeting getroffen werden muss.

Diese Kontroversen lassen sich in der untersuchten Organisation vor allem in Bezug auf das Lohnsystem feststellen. Eine Besonderheit dieser Organisation ist, dass alle Gehälter der Mitglieder transparent in einer Software abgebildet und von jeder Person abrufbar sind. Die sechs Hauptanteilseigner befinden sich allerdings nicht im Lohnsystem. Das führt bei einigen Mitgliedern zu Unmut, weil dieser Lohnunterschied sich nicht durch eine höhere Leistung legitimieren lässt. Die Hauptanteilseigner:innen haben die Firma gegründet und versuchen ihr höheres Gehalt durch ihre stärkere Verantwortlichkeit zu legitimieren, wie die Aussage eines Mitglieds zeigt. Es berichtet, dass die Gründer:innen versucht haben, ihr höheres Gehalt „durch ein Bild" zu rechtfertigen. Sie erzählten, das sei so, als ob einige ein „Haus gebaut" haben und dafür „Geld aufgeworfen" und „Mut" aufgebracht haben. Und jetzt sei das Haus von „ganz vielen Leuten" bewohnt, sodass alle, die in diesem Haus „arbeiten", sich den „Ertrag" teilen würden. Allerdings würden die „Hauseigentümer" von den anderen noch ein bisschen „was zurück" bekommen (Interview 1, #00:32:33).

Wird Verantwortlichkeit als ein diffuses Risiko verstanden, eine Unsicherheit, die nicht klar bestimmbar ist, wird es schwierig, sie in formalen Dokumentationen abzu bilden. Gerade das Transparenzgebot der Organisation führt zu der Vorstellung, dass alle Informationen offenliegen müssen. Allerdings gibt es mit Verantwortung und Verantwortlichkeit gerade Mechanismen, die es ermöglichen, Entscheidungen trotz lückenhafter Informationen zu treffen. Können durch Verantwortung und Verantwortlichkeit diese Informationslücken nicht mehr überbrückt werden, steigt auch die Informationslast im System. Mitglieder müssen genauere Dokumentationen anfertigen und ihre Entscheidungen genau mit Daten belegen, damit sie als legitim gelten können (vgl. Kette 2018, S. 6). Auch mit der Entscheidung, die Gründer nicht transparent im Lohnsystem zu erfassen, handelt sich die Organisation Legitimationsprobleme bei ihren Mitgliedern ein. Sie kann nicht durch Verantwortlichkeit legitimiert werden, weil es sich dabei gerade um einen Prozess handelt, der fehlende Informationen voraussetzt.

Eine weitere Schwierigkeit besteht darin, Entscheidungen von einzelnen bzw. wenigen Mitgliedern zu legitimieren, ohne dass alle betroffen Rollen einbezogen werden. Die Formalstruktur der Holacracy erlaubt Entscheidungen in der Autonomie, die durch die entsprechenden Accountabilities der Rollen gedeckt sind. Sind Rollen von anderen Personen betroffen, müssen diese in die Entscheidung miteinbezogen werden (Robertson 2015, S. 59). Dann findet ein Meeting statt, sodass eine Gruppenentscheidung gefällt werden kann. Ein Beispiel dafür ist eine kurzfristige Umstellung der Prioritäten im untersuchten Unternehmen. Da es ein schwieriges Geschäftsjahr gab, versuchte eine Person aus der ehemaligen Geschäftsführung, verschiedene Änderungen vorzunehmen, die sich auf die gesamte Organisation bezogen.

Weil das jedoch einen Einfluss auf verschiedene Rollen hatte, die sich nicht an der Entscheidung beteiligen konnten, führten diese Entscheidungen zu einigen Diskussionen und die Legitimität sowohl der Person, die die Entscheidung kommunizierte als auch die Legitimität der Entscheidung an sich wurden angezweifelt. Wenn die Zahlen in Schieflage geraten, muss häufig schnell mit weitreichenden Änderungen reagiert werden, die vielleicht sogar großen Dissens unter den Mitarbeitenden hervorrufen. Die erwähnten Probleme werden durch ein Mitglied der ehemaligen Geschäftsführung geschildert, das festlegen wollte, dass sich das Prinzip von „risk over safety" jetzt zu „safety over risk" umkehren müsse. Die Person berichtet, dass sie gemerkt habe, dass sie jetzt „in der Diskussion" sei. Es ginge darum „was jetzt ist mit den principles" und ob es jetzt noch „risk over safety" sei oder „umgekehrt". Es habe eine Situation gegeben, in der sie „aus der people Perspektive" gesagt habe, dass es jetzt umgekehrt sei. Danach haben „hundertachtzig" gesagt, dass das Gegenteil ja an der „Tafel" stehe und dass es die „Werte" des Unternehmens seien. Sie habe dann entgegnet, dass es auch „wirtschaftliche Realitäten" gebe und dass man jetzt andere „Prioritäten setzen" müsse. Das müsse man dann „erklären" und das seien Dinge, die seien „ziemlich high level self organization" (Interview 2a, #00:26:48).

Man merkt an diesem Ausschnitt, dass das Mitglied versucht, durch den Einschub „aus der people Perspektive" zu legitimieren, dass es diese Entscheidung getroffen hat. Allerdings zeigen die beschriebenen Reaktionen aus der Belegschaft, dass sie die Entscheidung aus den genannten Gründen nicht anerkennt. Außerdem hat jede Abteilung eigene Rationalitäten, die die Sicht auf gesamtorganisationale Probleme verzerren können (Cyert und March 1964, S. 117 f.) Schnelle und weitreichende Entscheidungen, die notwendig sind, aber auch starke Kontroversen zwischen den Mitgliedern hervorrufen, lassen sich auch durch die Hierarchie von Kreisen, die nicht mehr an Personen gebunden ist, schwieriger legitimieren. Hält man sich allerdings an die stark formalisierten Verfahren, können die Diskussionen und der lange Entscheidungsprozess die Organisation lähmen, was in kritischen Situationen gefährlich werden kann.

5.4   Zur Diffusion von Verantwortlichkeit in holakratischen Organisationen – Fazit

Die Einführung von Organisationskonzepten, bei denen Hierarchien abgeflacht, Entscheidungen dezentralisiert und Anpassungen selbst organisiert werden, führt zwangsläufig zu einer Veränderung der Möglichkeiten, Verantwortung zu übernehmen und Verantwortlichkeit zuzurechnen. Die bisherige Forschung hat sich mit diesem Untersuchungsgegenstand beschäftigt, ohne jedoch systematisch die Effekte auf das Entscheidungsverhalten zu analysieren. Die empirische Operationalisierung von Luhmanns Konzept steht bislang noch aus. Mit der hier dargestellten theoretischen und empirischen Analyse wurde versucht, diese Lücke zu schließen. Am Beispiel eines holakratisch organisierten Softwareunternehmens habe ich die Diffusion von Verantwortlichkeit dargestellt, die Funktion der Aufteilung von Verantwortung und Verantwortlichkeit als Informationsfilter beschrieben, vermehrte Aushandlungsprozesse in Meetings herausgearbeitet und die Legitimation von Entscheidungen untersucht. Bevor zukünftige Forschungsperspektiven aufgezeigt werden, möchte ich zunächst die Beobachtungen resümieren.

Zunächst habe ich durch die nähere Betrachtung des holakratischen Entscheidungssystems herausgestellt, dass durch die entpersonalisierte Hierarchie, die Entscheidungen durch Gruppen und die Mehrfachbesetzung von Rollen die Zurechnung von Entscheidungen auf einzelne Personen erschwert wird, was die Verantwortlichkeit schwächt. Dadurch können Gruppen risikoreichere Entscheidungen treffen als Einzelpersonen. Das Prinzip „risk over safety" wird also durch Verantwortlichkeitsdiffusion erfüllt. Auf der anderen Seite muss aufgrund von detaillierter Formalisierung auf der Ebene der Arbeitsteilung mehr Zeit in die Aushandlung von Verantwortungsbereichen fließen, sobald Änderungen im formalen Rollensystem vollzogen werden. Gleichzeitig wird durch die Orientierung an Zwecken im Bereich der Rollenautonomie die Verantwortung durch einen großen Ermessensspielraum garantiert. So wird eine stärkere Freiheit bei Entscheidungen einzelner Personen gewährleistet. Außerdem entsteht aufseiten der Personen, die innerhalb der Rollenautonomie eine Entscheidung treffen, eine höhere Informationslast, weil sie nicht mehr durch eine verantwortliche Führungskraft in ihren Entscheidungen abgesichert sind.

Dazu wurde herausgearbeitet, dass die Aufspaltung von Verantwortung und Verantwortlichkeit auf verschiedene Personen als eine Art Informationsfilter verstanden werden kann, durch den es Mitgliedern leichter fällt, Entscheidungen zu treffen, weil sie entweder die Unsicherheiten der Informationen nicht kennen (Personen, die verantwortlich sind) oder nicht für die Entscheidungen einstehen müssen (Personen, die Verantwortung übernehmen). Dadurch kommt es häufiger zu einem Herauszögern von Entscheidungen, weil sich Mitglieder durch Kommunikation stärker absichern wollen oder zusätzliche Diskussionen den Entscheidungsprozess in die Länge ziehen. Zuletzt führt die fehlende Verantwortlichkeit auf der Ebene der Einzelentscheidungen dazu, dass weitreichende Entscheidungen an Legitimität verlieren, die sonst durch das mit der Verantwortlichkeit verbundene Risiko der Personen legitimiert worden sind. Demgegenüber werden Mitglieder allerdings weniger stark sanktioniert und der soziale Druck auf Personen sinkt, weil Verantwortlichkeiten sich stärker auf die Mitglieder verteilen und die Wahrnehmung von Entscheidungen sich durch die egalitäre Organisationsstruktur verändert.

Kurz gesagt lässt sich also an verschiedenen Aspekten der formalen Struktur feststellen, dass die Verantwortlichkeit stärker diffundiert als in einer klassischen Organisation, und die Verantwortung, zumindest in gewissen Rollen, verstärkt wird. Die Holacracy wird also ihrem Anspruch, die Eigenverantwortung der Mitarbeitenden zu erhöhen, gerecht. Die Frage, wie leicht es Mitgliedern fällt, diese Verantwortung zu tragen, ist allerdings abhängig von der vorhandenen Erfahrung bzw. dem Wissen, dem Grad der psychischen Verlustaversion bzw. der Wahrnehmung von Verantwortung als Belastung oder Herausforderung und der Motivation bzw. den Gegenleistungen, die Mitglieder im Gegenzug für ihre Verantwortungsübernahme erhalten. Man kann davon ausgehen, dass diese Motivation, wichtige Entscheidungen für die Organisation zu übernehmen, bei Mitgliedern höher ist, die stärker im Unternehmen involviert sind, z. B. durch finanzielle Beteiligung. In einer Studie über Führungsgruppen hat Kühl (2015a, b, S. 127) herausgearbeitet, dass Gruppenentscheidungen dann sinnvoll sind, wenn genug Zeit und ein geringer Entscheidungsdruck vorhanden sind. Bei langfristigen, kleinschrittigen Anpassungen an die Umwelt (damit sind Organisationen, Personen und Anforderungen außerhalb des Unternehmens gemeint) sind Gruppenentscheidungen also gut geeignet. Entscheidungen, die weitreichende Konsequenzen für das Unternehmen haben, viele Personen betreffen und schnell unter einem großen Druck vollzogen werden müssen, sind durch Gruppenentscheidungen eher schwierig herbeizuführen. Der Entscheidungsprozess wird verlangsamt und erschwert. Dazu bedarf es einer Entscheidung von einer Person, die, legitimiert durch ihre persönliche Verantwortlichkeit, schnell durchgreifen kann. Motivation, Legitimation und Erfahrung spielen hierfür eine wichtige Rolle. Diese Kriterien sind stark personenabhängig und lassen sich nicht durch eine „generalisierten Mitgliedschaftsmotivation" (Luhmann 1964, S. 60) abdecken. Während kleine und langfristige Anpassungen an die Umwelt durch Entscheidungen von Gruppen und Einzelpersonen, also durch die holakratische Formalisierung erleichtert werden, werden schnelle und weitreichende Entscheidungen erschwert. Wie Kühl es in dem Untertitel eines Beitrags ausdrückt, wird „Flexibilität im Kleinen durch Inflexibilität im Großen erkauft" (Kühl 2021).

Insgesamt ermöglicht eine Aufspaltung des Verantwortungsbegriffs eine detaillierte Analyse von Entscheidungsprozessen sowohl aus subjektiver (Verantwortung) als auch objektiver (Verantwortlichkeit) Sicht, wodurch man Probleme der Informationsbeschaffung für Entscheidungen von Problemen der Legitimation von Entscheidungen trennen kann. Für diese Probleme benötigen holakratische Organisationen neue Lösungen. Motivation, Kommunikation und Verschiebung von Entscheidungen wurden als Lösungsmöglichkeiten angedeutet. Zukünftige Forschung kann hier ansetzen, indem sie neue Mechanismen der Unsicherheitsabsorption in postbürokratischen Organisationen ermittelt. Außerdem wurde im Rahmen dieses Beitrags der Fokus auf die formale Struktur der Organisation gelegt. Inwiefern Kommunikations- und Entscheidungs- prozesse ins Informale abrutschen, ist eine ungeklärte Frage, die besonders Kritiker neuer Managementmethoden thematisieren (siehe dazu den Beitrag von Stefan Kühl in diesem Band). Die Untersuchung dieser informalen Strukturen ist eine Möglichkeit, diesen Dis- kurs zu erhellen und die Funktionsfähigkeit solcher Modelle zu überprüfen. Ein Teil dieser Überlegungen hat bereits Anschluss an die Risikosoziologie gefunden, in der sich mit den Folgen von Entscheidungen und dem Umgang damit beschäftigt wird. Hierbei könnte eine genaue Analyse der Risikofaktoren Aufschluss über weitere Aspekte ermög- lichen, die sich auf Verantwortung und Verantwortlichkeit auswirken.

Methodisch steht die Forschung zu Verantwortung allerdings vor besonderen Heraus- forderungen. Während es sich bei Verantwortlichkeit um eine Formalität handelt, die sich als Zurechenbarkeit leicht feststellen lässt, ist die Verantwortung eine Qualität, die sich empirisch schwer messen lässt. Verantwortung existiert bei jeder Entscheidung. Wie groß dabei der konkrete Ermessensspielraum ist, lässt sich allerdings nicht so ein- fach feststellen. Allein die Zeit zu messen, in denen Mitglieder frei entscheiden können, wie Elliott Jaques es getan hat, wird dabei nicht ausreichen. Die Qualität und die Folgen sollten ebenfalls eine Rolle spielen. Dabei könnte es hilfreich sein, zwischen Aufgaben- und Personalverantwortung zu unterscheiden (wie z. B. bei Preisendörfer 1985, S. 96). Hierbei bietet sich sowohl eine Untersuchung von „Beratern" an, die Mitglieder in ihren Entscheidungen unterstützen als auch von „Sündenböcken", die für Fehler verantwort- lich gemacht werden. Die Aufgaben könnten dabei anhand der Schwere ihrer Folgen für die Organisation kategorisiert werden, um den Begriff der Verantwortung greifbarer zu machen. Diese Vorgehensweisen eröffnen die Möglichkeit einer detaillierteren Unter- suchung organisationaler Entscheidungsprozesse sowie von Risikowahrnehmung und -verarbeitung in betrieblichen Kontexten.

Literatur

Altherr, Marcel. 2019. Die Organisation der Selbstorganisation. In *Experten führen*, hrsg. Peter Kels und Stephanie Kaudela-Baum. Wiesbaden: Springer Gabler: 411–426.

Baecker, Dirk. 2021. Agilität an Schnittstellen. In *Parallele Welten der Digitalisierung im Betrieb*, hrsg. Dirk Baecker und Uwe Elsholz, 161–191. Wiesbaden: Springer VS.

Barnard, Chester, I. 1938. *The Functions of the Executive*. Cambridge, Mass: Harvard University Press.

Bienfait, Agathe. 2008. Verantwortliches Handeln als soziologischer Grundbegriff. *Österreichische Zeitschrift für Soziologie* 33: 3–19.

Blau, Peter M. 1998. *Exchange and Power in Social Life*. New Brunswick: Transaction Publ.

Blau, Peter M. 1980. Konsultation unter Kollegen. In *Elementare Soziologie*, hrsg. Wolfgang Conrad und Wolfgang Streeck, 102–116. Wiesbaden: Springer VS.

Borsch, Helmut, & Borsch, Dietmar. 2019. *Demokratisierung in der Organisation: Das Verantwortungsprinzip und das Grundrecht der freien Entfaltung der Persönlichkeit*. Stuttgart: Schäffer-Poeschel Verlag.

Brunsson, Nils. 2007. *The Consequences of Decision-Making*. Oxford: Oxford University Press.

Brunsson, Nils. 2005. Reform als Routine. In *Reform und Innovation in einer unstabilen Gesellschaft*, hrsg. Giancarlo Corsi und Elena Esposito, 9–25. Stuttgart: Lucius & Lucius.

Cyert, Richard M., & March, James, G. 1964. *A Behavioral Theory of the Firm*. Englewood Cliffs, NJ: Prentice-Hall.

Darley, John. M., & Latane, Bibb. 1968. Bystander Intervention in Emergencies: Diffusion of Responsibility. *Journal of Personality and Social Psychology* 8: 377–383.

Doppler, Klaus & Lauterburg, Christoph. 2005. *Change Management. Den Unternehmenswandel gestalten*. Frankfurt am Main, New York: Campus.

Feldman, Martha, S. & Pentland, Brian, T. 2003. Reconceptualizing Organizational Routines as a Source of Flexibility and Change. *Administrative Science Quaterly* 48: 94–118.

Finkelstein, Sydney & Hambrick, Donald, C. 1990. Top-Management-Team Tenure and Organizational Outcomes: The Moderating Role of Managerial Discretion. *Administrative Science Quaterly* 35: 484–503

Friedman, Andy. 1977. Responsible Autonomy Versus Direct Control Over the Labour Process. *Capital & Class* 1: 43–57

Garriga, Elisabet & Melé, Doménec. 2004. Corporate Social Responsibility Theories: Mapping the Territory. *Journal of Business Ethics* 53: 51–71.

Hiller, Petra. 1993. *Der Zeitkonflikt in der Risikogesellschaft: Risiko und Zeitorientierung in rechtsförmigen Verwaltungsentscheidungen*. Berlin: Duncker & Humblot.

Heckscher, C. 1994. Defining the Post-Bureaucratic Type. In *The Post-Bureaucratic Organization: New Perspectives on Organizational Change*, Thousand Oaks, CA.: Sage Publications.

Jaques, Elliott. 1961. *Equitable Payment: A General Theory of Work, Differential Payment, and Individual Progress*. London: Heinemann.

Kahneman, Daniel. et al. 1991. Anomalies: the Endowment Effect, Loss Aversion, and Status Quo Bias. *Journal of Economic Perspectives* 5: 193–206.

Kette, Sven. 2018. Unsichere Verantwortungszurechnungen. Dynamiken organisationalen Compliance Managements. *GesundheitsRecht* 17: 3–6.

Kette, Sven. 2021. Das Problem der Initiative. Funktionen und Folgen eines postbürokratischen Imperativs. In *Postbürokratisches Organisieren*, hrsg. Judith Muster, Finn Rasmus Bull und Jens Kapitzky, 125–142. München, Verlag Franz Vahlen.

Kieser, Alfred. 1997. Rhethoric and Myth in Management Fashion. *Organization* 4: 49–74.

Kühl, Stefan. 2015a. *Sisyphos im Management: Die vergebliche Suche nach der optimalen Organisationsstruktur*. Frankfurt a. M., New York: Campus.

Kühl, Stefan. 2015b. *Das Regenmacher Phänomen: Widersprüche im Konzept der lernenden Organisation*. Frankfurt am Main, New York: Campus.

Kühl, Stefan. 2021. Starrheit der holakratischen Organisationsprinzipien. Zugriff am 12. Dezember 2021. https://sozialtheoristen.de/2021/04/06/starrheit-der-holakratischen-organisationsprinzipien/

Laloux, Frédéric. 2015. *Reinventing Organizations: Ein Leitfaden zur Gestaltung sinnstiftender Formen der Zusammenarbeit*. München: Verlag Franz Vahlen.

Luhmann, Niklas. 1964. *Funktionen und Folgen formaler Organisation*. Berlin: Duncker & Humblot.

Luhmann, Niklas. 2000. *Organisation und Entscheidung*. Opladen: WDV.

Luhmann, Niklas. 2018. Verantwortung und Verantwortlichkeit. In *Schriften zur Organisation 1: Die Wirklichkeit der Organisation*, hrsg. Ernst Lukas und Veronika Tacke, 47–58. Wiesbaden: Springer VS.

Lukas, Ernst. 2021. Agile Softwareentwicklung. In *Postbürokratisches Organisieren*, hrsg. Judith Muster, Finn Rasmus Bull und Jens Kapitzky, 102–124. München: Verlag Franz Vahlen.

Maravelias, Christian. 2003. Post-Bureaucracy – Control Through Professional Freedom. *Journal of Organizational Change Management* 16: 547–566.

March, James G., und Herbert Alexander Simon. 1976. *Organisation und Individuum: Menschliches Verhalten in Organisationen*. Wiesbaden: Springer Gabler.

Mintzberg, Henry. 1979. *The Structuring of Organizations: A Synthesis of the Research*. Upper Saddle River, NJ: Prentice-Hall.

Moldaschl, Manfred. 2015. Herrschaft durch Autonomie. Dezentralisierung und widersprüchliche Arbeitsanforderungen. In *Entwicklungsperspektiven von Arbeit*, hrsg. Burkart Lutz, 132–164. München: Akademie Verlag.

Neumer, Judith. 2020. Selbstorganisation gestern und heute – ein qualitativer Umbruch im Umgang mit Unsicherheit? In *Agilität?*, hrsg. Stefanie Porschen-Hueck, Marc Jungtäubl und Margit Weihrich, 23–46. Augsburg, München: Rainer Hampp Verlag.

Nicolai, Alexander T., und Fritz B. Simon. 2001. Kritik der Mode, Managementmoden zu kritisieren. In *Grenzen ökonomischen Denkens*, hrsg. Hans A. Wüthrich, Wolfgang B. Winter und Andreas F. Phillip, 499–524. Wiesbaden: Springer Gabler.

Preisendörfer, Peter. 1985. *Verantwortung im Betrieb: Eine theoretische und empirische Analyse der Verantwortungskonzepte sowie von Problemen der Verantwortung in betrieblichen Kontexten*. Wiesbaden: VS Verlag für Sozialwissenschaften.

Robertson, Brian J. 2015. *Holacracy: Ein revolutionäres Management-System für eine volatile Welt*. München: Verlag Franz Vahlen.

Schütz, Alfred. 2011. Einige Aequivokationen des Verantwortungsbegriffs. In *Relevanz und Handeln II. Gesellschaftliches Wissen und politisches Handeln*. Köln: Halem Verlag: 311–313.

Simmel, Georg. 1983. *Soziologie: Untersuchungen über die Formen der Vergesellschaftung*, Berlin: Duncker & Humblot.

Simon, Herbert A. 1944. Decision-Making and Administrative Organization. *Public Administration Review* 4: 16–30.

Sprenger, Reinhard K. 2015. *Das Prinzip Selbstverantwortung: Wege zur Motivation*. Frankfurt am Main: Campus Verlag.

Staw, Barry, M. 1976. Knee-Deep in the Big Muddy: A Study of Escalating Commitment to a Chosen Course of Action. *Organizational Behavior as Human Performance* 16: 27–44.

Voß, Günter & Pongratz, Hans, J. 1998. Der Arbeitskraftunternehmer: Eine neue Grundform der Ware Arbeitskraft? *Kölner Zeitschrift für Soziologie und Sozialpsychologie* 50: 131–158.

Weber, Max. 2010. *Politik als Beruf*, 11. Aufl. Berlin: Duncker & Humblot.

Wehrsing, C. & Tacke, V. 1992. Funktionen und Folgen informatisierter Organisationen. In *ArBYTE. Modernisierung der Industriesoziologie*, hrsg. Thomas Malsch und Ulrich Mill, 219–239. Berlin: Edition Sigma.

Robin Sturhahn ist Soziologe an der Universität Bielefeld. Derzeit forscht er zu medienvermittelten Interaktionen und virtuellen Teams in Organisationen.
robin.sturhahn@uni-bielefeld.de

Schattenstrukturen. Zur Ausbildung informale Strukturen in holakratischen Unternehmen

6

Stefan Kühl

Als typische Probleme klassischer Organisationen werden von Holakraten unproduktive Machtkämpfe, die alltäglichen Klüngeleien und die vorrangige Informationsweitergabe über Buschfunk angesehen. Neben den formalen bildeten sich in klassischen Organisationen, so deren Beobachtung, immer auch vielfältige informale Strukturen aus, die häufig nicht thematisiert werden könnten (siehe dazu Rüther 2018, 9 f.).[1]

Das Versprechen der Holakraten ist, dass in ihrem Organisationsmodell durch die permanente Optimierung der formalen Erwartungen die formale und die informale Struktur weitgehend deckungsgleich gemacht werden können.[2] Statt eines formalen Organigramms, das lediglich auf dem Papier existierte, und einem informalen Organigramm, das zeigen

---

[1] Hier wählen Holakraten in ihren Einführungsseminaren den klassischen Einstieg bei der Propagierung neuer Managementkonzepte, indem sie Interessierte nach den typischen Problemen in ihren Organisationen fragen, um dann das holakratische Organisationsmodell als Lösung zu präsentieren.

[2] Es handelt sich dabei um eine Beschreibung des Anspruchs von Zappos, einer der holakratischen Vorreiterorganisationen, bei der Einführung der Methode Anfang der 2010er Jahre. Siehe dazu auch Hsieh (2010).

S. Kühl (✉)
Fakultät für Soziologie, Universität Bielefeld, Bielefeld, Deutschland
E-Mail: stefan.kuehl@uni-bielefeld.de

© Der/die Autor(en), exklusiv lizenziert an Springer Fachmedien Wiesbaden GmbH, ein Teil von Springer Nature 2023
S. Kühl und P. Sua-Ngam-Iam (Hrsg.), *Holacracy,*
https://doi.org/10.1007/978-3-658-40111-5_6

würde, wie die Organisation real existiert, gäbe es dann nur noch ein für alle verbindliches formales Organigramm (siehe dazu Groth 2013).[3]

Die Grundidee besteht darin, dass alle zentralen Erwartungen in einer Organisation für alle sichtbar so formalisiert werden sollen, dass sich keine Schattenstrukturen ausbilden können. Ähnlich wie in dem Betriebssystem eines Computers alle Anforderungen in einem Code niedergelegt werden, müssen auch in der Holacracy als Betriebssystem in Organisationen alle zentralen Prozesse und Kompetenzen in der Steuerungssoftware hinterlegt werden.

Wie plausibel ist diese Vision einer weitgehenden Deckungsgleichheit zwischen formalen und informalen Strukturen in einer Organisation?[4]

6.1   Die Ausbildung von Schattenstrukturen in holakratischen Organisationen

Für die klassischen, auf der Abgrenzung zwischen Abteilungen und der Ausbildung von Hierarchien basierenden Organisationen ist durch die Organisationsforschung herausgearbeitet worden, dass die formale Erwartungsbildung immer durch eine informale Erwartungsbildung ergänzt wird. Viele Erwartungen in Organisationen, so die Beobachtung, ließen sich gar nicht formalisieren, sodass es zwangsläufig zur Ausbildung ergänzender und konkurrierender informaler Erwartungen käme. Weitergehend seien viele formale Erwartungen in Organisationen für viele Situationen gar nicht passend, sodass sich abweichende informale Erwartungen ausbilden (Luhmann 1964, 27 f.).

Wie stellt sich dieses Wechselverhältnis von Formalität und Informalität in Organisationen dar, die sich in einer holakratischen Verfassung der Auflösung von Abteilungen und der Aufweichung von Hierarchien verschreiben?

Die Entstehung von Schattenabteilungen
In der holakratischen Organisation werden komplexere Prozesse der Arbeitsteilung durch das Prinzip der Kreise ersetzt. In der Vorstellung der Holakraten ist jeder Keis eine sich selbst organisierende Einheit mit eigenen Rechten. Sie werden dann gebildet, wenn eine

---

[3] Diese Hoffnung auf die Angleichung zwischen formalem und informalem Organigramm kann erklären, weswegen Holakraten mit einem Konzept wenig anfangen können, dass lange Zeit als ein zentraler Hebel zur Steuerung von Organisationen angesehen wurde – der Organisationskultur. Bei dem Ansatz zur Gestaltung der Organisationskultur handelte es sich um die Reaktivierung einer alten Steuerungsphantasie – dem Traum des Managements durch eine „kollektiven Programmierung des Geistes" Hofstede (1980, S. 13).

[4] Bei diesem Beitrag handelt es sich um die mit Empirie angereicherte Vorstudie zum fünften Kapitel meines Buches über holakratische Organisationen (siehe Kühl 2023). Die für den Beitrag genutzten Interviewtranskripte stehen als Zusatzmaterial zum Buch auf SpringerLink zum Download zur Verfügung.

Aufgabe nicht durch eine Rolle allein ausgeübt werden kann und eine systematische Koordination zwischen mehreren Rollen notwendig ist. Auf den ersten Blick mögen die Kreise in holakratischen Organisationen den Abteilungen in klassischen Organisationen ähneln. Auf den zweiten Blick wird das Prinzip der Abteilungen jedoch formal dadurch unterlaufen, dass ein Organisationmitglied mit ganz unterschiedlichen Rollen in verschiedenen Kreisen tätig sein kann (siehe dazu Mitterer 2015). Dadurch werden die Mitarbeiter nicht einer Abteilung, sondern unterschiedlichen Kreisen zugeordnet und so werden – jedenfalls in der Vorstellung der Holakraten – die sonst zu beobachtenden typischen Silobildungen unterlaufen.

Aus einer organisationssoziologischen Perspektive ist jedoch interessanter, dass die holakratische Kreisstruktur in vielen der untersuchten Organisationen letztlich eine klassische Abteilungsstruktur widerspiegelt. So betont ein neu angestellter Mitarbeiter in einer Organisation, dass er hauptsächlich mit einem „Thema" – Personal – „unterwegs" ist. Die eine Rolle in diesem Themenfeld markiere letztlich seinen „eigentlichen Job" (IT-Tower, Interview 3, #00:27:35). Bei den meisten holakratischen Organisationen scheinen Mitglieder mit einer „Hauptrolle" – zum Beispiel als Programmierer, als Finanzverwalter oder Personalmanager – eingestellt zu werden. Das führt dazu, dass in den meisten Fällen die überwiegende Arbeitszeit in einem Kreis abgeleistet wird. In diese Kreise können auch Personen mit „Hauptrollen" in anderen Kreisen aufgenommen werden, aber die nehmen dann zwangsläufig eher zuarbeitende oder beratene Funktionen ein.[5]

In der holakratischen Steuerungssoftware sind diese faktisch existierenden Abteilungen häufig auf den ersten Blick nicht erkennbar, aber durch in einen zweiten Blick in die Organisation dann doch zu identifizieren. Wenn die Organisation neue Räume bezieht, dann bilden die Mitglieder, die häufiger zusammenarbeiten, eine Tischgruppe, auch wenn ihre regelmäßige Kooperation nicht durch einen Kreis abgebildet wird. Die Tischgruppen geben sich dann eigene Namen und schmücken ihre Tischgruppe mit Symbolen, die markieren, dass die Mitarbeiter hier zu einer Abteilung gehören, die offiziell als Abteilung gar nicht existiert (siehe dazu Cloud-IT, Interview 6, #00:13:42; Interview 7, #00:25:20; Interview 8, #00:17:18). Besonders deutlich wird die Ausbildung von Abteilungen im operativen Kern – also dem wertschöpfenden Zentrum der Organisation. Gerade in projektbasierten Firmen, die über die holakratische Organisationskonzeption geführt werden, sind die operativen Bereiche häufig auffällig „holacracy-arm".[6] Die Projektteams werden nicht – oder nur rudimentär – in der

---

[5]In holakratischen Kleinstorganisation mit einem Dutzend Mitarbeiter stellt sich die Situation anders dar. Hier bildet die in der Regel auffällig aufwendige holakratische Struktur die diffuse Arbeitsverteilung in Kleinstorganisationen – alle machen alles oder alle machen neben ihren Hauptaktivitäten noch vieles andere – wieder.

[6]So die fast identische Aussage von zwei Mitarbeitern in einem weiteren von uns untersuchten holakratischen Unternehmen.

holakratischen Organisationsstruktur abgebildet, sondern stattdessen vorrangig über eine eigene Projektmanagementsoftware koordiniert. „Holacracy", so einer der Projekt-manager in einer der untersuchten Organisationen, sei einfach „kein Betriebssystem für Projekte" (IT-Tower, Interview 2a, #00:58:47). Die Projektsteuerung fände des-wegen auch jenseits der holakratischen Struktur über einen als Quasi-Fachvorgesetzten agierenden Projektmanager statt, der gegenüber den Kunden verantwortlich ist und die Aufgaben an einzelne Teams oder Teammitglieder verteilt.[7]

Dabei kann in holakratischen Organisationen die Silobildung in den Projekten durch die Steuerung über „Dashboards" – Management-Cockpits, in denen zentrale Kenn-ziffern abgebildet werden – noch verstärkt werden.[8] Die Leistungsdaten – zum Beispiel beim Kunden verrechnete Stunden – werden dabei für die Projektteams systematisch erhoben. Der Effekt ist, dass sich die Teams vorrangig auf die Erreichung der vor-gegebenen Leistungsziele konzentrieren und sich vom Rest der Organisation abkapseln.[9]

Das kann zum paradoxen Effekt führen, dass die Aufsetzung agiler Projektstrukturen in einer Organisation deren holakratische Grundprinzipien unterläuft. Es werden ganz im Sinne der agilen Projektmanagementlogik feste Teams gebildet, die sich mithilfe von Scrum-Mastern und Product-Ownern selbststeuern, sich täglich in Stand-Up-Meeting mit den immer gleichen Mitarbeitern abstimmen und in Retrospektiven über Schwierig-keit mit anderen Team-Mitgliedern abstimmen. Diese agilen Arbeitsformen unterlaufen mit ihrer Ausbildung fester Teams, die ihre eigenen Silos bilden, die holakratische Struktur.[10]

---

[7] Hier wäre es insbesondere in Bezug auf das holakratische Vorreiterunternehmen Zappos interessant zu sehen, ob die für das Unternehmen zentralen Bereiche, wie zum Beispiel IT, holakratisch gesteuert werden.

[8] So die Beobachtung einer Mitarbeiterin in einem von uns untersuchten holakratischen Unter-nehmen.

[9] Man kann das beobachten, wenn man bei der Untersuchung holakratischer Organisationen ver-sucht, nicht nur mit „holakratischen Botschaftern" zu sprechen, die für Ausbildung und Weiter-bildung in Holacracy zuständig sind, sondern auch mit Mitgliedern, die im operativen Bereich tätig sind. Weil die ihre Stunden für ein Interview über Holacracy nicht ohne Weiteres verrechnen können, ist es vergleichsweise schwer, mit ihnen zu reden.

[10] Die informale Silobildung in holakratischen Organisationen kann dadurch aufgelockert werden, dass Mitglieder zusätzlich zu den Aktivitäten, mit denen sie den Großteil ihrer Zeit verbringen, in fachlich orientierten Gemeinschaften zusammengezogen werden. Dafür werden dann Kreise gebildet, in denen zum Beispiel der fachliche Austausch von Spezialisten aus verschiedenen Teams oder die Entwicklung von Weiterbildungsformaten stattfinden kann. Damit findet aber faktisch nichts anderes statt, als wenn in klassischen Organisationen Spezialisten, die operativ in interdisziplinären Teams tätig sind, in einer Parallelstruktur der fachliche Austausch mit anderen Spezialisten in dem Gebiet ermöglicht wird. Siehe dazu die kaum noch zu übersehenden Managementliteratur zur formalen Bildung von Communities of Practices, nur beispielsweise Wenger und Snyder (2000). Siehe als Einführung Wenger (1999).

Die Ausdifferenzierung von Schattenhierarchien

In der holakratischen Verfassung ist – aller Anti-Hierarchie-Rhetorik zum Trotz – eine hierarchische Grundstruktur angelegt.[11] Der Ankerkreis – letztlich die Spitze der Organisation – legt die Lead-Link-Positionen in allen untergeordneten Kreisen fest. Weil in dem Ankerkreis die Unternehmensgründer, die Kapitalbesitzer und ehemaligen Manager eine wichtige Rolle spielen, gibt es die Möglichkeit, über die Besetzung der Lead-Link-Positionen Einfluss auf die Arbeit in den untergeordneten Kreisen zu nehmen. So wird bei IT-Tower, einer der untersuchten Organisationen, herausgestellt, dass im Ankerkreis die „Chef-Chefs" vertreten sind und schon mit Blick auf die ehemaligen Positionen der Mitglieder als Chief Executive Officer, Chief Financial Officer und Chief Operating Officer deutlich wird, dass sich hier der faktische „C-Level" der Organisation befindet (IT-Tower, Interview 3, #1:01:16).

Zentral ist dabei jedoch, dass es sich von der holakratischen Grundidee her nicht um eine personenbezogene, sondern um eine rollenbezogene Hierarchie handelt (siehe dazu auch Riederle 2017, 119 f.). Das heißt, die Einflussmöglichkeiten des Lead-Links bezieht sich von der Grundidee her nur auf die Person ihrer Funktion als Rollenträgerin in einem Kreis, nicht auf die Person als Ganzes. Gerade wenn Organisationsmitglieder unterschiedliche Rollen in unterschiedlichen Kreisen einnehmen, gibt es in dieser rollenbezogenen Hierarchie in der formalen Struktur kaum noch Ähnlichkeiten mit den personenbezogenen Hierarchien klassischer Organisationen.

Durch den Verzicht auf eine eindeutige personale Zuordnung aller Mitarbeiter zu einem Vorgesetzten oder einer Vorgesetzten entstehen komplexe rollenbezogene Unterstellungsverhältnisse. So ist es in holakratischen Organisationen möglich, dass in der einen Rolle die eine Mitarbeiterin einer anderen als Lead Link vorgesetzt ist, in einer anderen Rolle, in der die andere Mitarbeiterin Lead Link ist, dieser unterstellt ist. Ein Mitarbeiter von SoftLink erklärt, dass er als Mitarbeiter in einer Rolle „zuunterst in der Hierarchie", aber in einer Rolle „irgendwo weiter oben eine Rolle" als Lead Link einnimmt. Effekt sei, dass er Kollegen hat, denen er in Kreisen, in denen dieser Lead Link, als normales Mitglied zugeordnet wird, in anderen Kreisen, in denen er Lead Link ist, dieser aber ein normales Mitglied ist (SoftLink, Interview 6, #00:45:39).

Interessant ist dann zu sehen, dass sich häufig im Schatten der holakratischen Formalstruktur eine personenbezogene Hierarchie ausbildet. In der einfachsten Variante findet sie – holakratisch korrekt – durch die Kombination von zentralen Rollen bei einzelnen Personen statt. In dem Moment, wo eine Person die Rollen des Unterschriftengebers für zentrale Aufträge, des internen Arbeitsverteilers, des Entscheiders über Gehaltserhöhungen und die des finalen Entlassers innehat, kommt es faktisch zu einer Art personaler Führung durch diesen Rollenträger.

---

[11] Zur Anti-Hierarchie-Rhetorik der Holakraten siehe schon den Untertitel der englischen Paperback-Version des Buches von Brian Robertson (2015): „The Revolutionary Management System that Abolishes Hierarchy".

In kleineren holakratischen Organisationen wirken die Schattenhierarchien häufig unmittelbar. Die zentralen Rollen werden von den Gründern eingenommen, die sich informal koordinieren. Der Gründer einer Organisation bringt es dadurch auf den Punkt, dass er auf das Buch „Animal Farm" von George Orwell verweist – „All animals are equal, but some animals are more equal than other animals". Als Gründer gehöre er seiner holakratischen Organisation notgedrungen „zu den Schweinen" (IT-Tower, Interview 4a, #00:33:38).

Wenn die Gründer die Mehrheit des Kapitals an der Firma halten, wissen alle Mitarbeiter, dass diese mit einem Federstrich die holakratischen Prinzipien wieder zurücknehmen können und antizipieren das in ihren Entscheidungen. Die Mitarbeiter treffen die Entscheidungen so, wie diese vermutlich von den Gründern getroffen worden wären oder sprechen diese mit den Gründern ab, sodass diese Entscheidungen am Ende nur noch holakratisch abgesegnet werden müssen.[12]

In größeren holakratischen Organisationen kann sich dann im Schatten einer auf Rollen basierten stark abgeschwächten hierarchischen Grundstruktur eine auf Personen bezogene hierarchische Parallelstruktur ausbilden. Dafür werden weniger erfahrene Mitarbeiter jeweils einem erfahrenen Mitarbeiter zugeordnet. Diese erfahrenen Mitarbeiter – je nach Organisation als „Personnel Excellence Leads" oder „Human Success Advisors" genannt – sind dann für das Fordern und Fördern der ihnen zugeordneten Mitarbeiter zuständig. Dadurch entsteht eine durch die holakratische Grundstruktur nur schwer erkennbar informale personenbezogene Hierarchie. Die „Personnel Excellence Leads" oder „Human Success Advisors" beraten die Mitarbeiter nicht nur bezüglich ihrer Entwicklung in der Organisation, sondern tragen auch zu Entscheidungen über Gehaltssenkungen oder -steigerungen bei und haben maßgeblich Einfluss darauf, ob einer ihnen zugeordneten Person gekündigt wird oder nicht (siehe IT-Tower, Interview 2a, #00:29:13). Die Mitarbeiter, die die Rolle des „Personel Excellence Leads" oder „Human Success Advisors" einnehmen, sind dabei in der Regel für acht bis zwölf Organisationsmitglieder verantwortlich und müssen aber aufgrund ihrer Führungsaufgaben geringere Anteile ihrer Arbeitszeit beim Kunden fakturieren (siehe ebd.).[13]

---

[12] Ein immer wieder thematisierter Effekt ergibt sich aus dem Gesellschaftsrecht, das die Geschäftsführung unabhängig von der internen Strukturierung der Organisation in Haftung nimmt. Die Verantwortung kann sich aber auch durch die Rechenschaftspflichten einer Geschäftsführung gegenüber externen Kapitalbesitzern ergeben, beispielsweise wenn ein Startup durch ein größeres Unternehmen gekauft wurde oder bei Banken Kredite aufgenommen hat.

[13] Siehe eine charakteristische Interviewsequenz eines „Human Success Advisors": „Ich bin auch nicht der Vorgesetzte der Leute … habe natürlich gewissen Einfluss auf viele Dinge, ich habe Einfluss auf Gehaltserhöhungen, ich habe auch natürlich einen sehr starken Einfluss auf: „Übernehmen wir jemanden in der Probezeit oder nicht, oder entlassen wir ihn, oder fördert man ihn" oder was auch immer aber ich habe nicht das letzte Wort diesbezüglich, das ist immer noch [HR], was da immer mitspricht, aber ich spiele natürlich eine Rolle, ich bin ja der Hauptansprechpartner, aber es gibt auch andere Ansprechpartner, bspw. der Accountmanger von dem [Mentee], in dessen Account der seine Projekte macht, oder der Projektmanager, wo er tatsächlich beim Kunden vor Ort ist, auch der hat entsprechend durch sein Feedback natürlich einen Einfluss auch auf Gehaltserhöhungen, [?] und so weiter und so fort" (IT-Tower, Interview 2a, #00:23:19).

Interessant ist, dass in die Interviews die Vorgesetztenfunktion der „Personel Excellence Leads" oder „Human Success Advisors" negiert wird, gleichzeitig aber eine von ihnen eine Vielzahl von typischen Vorgesetztenfunktionen als ihre Aufgabe aufgezählt wird. „Human Success Advisors", so eine Inhaberin dieser Rolle, sei „kein Vorgesetzter". Das sei eine Person, die für typische „HR-Sachen" zuständig sei – „personal development" oder „Urlaubs-Approvals" (IT-Tower, Interview 6, #00:37:12). Bei aller Negierung der Vorgesetztenfunktion in holakratischen Organisation ist die Ähnlichkeit zum klassischen Modell der Hierarchie mit disziplinaren Vorgesetzten, die sich neben einer Struktur fachlicher Vorgesetzter ausbildet, nicht zu übersehen.[14]

6.2   Die Sache mit der Transparenz

Während in vielen klassischen Organisationen Transparenzansprüche lediglich auf der Schauseite eine Bedeutung haben, werden sie in holakratischen Organisationen operativ umgesetzt. Durch die holakratische Software sind für alle Mitarbeiter alle Überlegungen, Diskussionsprozesse und Entscheidungen in der Organisation jederzeit einsehbar. Diese Transparenz bezieht sich nicht nur auf die Kreise, in denen man selbst aktiv ist, sondern auch auf alle anderen Kreise. Transparenz ist in holakratischen Organisationen aufgrund der Steuerung über die Betriebssoftware fast idealtypisch umgesetzt.

Der Transparenzanspruch beschränkt sich dabei vielfach nicht nur auf die durch die holakratische Verfassung vorgegebenen Prozesse, sondern wird nicht selten auch auf andere zentrale Prozesse ausgeweitet. Über die Softwareprogramme der Organisation können die Mitarbeiter vielfach nicht nur auf die finanzielle Situation der Organisation und den Stand aller Projekte zugreifen, sondern auch auf die Qualifikation und die Entlohnung aller Mitarbeiter.

Wie wirken sich Transparenzansprüche in der Praxis holakratischer Organisationen aus?

Die Ausbildung von Hinterbühnen

Bei allen hehren Ansprüchen lässt sich beobachten, dass in holakratischen Organisationen im Schatten der auf Transparenz ausgerichteten Vorderbühne zentrale Fragen auf intransparenten Hinterbühnen geklärt werden. Wichtige Entscheidungen werden nicht in der holakratischen Struktur diskutiert, sondern in geschlossenen Channels im organisationsinternen Kommunikationssystem vorentschieden.[15] Die

---

[14] In einer von uns untersuchten Organisation brachte es ein Mitarbeiter auf den Punkt: „[Human Success Advisors] sind bei uns Menschen, die man in anderen Unternehmen Manager nennt".

[15] Siehe unsere Beobachtungen bei IT-Tower, in denen wir Zugang zu allen Meetings hatten, die in der holakratischen Struktur vorgesehen waren, aber bei dem in der holakratischen Struktur nicht vorgesehenen, aber für die Informationsflüsse zentralen Treffen der Geschäftsleitung mit den „Human Success Advisors" nicht zuhören durften.

durch die Einführung der holakratischen Verfassung sich selbst wenigstens formal ent-
machtenden Gründer treffen sich in organisationsexternen Messenger-Diensten, in denen
Entscheidungen für die holakratische Organisation vorbereitet werden. Es werden jenseits der offiziellen Ablagesysteme schwarze Listen von Mitarbeitern geführt, von denen
sich die Organisation trennen sollte (Beobachtung bei SoftLink).

Wir wissen aus der Organisationsforschung, dass durch starke Transparenzansprüche geprägte Organisationen ausgeprägte Kulturen informaler Abstimmungen
ausbilden. Statt Dokumente auf offiziellen Laufwerken abzulegen, werden auf dem
eigenen Computer gesonderte Listen und Pläne geführt, die nicht ohne Weiteres einsehbar sind. Statt sich kurz schriftlich zu verständigen, stimmt man sich über relevante
Punkte nur noch in Face-to-Face-Kommunikationen ab, weil dadurch die Wahrschein-
lichkeit geringer ist, dass Spuren in den Akten hinterlassen werden. Es bilden sich „Sofa-
Kulturen" heraus, in denen Abstimmungen nicht mehr in formalen, protokollierten
Sitzungen, sondern nur noch in informalen, nicht dokumentierten Zirkeln stattfinden
(siehe dazu die Fallstudien von z. B. von Roberts 2006; Ringel 2018).

Das Transparenzparadox holakratischer Organisationen

In der Organisationsforschung wird der Effekt als Transparenzparadox bezeichnet.
Je stärker Transparenz in der Organisation eingefordert wird, desto stärker sind
die Bemühungen des Versteckens. In der Formalstruktur wird in den durch
Transparenzmaßnahmen erfassten Organisationen alles zugänglich gemacht. Prozesse
sind allgemein einsehbar, Dokumente sind für alle zugänglich und Anweisungen werden
in Aktennotizen niedergelegt. Es bilden sich ausgeprägte „Ankreuz-Kulturen" aus, in
denen Organisationsmitglieder permanent bezeugen müssen, dass sie eine Information
zur Kenntnis genommen, eine Prozedur beachtet oder eine Handlung ausgeführt haben
(siehe dazu einschlägig O'Neill 2010).[16]

Begleitet wird dies jedoch in der Informalstruktur von immer undurchsichtigeren
Informations- und Dokumentationsprozessen. Es werden bewusst Aktenwüsten
produziert, in denen sensible Informationen unauffindbar sind, oder oberflächliche Power-Point-Präsentationen werden als Protokolle abgelegt, um genaue
Dokumentationen zu verhindern, und sensible Kommentare werden mit Post-It-Notes
angebracht, weil diese vor einer Archivierung entfernt werden können (siehe zu diesen
Strategien Hood 2007, S. 204). Das Ergebnis der Bemühungen um interne Transparenz
ist dann nicht das erhoffte Verschwinden einer Hinterbühne der Organisation, sondern im
Gegenteil die Ausbildung einer besonders geschickt versteckten Hinterbühne.

Diese informalen Kommunikationswege können eine solche Dynamik entwickeln,
dass im Schatten weitgehender Transparenz ganze Unternehmensteile ihren Aus-
stieg aus der Organisation vorbereiten. So kann es schon einmal passieren, dass in

---

[16]Zur sogenannten Box-Ticking-Culture in Organisationen, siehe auch McGivern und Ferlie
(2007) oder Larner und Mason (2014).

einer Beratungsfirma, die sich den holakratischen Transparenzkriterien verschreibt, ohne Wissen des Rests der Organisation Berater ihre eigene holakratische Beratungs-organisation planen, über Nacht alle anderen mit ihrem Ausscheiden überraschen und die Verbliebenen sich wundern, wie in einem holakratischen System, dass Spannungen und Planungen transparent machen soll, eine solche Abspaltung möglich ist.[17]

Holakratische Organisationen sind ein Musterbeispiel dafür, dass Organisationen gleichzeitig sehr viel transparenter und sehr viel intransparenter werden (siehe zu diesem Phänomen Osrecki 2015, S. 355).[18] Jedes Organisationsmitglied bekommt über die IT-Systeme tiefe Einblicke in die formalen Erwartungen der Organisation und muss gleich-zeitig sehr viel Zeit dafür aufwenden, die gut versteckten informalen Erwartungen zu verstehen und zu nutzen.

6.3   Vorteile und Nachteile holakratischer Schattenstrukturen

Angesichts der Hyperformalisierung holakratischer Organisationen ist es organisations-wissenschaftlich nicht überraschend, dass sich zur Kompensation vielfältige informale Strukturen ausbilden. Sicherlich, der Anspruch des holakratischen Organisationsmodells ist es, über die Identifikation von Spannungen die Dysfunktionalitäten der formalen Struktur zu thematisieren und durch Entscheidungen in eine verbesserte Struktur zu überführen. Dies ändert aber nichts daran, dass gerade an kritischen Punkten sich immer wieder entgegenlaufende informale Prozesse ausbilden.

Funktionalitäten einer Schattenstruktur
Wir kennen die Kompensation der Dysfunktionalitäten formaler Strukturen durch die Ausbildung von informalen Strukturen aus den sich auf abgegrenzte Abteilungen und ausgeprägte Hierarchien stützenden, hochformalisierten Organisationen. Die ausgeprägte Silobildung durch formal abgetrennte Abteilungen wird in der Informalität durch stabile „kurze Dienstwege" ausgeglichen, über die die Zusammenarbeit der Abteilungen jenseits der Formalstruktur koordiniert wird. Die hierarchische Struktur der Anweisungen von oben nach unten und der Überwachung von Vorgesetzten wird dadurch abgemildert, dass die Entscheidungen, die oben getroffen werden, informal unten vorbereitet werden und dann durch eine unauffällige „Unterwachung" von Vorgesetzten sichergestellt wird, dass oben die richtigen Entscheidungen getroffen werden.

---

[17] Dieser Prozess wurde – in einer für Beratungsfirmen seltenen Transparenz – von einer Seite auch öffentlich dargestellt. Siehe den Artikel von Boos et al. (2017), der einem fast schon euphorischen Artikel über die Einführung der Holacracy zwei Jahre zuvor folgte; siehe Boos et al. (2015). Eine wissenschaftliche Untersuchung dieser paradoxen Situation steht noch aus.

[18] Siehe auch die empirisch eindrucksvolle Studie von Bernstein (2012). Für ein ähnliches Argu-ment aus der Perspektive der Principal-Agent-Theorie siehe Prat (2005).

Der zentrale Unterschied der informalen Gegenbewegungen in den analysierten holakratischen Organisationen – und das ist die für die Organisationswissenschaft zentrale Einsicht – besteht darin, dass aufgrund der proklamierten formalen Abschaffung von Hierarchien und Abteilungen sich diese dann informal ausbilden. Während in den auf eindeutiger Zuordnung von Personen in Abteilungen basierenden Organisationen sich vielfältige informale Abstimmungen über Abteilungsgrenzen hinweg etablieren, kann man in holakratischen Organisationen beobachten, wie sich angesichts der formal festgelegten Offenheit von Kreisen informale Schließungsmechanismen ausbilden. Während in den auf eindeutige Zuordnung von Personen in hierarchisch angeordneten Kommunikationswegen basierenden Organisationen der informale Ausgleich in der Ausbildung der formalen Hierarchie entgegenlaufender informaler Unterwachungsprozesse von Vorgesetzten besteht, bilden sich in holakratischen Organisationen den formalen Egalisierungsprozessen entgegenlaufende informale Hierarchien aus.[19]

Die Dysfunktionalität der Schattenstruktur

Aber diese Ausbildung informaler Strukturen bringt zwangsläufig auch Dysfunktionalitäten für die Organisation mit sich. Gegenüber klassischen Organisationen haben sich die tabuisierten organisationalen Abläufe grundlegend verändert. In klassischen Organisationen ist es möglich, sich in den internen Abstimmungen auf die Prinzipien der Abteilung und der Hierarchie zu beziehen. Bei aller Antiabteilungs- und Antihierarchierhetorik auf der Schauseite der klassischen Organisationen ist breit akzeptiert, dass sich Abteilungen auf ihre Arbeit konzentrieren und dass hierarchisch Vorgesetzte, unangenehme Entscheidungen treffen. In holakratischen Organisationen werden aber durch die Unterzeichnung der Verfassung die Prinzipien der Abteilungs- und Hierarchiebildung formal so stark blockiert, dass es in den internen Prozessen nicht möglich ist, sich auf diese nur noch in der Informalität existierenden Mechanismen zu beziehen.

Das Hauptproblem des von den formalen Erwartungen abweichenden informalen Handelns ist, dass es sich weitgehend der Rationalisierung entzieht (Luhmann 1964, S. 314). Abweichung von der holakratischen Formalstruktur können häufig gar nicht offen thematisiert werden. Gerade in Organisationen mit starken Schattenhierarchien kann zwar auf der Hinterbühne über den weit über die Formalstruktur hinausgehenden Einfluss der Gründer und Kapitalbesitzer geklagt werden, dieser kann aber nur mit einem hohen persönlichen Risiko in größeren Runden angesprochen werden. Die Gründer sind dann – wie im Fall von SoftLink verwundert – weswegen bestimmte Gespräche in der Kaffee-Ecke verstummen, obwohl sie doch ihrer Meinung nach, einen erheblichen Teil ihrer Macht mit der Unterzeichnung der holakratischen Verfassung abgegeben haben.

---

[19] Die Funktionalität der Schattenstruktur holakratischer Organisationen ist – hier stark kondensiert – das Hauptargument dieses Beitrags. Es würde sich lohnen, dieses Argument sowohl für die informale Ausbildung von Abteilungen als auch für die informale Ausbildung von Hierarchien näher auszuführen.

Wenn die Schattenstrukturen offen angesprochen werden, dann bekommen sie durch die Verpflichtung der Organisation auf die holakratische Verfassung aber fast zwangsläufig immer einen kritischen Unterton. Wenn sich in holakratischen Organisationen informale Abteilungen oder informale Hierarchien ausbilden, dann gehören diese nach der holakratischen Logik abgeschafft. Es ginge nicht, so der häufig zuhörende Tenor unter Holakraten, dass man sich die Prinzipien, die man mit der Holacracy abschaffen wollte, in der Informalität wieder einhandelt. Wenn also Schattenstrukturen existieren, die den holakratischen entgegenlaufen, dann müssten diese abgeschafft oder zumindest abgeschwächt werden. Effekt ist, dass dadurch die häufig funktionalen informalen Mechanismen noch weiter in den Tabubereich gedrängt werden.

Dadurch entsteht der Effekt, dass sich in holakratischen Organisationen, die als formales Grundprinzip die Bedeutung der Rolle über die Person stellt, in der informalen Erwartungsbildung der Person eine große Wichtigkeit zukommt. Das bringt für eine holakratische Organisation den Vorteil mit sich, dass Erwartungssicherheit nicht nur über Rollendefinitionen, sondern auch über Personenkenntnis hergestellt werden kann, macht die Organisation aber anfällig für den Wechsel von Personen. Im Grunde, so schon ein Gedanke von Niklas Luhmann, hebt „jede Abweichung von formalen Vorschriften" die „Trennung von Amt und Person" – oder holakratisch gesprochen von Rolle und Person – auf. Das macht das Handeln in einer Art und Weise persönlich, dass die Holakraten gerade verhindern wollen (zu dieser Argumentationsfigur Luhmann 1964, S. 313).

6.4 Über die Unmöglichkeit komplett durchformalisierter Systeme

Von holakratischen Praktikern wird die Ausbildung von Schattenstrukturen zwar zugestanden, sie werden aber als Schwäche in der Implementierung einer holakratischen Organisation angesehen. Da die Grundidee der Holacracy gerade die Verhinderung der Ausbildung von Abteilungssilos und die Auflösung einer personalen Hierarchie ist, werden diese informalen Kompensationen der holakratischen Struktur als Problem und nicht als Lösung angesehen. Die Vorstellung der holakratischen Praktiker ist, dass die informalen Strukturen, die den holakratischen Prinzipien widersprechen, durch die Artikulation von Spannungen thematisiert und dann holakratisch in Ordnung gebracht werden sollten.

Dahinter steckt der alte Traum im Management, dass sich die Organisationen durch immer geschicktere Formalisierungen soweit perfektionieren lassen, dass sie optimal an veränderte Umweltbedingungen angepasst sind. Dabei wird von den Promotoren zugestanden, dass der Weg zu einer für die Organisation optimalen Formalstruktur immer wieder durch Umsetzungshindernisse, Eingewöhnungsschwierigkeiten und Widerstandsbewegungen blockiert wird. Aber all dies dürfe nicht davon ablenken, dass Organisationen den Weg beschreiten. Wenn man Veränderungsprozess nur gut genug anlege, die Mitarbeiter nur ausreichend schule und die richtigen Berater engagiere, dann ließen sich die Schwierigkeiten bei der Umstellung bewältigen.

Aus einer organisationswissenschaftlichen Perspektive kann man an diesem Drang nach einer immer weiteren Perfektionierung Zweifel haben. Organisationen können nicht als ein „vollständig formalisiertes System" existieren. Das liegt nicht an einem „Mangel an Perfektion", sondern daran, dass eine Organisation in der alle Erwartungen formal abgebildet werden würden, „gar nicht lebensfähig" wäre (Luhmann 1964, S. 27). Die Ausbildung informaler Strukturen, die den formalen Strukturen häufig entgegenlaufen, sind notwendige Ausgleichsbewegungen in der Organisation, um die Lebensfähigkeit bei allen Formalisierungsbestrebungen aufrechtzuerhalten.

Die Leistungsfähigkeit von Organisationen entsteht nicht vorrangig dadurch, dass alle an einer immer weiteren Perfektionierung ihrer Formalstruktur feilen, sondern dass eine hohe Sensibilität für das Spannungsverhältnis zwischen formalen und informalen Erwartungen in Organisationen herrscht. Statt in immer aufwendigeren, immer partizipativeren Verfahren die formalen Strukturen zu verändern, scheint die organisationale Geschicklichkeit vieler Mitglieder darin zu liegen, so zwischen formalen und informalen Erwartungen hin und her zu wechseln, dass die Organisation vorangebracht wird.

Literatur

Bernstein, Ethan S. 2012. The Transparency Paradox: A Role for Privacy in Organizational Learning and Operational Control. *Administrative Science Quarterly* 57 (2): 181–216.

Boos, Frank, Franziska Fink und Gerald Mitterer. 2015. „Von Wissenden zu Lernenden" – wenn Organisationsberater sich selbst verändern. *Zeitschrift für Organisationsentwicklung* (1): 54–60.

Boos, Frank, Franzsika Fink und Tobias Tobeitz. 2017. Wenn Krisen Krisen folgen: Die Beratergruppe Neuwaldegg im Changeprozess. *Zeitschrift für Organisationsentwicklung* (1): 48–54.

Groth, Aimee. 2013. Zappos is Going Holacratic: No job, No Titles, no Managers. Zugriff am 15. Oktober 2021. https://qz.com/161210/zappos-is-going-holacratic-no-job-titles-no-managers-no-hierarchy/.

Hofstede, Geert. 1980. *Culture's Consequences. International Differences in Work Related Values.* Beverly Hills, London: Sage.

Hood, Christopher. 2007. What Happens When Transparency Meets Blame-avoidance? *Public Management Review* 9 (2): 191–210.

Hsieh, Tony. 2010. *Delivering Happiness. A Path to Profits, Passion, and Purpose.* New York, Boston: Grand Central Publishing.

Kühl, Stefan. 2023. *Schattenorganisation. Agiles Management und ungewollte Bürokratisierung.* Frankfurt a. M.; New York: Campus.

Larner, Justin und Chris Mason. 2014. Beyond Box-ticking: A Study of Stakeholder Involvement in Social Enterprise Governance. *Corporate Governance* 14 (2): 181–196.

Luhmann, Niklas. 1964. *Funktionen und Folgen formaler Organisation.* Berlin: Duncker & Humblot.

McGivern, Gerry und Ewan Ferlie. 2007. Playing Tick-Box Games: Interrelating Defences in Professional Appraisal. *Human Relations* 60 (9): 1361–1385.

Mitterer, Gerald. 2015. Holacracy – ein Fleischwolf für organisationale Entscheidungsprozesse. In *Management der Nonprofit-Organisation – Bewährte Instrumente im praktischen Einsatz.*, hrsg. Eschenbach, Meyer, Herbert Schober und Horak, 426–432. Stuttgart: Schäffer-Poeschel.

O'Neill, Onora. 2010. *A Question of Trust*, 5. Aufl. Cambridge: Cambridge University Press.

Osrecki, Fran. 2015. Fighting Corruption with Transparent Organizations: Anti-corruption and Functional Deviance in Organizational Behavior. *Ephemera* 15: 337–364.

Prat, Andrea. 2005. The Wrong Kind of Transparency. *American Economic Review* 95 (3): 862–877.

Riederle, Philipp. 2017. *Wie wir arbeiten und was wir fordern. Die digitale Generation revolutioniert die Berufswelt.* München: Droemer.

Ringel, Leopold. 2018. Unpacking the Transparency-Secrecy Nexus: Frontstage and Backstage Behaviour in a Political Party. *Organization Studies* 91: 705–723.

Roberts, Alasdair. 2006. Dashed Expectations: Governmental Adaption to Transparency Rules. In *Transparency: The Key to Better Governance?*, hrsg. Christoph Hood und David Heald, 107–125. Oxford: Oxford University Press.

Robertson, Brian J. 2015. *Holacracy. The Revolutionary Management System that Abolishes Hierarchy.* London: Portfolio Penguin.

Rüther, Christian. 2018. *Soziokratie, S3, Holakratie, Frederic Lalouxs "Reinventing Organizations" und New Work. Ein Überblick über die gängigsten Ansätze zur Selbstorganisation und Partizipation*, 3. Aufl. Norderstedt: Books on Demand.

Wenger, Etienne C. 1999. *Communities of Practice. Learning, Meaning, and Identity.* Zur Einführung. Cambridge, New York: Cambridge University Press.

Wenger, Etienne C. und William M. Snyder. 2000. Communities of Practice. The Organizational Frontier. *Harvard Business Review* 1 (2): 139–145.

Stefan Kühl ist Soziologe und Historiker und arbeitet an der Universität Bielefeld. Er forscht zurzeit über Managementmoden, über Protestbewegungen und über Kleingruppen.
stefan.kuehl@uni-bielefeld.de

Tauschgeschäfte. Das Verhältnis von Formalität und Informalität in der holakratischen Organisation

Phanmika Sua-Ngam-Iam

„Holacracy – The New Management System for a Rapidly Changing World" lautet der Titel des von dem Begründer Brian Robertson (2015) verfassten Buch zum gleichnamigen Managementkonzept. Doch was genau ist eigentlich das Neue an dem Konzept, das Organisationen in einer sich schnell wandelnden Welt Orientierung geben soll? Das Managementkonzept verspricht implementierenden Organisationen unter anderem schnelle Anpassungen an sich ändernde Umweltanforderungen, verteilte Entscheidungs- und Handlungsmacht durch die Abschaffung der klassischen Hierarchie und die Beseitigung mikropolitischer Machtkämpfe (ebd., S. 18 ff.). Vor allem Letztere soll dem Konzept zufolge durch die Vereinigung der drei Seiten der Organisation ermöglicht werden (ebd., S. 35 ff.).

Die drei Seiten der Organisation werden durch Robertson in Anlehnung an Elliott Jaques als formale, vorherrschende und erforderliche Struktur beschrieben (ebd., S. 34 f.). „An organization's extant structure is usually shaped by personal relationships and politics. As we work together in this way, cultural norms develop, and we start aligning with them, creating an implicit structure that becomes the unconscious 'way things are done'" (ebd., S. 34 f.). Durch das holakratische Konzept können die impliziten Strukturen aufgedeckt und in explizite Strukturen transformiert werden. Diese Transformation, so der Grundgedanke, ermögliche dann durch Nutzung von Spannungen, die durch die Diskrepanz zwischen vorherrschender und erforderlicher Struktur entstehen, dass die erforderliche Struktur, „[…] which is the structure that

P. Sua-Ngam-Iam (✉)
Fakultät für Soziologie, Universität Bielefeld, Bielefeld, Deutschland
E-Mail: sua-ngam-iam@uni-bielefeld.de

S. Kühl und P. Sua-Ngam-Iam (Hrsg.), *Holacracy,*
https://doi.org/10.1007/978-3-658-40111-5_7

would be most natural and best suited to the work and purpose of the organization –
the structure that 'wants to be'", aufgebaut und aufrechterhalten werden kann (ebd.,
S. 35 f.). Durch das stetige Prozessieren dieser Spannungen könne dann die Lücke
zwischen vorherrschender und erforderlicher Struktur verkleinert oder gar geschlossen
werden (ebd., S. 36 f.). Zusätzlich könne durch die parallel stattfindende Fixierung der
Ergebnisse der Spannungsverarbeitung in der Formalstruktur schließlich ermöglicht
werden, dass alle drei Strukturen – vorherrschende, erforderliche und formale Struktur –
sich annähern und vereinen (ebd.).

Die Abschaffung der mikropolitischen Machtkämpfe in Organisationen stellt dabei
eines der Versprechen dar, die durch dieses elementare, holakratische Konzept der Vereinigung der drei Seiten der Organisation ermöglicht werden soll. Umso mehr überrascht
und fällt daher auf, dass in der Literatur zu Holacracy in Wissenschaft und Praxis dieses
zentrale Grundkonzept sowie die Strukturen der Organisation nur am Rande, wenn überhaupt, behandelt werden.

Bei der Sichtung der Beiträge zu Holacracy bezüglich der drei Seiten der
Organisation wird deutlich, dass es an wissenschaftlichen Beiträgen, die explizit die
Strukturen holakratischer Organisationen analysieren, mangelt. In diesen wenigen Beiträgen scheint ein zentraler Ausgangs- und Kristallisationspunkt für kritische Überlegungen zu den Strukturen holakratischer Organisationen die Hierarchie zu sein. Für
Ravarini und Martinez (2019, S. 10) ist es fraglich, ob eine vollständige Umstellung von
klassisch hierarchischen Organisationen auf holakratisch formalisierte Organisationen
überhaupt erfolgen kann, denn: „Even if the software can be implemented with little
effort and the organizational structure can be imposed, the transformation of the
organizational culture to switch from a hierarchical into a peer-to-peer environment
requires a lot of time and efforts and has uncertain outcomes." Martela (2019, S. 19)
wirft die Frage auf, ob es nicht mehrere Arten von Hierarchie gibt, da zum Beispiel
Dominanz ebenso wie Prestige dazu genutzt werden können, Einfluss und Macht auf
andere auszuüben. Zudem seien informale Machtstrukturen im Vergleich zu formalen
Hierarchien nicht einfach ausfindig zu machen, sie würden leicht einem Beliebt-
heitswettbewerb in der Schule ähneln, durch welchen der Zugang zu Einfluss und
Macht reglementiert wird und dies auf eine Art und Weise, die nicht immer leicht zu
erkennen und zu adressieren ist (ebd., S. 18, nach Warr 2013). Ebenso wie Martela
erläutert Romme (2019, S. 4, nach Gould 2002), dass sich informale Hierarchie aus
den Statusdifferenzen zwischen Mitgliedern ergibt. Schell und Bischoff (2021, S. 13)
argumentieren darüber hinaus, dass, wenn ehemalige Führungskräfte mit der Einführung
von Holacracy nun auch die Rollen des Lead Links füllen, „formal design" und „design
in action" auseinanderfallen und sich eine Schattenstruktur ausbildet. Empirisch konnten
sie des Weiteren beobachten, dass die Vorgesetzten-Untergebenen-Beziehungen auch
nach der Einführung von Holacracy weiterhin bestehen bleiben, was sich zum Beispiel
dadurch bemerkbar mache, dass Vorgesetzte immer noch in Entscheidungen einbezogen
werden (ebd., S. 11). Auch daran, dass ehemalige Teams weiterhin Bestand haben und

die neuen Kreisstrukturen nicht genutzt werden, werde die Divergenz zwischen formal design und design in action deutlich (ebd.).

Im Praxisdiskurs mangelt es, wenn auch mehr Beiträge identifiziert werden können als im wissenschaftlichen Bereich, ebenso an Arbeiten, die die Strukturen der holakratischen Organisation explizit behandeln. Zunächst einmal konnten Beiträge identifiziert werden, in denen das holakratische Grundkonzept der Vereinigung der drei Seiten der Organisation erläutert wird. Diese beschreibt Hsieh, CEO von Zappos, einem der größten Unternehmen, das Holacracy implementiert hat, in einem Interview wie folgt:

> "At a typical organization, there's three different org charts. The org chart on paper. The real org chart, in terms of knowing who to talk to and politics and influence. And there's the org chart that the company wants to be, in order to perform better. There's tension between the three. Under holacracy, because everything is explicit, those three are much closer together" (Berman 2015).

In einem anderen Interview erläutert Robertson, dass durch die holakratische Struktur verhindert werden könne, dass sich eine „politische Struktur" herausbilde, die durch tatsächliche Machtverhältnisse gekennzeichnet sei (Fox 2015). Diese Machtverhältnisse würden dann dem CEO, Gründer usw. erleichtern, alles zu kontrollieren, ohne dass es offensichtlich sei (ebd.). Dabei sei weniger Struktur keine Option, da sich dann ebenfalls eine politische Struktur herausbilde (ebd.). Bei Hodge (2015) heißt es, dass altmodische Managementhierarchien naturgemäß informelle Regeln und mächtige Insider-Cliquen hervorbringen, was den Bedarf nach klaren und transparenten Regeln erkläre.

Im Gegensatz dazu bezweifeln Bernstein et al. (2016, S. 46), dass durch Holacracy und die dazugehörigen Trainings problematisches Verhalten, wie das Mikromanagement von anderen oder das Missachten der Autonomie von ehemaligen Untergebenen, abgeschafft werden könne (siehe dazu auch Golden et al. 2017, S. 3), denn alte Machtstrukturen können tief in der „Kultur und in den Institutionen" verankert sein. Ganz ähnlich argumentieren Schumacher und Wimmer (2019), Monarth (2014) sowie Mont (2017). „De facto führt […] die Abwesenheit formal hierarchischer Unterstellungsverhältnisse nicht automatisch zu real gleichen Mitsprachemöglichkeiten" (Schumacher und Wimmer 2019, S. 14). Grund dafür seien „informelle mikropolitische Prozesse und informelle Machtstrukturen" (ebd.). Unsichtbar bleibt dann die „soziale Dynamik", die etwa durch „persönliche Kränkungen, ungleiche Einflussverteilungen, tabuisierte Themenbereiche etc." geprägt werden (ebd.). Monarth (2014) beschreibt dies mit folgenden Worten: „In a holacracy, the titles disappear, but human dynamics won't." Ein anderer Mechanismus im Umgang mit diesen Dynamiken sei dann notwendig (ebd.). Wenn sonst keine Kennzeichen, wie zum Beispiel Titel oder hierarchische Positionen, vorhanden sind, würden Menschen Merkmale wie die Attraktivität oder die extrovertierte Persönlichkeit heranziehen, um den Status untereinander zu bestimmen (ebd.). Auch Mont (2017) hat die Beobachtung gemacht, dass, obwohl Holacracy implementiert wurde, alte und bekannte Machtdynamiken wieder zum Vorschein kommen.[1] Diese Dynamiken können sich einschleichen, ohne dass sie dabei bemerkt würden, was zu einer unsichtbaren Struktur der Exklusion und der Ungleichheit führe, auch wenn eine sichtbare „Struktur des Empowerments" eingerichtet wurde (ebd.). Goyk und Grote (2018, S. 89 f.) argumentieren ferner, dass im Konzept der Holacracy die Informalität lediglich „ungewünschte Nebenwirkung unzureichender Organisationsgestaltung" sei, ihre Funktion und ihr Nutzen für die Organisation aber dadurch verkannt werde. Ihnen zufolge sei es wichtiger, „[w]er […] mit wem gut [kann], […] als wer […] mit wem gemäß Rollenbeschreibung [darf]" (ebd., S. 90). Ein für die Organisation möglicher, funktionaler Effekt der informalen Beziehungen sei das entstehende Vertrauen, da es sich auch auf formale Beziehungen positiv auswirke (ebd.).

Auch wenn es an Literatur mangelt, wird bereits durch die eben vorgestellten Beiträge zur Holacracy in Wissenschaft und Praxis deutlich, dass die Vereinigung der drei Seiten der Organisation durch die Einführung von Holacracy nicht so unproblematisch erreicht wird, wie es durch das Konzept beschrieben wird. Vielmehr stellt sich nach der Betrachtung der Beiträge zu Holacracy die Frage, ob eine Vereinigung oder auch schon allein die Annäherung der drei Seiten der Organisation faktisch überhaupt möglich ist. Auch die neueste Version der Holacracy-Verfassung (Version 5.0)[2] gibt Hinweise darauf, dass es Ungereimtheiten bezüglich des zentralen, holakratischen Grundkonzepts der Vereinigung der drei Organisationsseiten geben könnte: Die neueste Verfassung soll „menschlicher" sein als ihre Vorgängerversionen.[3] Durch Beziehungsvereinbarungen soll geregelt werden, wie sich Mitglieder einander gegenüber verhalten oder welche Funktionen sie generell als Mitglieder erfüllen sollen.[4] „Diese dürfen sowohl von Menschen an Menschen angefragt werden, als auch von Rollen an Menschen."[5] An der Ergänzung der Verfassung um den Aspekt der Beziehungsvereinbarung wird deutlich, dass bezüglich der drei Seiten der Organisation vor allem die Grenze zwischen formaler und informaler Struktur uneindeutig ist. Es stellt sich demnach die Frage

---

[1] Dies würde dadurch deutlich werden, dass Holacracy bestimmte Mitglieder „beflügeln" würde. Für andere Mitglieder passe das Konzept hingegen weniger (Mont 2017).

[2] Die Version 5.0 wurde am 01.06.2021 herausgegeben und kann, dem holakratischen Prinzip der stetigen Entwicklung entsprechend, weiter verändert werden. Für die vollständige Verfassung siehe https://www.holacracy.org/constitution/5 [zuletzt aufgerufen am 15.10.2021].

[3] Dieser Artikel wurde von Holabe verfasst, einem Kreis der Hypoport AG, der folgenden Purpose erreichen will: „Entwicklung der benötigten Kernkompetenzen für die Holakratie (Language of Spaces, fachliches Können) und Förderung einer exzellenten Holakratie-Praxis", siehe https://holabe.hypoport.de/2020/11/09/was-ist-neu-in-der-holacracy-verfassung-5-0/ [zuletzt aufgerufen am 15.10.2021].

[4] Siehe dazu ebenfalls https://holabe.hypoport.de/2020/11/09/was-ist-neu-in-der-holacracy-verfassung-5-0/ [zuletzt aufgerufen am 15.10.2021].

[5] Weitere Erläuterungen dazu finden sich im Absatz zu den Beziehungsvereinbarungen, zu lesen unter https://holabe.hypoport.de/2020/11/09/was-ist-neu-in-der-holacracy-verfassung-5-0/ [zuletzt aufgerufen am 15.10.2021].

nach dem faktischen Verhältnis von Formal- und Informalstruktur in der holakratischen Organisation.

Um einer Beantwortung dieser Frage näherzukommen, findet eine systemtheoretische Überführung des holakratischen Grundkonzepts der Vereinigung der drei Seiten der Organisation statt. Da die Frage auf das Verhältnis zwischen Formal- und Informalstruktur abzielt, beschränkt sich dieser Beitrag auf diese beiden Seiten der Organisation, die auf Grundlage Luhmanns Systemtheorie zunächst einmal kontextualisiert und erläutert werden, sodass eine differenzierte Betrachtung, vor allem der Informalstruktur, dadurch ermöglicht wird (s. Abschn. 7.1). Anschließend findet eine vertiefende Untersuchung der Informalstruktur statt, indem beleuchtet wird, wie es dazu kommt, dass bestimmte Erwartungen informal sind, oder anders ausgedrückt, dass bestimmte Erwartungen nicht formalisiert sind, obwohl dadurch die Erbringung von Leistungen gesichert werden kann, die für den Bestand der Organisation notwendig sind (s. Abschn. 7.2). Diese bestandsnotwendigen Leistungen, deren Erbringungserwartung aber nicht formalisiert beziehungsweise formalisierbar ist, ist Gegenstand des daran anschließenden Abschnitts, in welchem analysiert wird, wie in der holakratischen Organisation im Vergleich zur klassischen diese Leistungen dennoch gesichert werden können (s. Abschn. 7.3). Zudem wird auf Grundlage der differenzierten Betrachtung von Formal- und Informalstruktur sowie der Analyse ihrer jeweiligen Funktion bei der Sicherung der bestandsnotwendigen Leistungen erläutert, wie Formal- und Informalstruktur in Wechselwirkung treten, sodass dadurch ihr faktisches Verhältnis zueinander in der holakratischen Organisation herausgearbeitet werden kann. Diese Verflechtung der Formal- und Informalstruktur, die, wie zu zeigen sein wird, einen für die holakratische Organisation charakteristischen Tauschmechanismus zur Folge hat, wird anschließend anhand empirischer Beobachtungen aus allen fünf holakratischen Organisationen, die für den Sammelband untersucht wurden, dargelegt (s. Abschn. 7.4). In einem abschließenden Fazit werden die Erkenntnisse des Beitrags resümiert und die nach der Analyse offengebliebenen Fragen sowie Fragen, die an diesen Beitrag anschließen, vorgestellt (s. Abschn. 7.5).

7.1 Die drei Seiten der Organisation

Um eine Verständnisgrundlage für die Analyse zu schaffen, wird im Folgenden das Konzept der Vereinigung der drei Seiten zunächst in der Holacracy und anschließend in der Systemtheorie vorgestellt. Darauffolgend wird das holakratische Konzept der drei Organisationsseiten mit den drei Seiten der Organisation in der Systemtheorie verglichen. Eine theoretische Überführung, die für die Untersuchung im weiteren Verlauf des Beitrags die Basis bildet, wird dadurch ermöglicht.

Die drei Seiten in der Holacracy

Robertson (2015, S. 34) zufolge können drei Seiten der Organisation, die er als formale, vorherrschende und erforderliche Struktur beschreibt, unterschieden werden. Die formale

Struktur könne durch das Organigramm und Stellenbeschreibungen erfasst werden. Darüber hinaus sei die formale Struktur in den meisten Organisationen so fern von den faktischen Tagesgeschehnissen und -anforderungen, dass Stellenbeschreibungen nicht mehr als bürokratische Artefakte darstellen (ebd.). Da nun eine solche formale Struktur kaum Handlungsorientierung für Organisationsmitglieder gebe, entwickeln diese eigene Wege, um ihren Mitgliedschaftspflichten nachzukommen (ebd., S. 35). Dies führe zur Bildung der „extant structure", diejenige Struktur, die tatsächlich vorherrsche (ebd.). Im Gegensatz zur formalen Struktur bestimme die vorherrschende Struktur implizit, aber faktisch darüber, wer welche Entscheidungen trifft und wem welche Projekte gehören (ebd.). Für gewöhnlich werde die vorherrschende Struktur der Organisation durch persönliche Beziehungen und Mikropolitik bestimmt (ebd.). Die erforderliche Struktur einer Organisation ist laut Robertson diejenige Struktur, die am natürlichsten und am passendsten zur Arbeit und zum Purpose der Organisation wäre – die Struktur, die „sein will" (ebd.).

Die drei Seiten in der Systemtheorie

Auch die Systemtheorie kennt drei Seiten der Organisation: die formale Seite, die informale Seite sowie die Schauseite (Kühl 2011, S. 89 ff.). Bestandsgrundlage aller sozialen Systeme, wie es auch Organisationen sind, ist die relativ stabile, wechselseitige Erwartungssicherheit von Verhalten (Luhmann 1972, S. 32). Durch Formalisierung, durch welche spezifische Verhaltenserwartungen an die Mitgliedschaft gebunden werden (ebd.), wird im Falle der Enttäuschung dieser Verhaltenserwartungen die Mitgliedschaft entscheidbar und bestimmtes Verhalten dadurch erwartbar (ebd., S. 35 f.). Die Gesamtheit dieser formalen Erwartungen bildet die formale Struktur (ebd., S. 38). Für die informale Struktur, den Komplex der informalen Erwartungen, gilt im Vergleich dazu, dass sie zwar auch wichtige Funktionen für die Organisation erfüllt, die Be- oder Missachtung der Erwartungen, die sie zusammenfasst, jedoch nicht relevant für die Frage nach der Mitgliedschaft ist (ebd., S. 48). Die Schauseite stellt die dritte Seite der Organisation dar.

> „Für Nichtmitglieder wird keineswegs das ganze System faktischen Verhaltens sichtbar gemacht, vielmehr nur eine begrenzte, idealisierte, zusammenstimmende Auswahl von Themen, Symbolen und Erwartungen, die den Leitfaden für die Situationsdefinition geben, wenn Nichtmitglieder anwesend sind oder sonst Einblick nehmen können" (ebd., S. 112).

Dabei bildet die Formalstruktur zwar die Grundlage dieser idealisierten Darstellung der Organisation, also die Schauseite der Organisation, für die Konstruktion und Wahrung dieser Darstellung bedarf es jedoch bestimmter Leistungen, „die nicht mitgezeigt, also auch nicht formalisiert werden können" (ebd., S. 119). Der Aufbau und die Aufrechterhaltung der Schauseite sind deshalb abhängig sowohl von der formalen als auch von der informalen Struktur (ebd.).

Gemeinsamkeiten und Unterschiede

Zwischen der holakratischen und der systemtheoretischen Konzeption der Organisationsseiten bestehen Gemeinsamkeiten, aber auch Unterschiede. Bei der Betrachtung der formalen Struktur, bei der die Begriffsbezeichnung in beiden Konzeptionen im Gegensatz zu den beiden anderen Organisationsseiten zumindest übereinstimmt, lassen sich die größten Gemeinsamkeiten feststellen. Zwar wird in der holakratischen Konzeption der Formalitätsbegriff nicht über die Mitgliedschaft definiert, jedoch sind Stellenbeschreibung und Organigramm auch nach der systemtheoretischen Konzeption Teil der Formalstruktur. Ebenso wie die Informalstruktur in der Systemtheorie wird die vorherrschende Struktur in der Holacracy in Abgrenzung zur formalen Struktur bestimmt. Die Definition der vorherrschenden Struktur beruht auf der Annahme, dass die Formalstruktur nicht die notwendige Handlungsorientierung für Organisationsmitglieder liefern kann, sodass sich notwendigerweise eine andere Struktur, nämlich die vorherrschende, ausbilden muss, die die benötigte Orientierung bieten kann. Die vorherrschende Struktur in der Holacracy ebenso wie die Informalstruktur in der Systemtheorie können also Orientierung – und zwar implizit – für Handlungen liefern, wie es die Formalstruktur nach beiden Konzeptionen nicht leisten kann.

Die dargestellten Parallelen zwischen der Formalstruktur in der Holacracy und der Systemtheorie sowie der vorherrschenden und informalen Struktur plausibilisieren, dass im weiteren Verlauf der Analyse die systemtheoretische Formal- und Informalstruktur herangezogen werden, um der Ausgangsfrage des Beitrags nach dem Verhältnis der beiden Strukturen in der holakratischen Organisation nachzugehen. Bevor dies geschieht, wird der Vollständigkeit halber nun der Blick auf die beiden verbliebenen Organisationsseiten, die erforderliche Struktur und die Schauseite, gerichtet. Zunächst mag nach den obigen Erläuterungen beider Seiten ein Vergleich aufgrund der unterschiedlichen Konzeptionsweisen abwegig erscheinen. Die Gemeinsamkeit, die erkannt werden kann, besteht in dem Erfordernis der (dargestellten) Struktur bzw. Seite. In der Holacracy entsteht dieses Erfordernis der Struktur durch ihren inneren Drang zu sein, wie sie sein will. In der Systemtheorie ergibt sich das Erfordernis der Schauseite, also das Erfordernis einer bestimmten, nämlich idealisierten Darstellung der Organisation, hingegen aus externen Umweltanforderungen, die an die Organisation gerichtet werden (ebd., S. 108 ff.).

7.2 Die Unmöglichkeit der Formalisierung bestimmter Erwartungen

Zur Beantwortung der eingangs gestellten Frage nach dem Verhältnis von formaler Struktur und informaler Struktur in der holakratischen Organisation wurden bisher die holakratischen Konzepte der formalen Struktur sowie der vorherrschenden Struktur in die systemtheoretischen Konzepte der Formalstruktur und Informalstruktur überführt. Für die Analyse des Verhältnisses ist es nun notwendig, die Betrachtung beider Strukturen weiter zu vertiefen und zu differenzieren. Wie bereits festgestellt wurde, bildet die Formalstruktur den Komplex der formalen Erwartungen. Dementsprechend wird durch die Informalstruktur die Gesamtheit der informalen Erwartungen dargestellt.

Formale und informale Struktur können als Prämissen für viele wiederkehrende Entscheidungen in Organisationen betrachtet werden (Kühl 2011, S. 98, nach Simon 1957,
S. 34 ff.). Zwar kann „[w]eder […] die Entscheidung aus ihren Prämissen deduziert
werden; noch sind die Prämissen die Ursachen der Entscheidung" (Luhmann 2000,
S. 223). Entscheidungen können jedoch durch Prämissen orientiert und demnach Ent-
scheidungskosten eingespart werden (ebd.; Kühl 2011, S. 98; Tacke 2015, S. 20), auch
wenn dabei in Kauf genommen werden muss, dass Entscheidungen dadurch nicht voll
spezifiziert werden können (Luhmann 2000, S. 223). Die formale Struktur kann dabei als
entschiedene Entscheidungsprämissen beschrieben werden (Kühl 2011, S. 98). Als nicht-
entschiedene Entscheidungsprämissen kann dann entsprechend die Informalstruktur
bezeichnet werden (ebd., S. 116, nach Rodríguez 1991, S. 14 f.). Entscheidend für die
weitere Analyse des Verhältnisses zwischen Formalstruktur und Informalstruktur ist nun
die folgende Differenzierung der nicht-entschiedenen Entscheidungsprämissen. Kühl
(2011, S. 119) unterscheidet zwei Typen der nicht-entschiedenen Entscheidungsprämissen: die nicht-entschiedenen, aber grundsätzlich entscheidbaren Entscheidungsprämissen sowie die nicht-entschiedenen, da nicht-entscheidbaren Entscheidungsprämissen.

Während die Formalstruktur als entschiedene Entscheidungsprämissen bezeichnet
werden kann, kann die Informalstruktur durch zwei Typen von Entscheidungsprämissen
bestimmt werden: die nicht-entschiedenen, aber grundsätzlich entscheidbaren und die
nicht-entschiedenen, da nicht-entscheidbaren Entscheidungsprämissen. Weshalb es zu
dieser Differenzierung der nicht-entschiedenen Entscheidungsprämissen kommt, warum
also bestimmte Erwartungen – zur Erinnerung: Die Informalstruktur ist die Gesamtheit
aller informalen Erwartungen – nicht formalisiert bzw. formalisierbar sind (vgl. ebd.,
S. 118 ff.), kann in zwei Hauptgründe unterteilt werden, die im Folgenden erläutert
werden.

Unvereinbarkeit der widerspruchsvollen Umweltanforderungen

Organisationen müssen, um ihren Bestand zu sichern, bestimmte Leistungen erbringen,
die nicht widerspruchsfrei geordnet werden können (Luhmann 1972, S. 85). Dies
ist dem Umstand geschuldet, dass die Umwelt, in der sie sich befinden, komplex und
veränderlich ist und Anforderungen an die Organisation stellt, die selbst in Widerspruch zueinanderstehen (ebd., S. 75, 88, 305). Durch Formalisierung schafft es die
Organisation nicht nur eine relativ indifferente Grenze gegenüber ihrer Umwelt zu
ziehen (ebd., S. 29), sondern es wird, wie weiter oben erläutert, dadurch auch ermöglicht, dass bezüglich des Verhaltens in der Organisation eine gewisse Erwartungssicherheit herrscht. Um diese Erwartungssicherheit zu gewährleisten, ist es jedoch erforderlich,
dass die Formalstruktur konsistent ist, da sie die Grundlage für die Beantwortung der
Mitgliedschaftsfrage bildet. Mit anderen Worten bedeutet dies, dass die Formalstruktur nur Erwartungen umfassen kann, „die zumindest miteinander verträglich sind,
d. h. erfüllt werden können, ohne daß dabei offen gegen andere formale Erwartungen
verstoßen werden muß; denn sonst würden die Mitglieder sich durch Vollzug ihrer
Pflichten aus dem System hinausmanövrieren" (ebd., S. 63). Zudem kann es, da es in

einer Organisation lediglich eine Mitgliedschaft geben kann, auch „nur eine konsistent geplante, legitime formale Erwartungsordnung geben" (ebd., S. 155). Dies zusammen mit dem Umstand, dass die Organisation widersprüchlichen Umweltanforderungen genügen muss, sie aber gleichzeitig eine konsistente Formalstruktur für die Erwartungssicherheit und damit für ihre Bestandssicherung benötigt, führt dazu, dass bestimmte Leistungen, die die Organisation ebenfalls zur Sicherung ihres Bestands der Umwelt gegenüber erbringen muss, nicht in die Formalstruktur aufgenommen, das heißt nicht formalisiert werden können, obwohl sie grundsätzlich formalisierbar wären.

Eingeschränkter Zugriff der Organisation auf das Individuum
Nach der Betrachtung der nicht formalisierten, aber grundsätzlich formalisierbaren Erwartungen bestandsnotwendiger Leistungen geht es nun um jene, die zwar ebenfalls nicht formalisiert, jedoch auch nicht formalisierbar sind. Wie bereits erläutert wurde, kann durch die Formalstruktur Erwartungssicherheit hergestellt werden. Dies bietet der Organisation in dem Maße Schutz, als zum einen bestimmte bestandsnotwenige Leistungen, wenn auch nicht alle, gesichert werden können. Zum anderen ermöglicht die Formalstruktur der Organisation „die Freiheit, sich von allen möglichen Zumutungen zu separieren, um sich einer spezifischen Funktion zu widmen" (ebd., S. 65). Damit ist gemeint, dass die Organisation mit dem Verweis auf die Formalstruktur Ansprüche, die von außen[6] an die Organisation herangetragen werden, die aber für ihre Bestandssicherung irrelevant sind, zurückweisen kann (ebd.). Dadurch wird dem Mitglied der Organisation zum Beispiel formal ermöglicht, die Bitte eines Verwandten oder einer Freundin, um eine Gefälligkeit zurückzuweisen (ebd.). In umgekehrter Wirkrichtung schützt die Formalstruktur auch das Individuum vor dem Zugriff durch die Organisation.[7] „Die mitgliedschaftsgebundenen Erwartungen sind von vornherein begrenzt. Wer sich auf sie bezieht, setzt sich damit deutlich von anderen Möglichkeiten der Auslegung seines Verhaltens ab. Er handelt ‚nur' als Mitglied" (ebd., S. 287; vgl. Apitzsch 2015, S. 262). Gleichzeitig schützt aber auch die fehlende Formalisierung, genauer die Unmöglichkeit der Formalisierung bestimmter Erwartungen, das Individuum vor dem Zugriff durch die Organisation. Solche Erwartungen betreffen zum Beispiel die Beziehung zwischen Mitgliedern oder zwischen Mitgliedern und Nicht-Mitgliedern (Kühl 2011, S. 118). Dabei können „Würde und Freundlichkeit, Respekt vor dem Kollegen, gute menschliche Beziehungen oder gar Rücksicht auf das Betriebsklima" (Luhmann 1972, S. 292) ebenso wenig wie Akzeptanz, Engagement oder Vertrauen

---

[6]Auch Mitglieder der Organisation sind nicht davon ausgeschlossen, da auch sie nur durch bestimmte Handlungen mit der Organisation verwoben sind, nicht aber als vollständige Aktionssysteme in ihr aufgehen (Luhmann 1972, S. 108).

[7]Zur Illusion der vollständigen Integration des Individuums in die Organisation, die selbstorganisierte Arbeitsformen wie die Holacracy bewerben, siehe Schumacher und Wimmer (2019, S. 17).

formalisiert werden (Froschauer und Lueger 2015, S. 199). Auch der Anspruch an Mitglieder, authentisch oder kreativ zu sein, ist nicht formalisierbar (Kühl 2011, S. 118; Froschauer und Lueger 2015, S. 210 f.). An diesen Beispielen wird schnell deutlich, warum ihre Formalisierung nicht möglich ist: Ob ein Mitglied gegenüber Kunden beispielsweise freundlich ist oder freundlich genug ist, ist nur schwer zu beurteilen. Um formale Erwartung sein zu können, muss jedoch eindeutig für alle feststellbar sein, wann die Erwartung erfüllt oder enttäuscht wird, da, wie weiter oben erläutert, auf dieser Grundlage die Mitgliedschaftsbedingung beruht. Folglich ergeben sich daraus Erwartungen, die notwendig sind, um den Bestand der Organisation zu sichern, die jedoch, da ihre Erfüllung oder Enttäuschung nicht eindeutig bestimmt werden kann, nicht formalisierbar sind.

7.3   Die Sicherung bestandsnotwendiger, nicht-formalisierter Leistungen

In den beiden vorangegangenen Abschnitten wurde herausgearbeitet, weshalb es in Organisationen Verhaltenserwartungen gibt, die nicht formalisiert sind, obwohl ihre Erfüllung bestandsnotwendige Leistungen sichern würde. Einerseits kann dies mit der Notwendigkeit der *einen, konsistenten* Formalstruktur begründet werden, die bestimmte, für den Bestand notwendige Erwartungen nicht aufnehmen kann, auch wenn dies grundsätzlich möglich wäre, da sie den bereits in der Formalstruktur fixierten Erwartungen widersprechen würden. Andererseits sind bestimmte Erwartungen nicht formalisiert, weil auf ihrer Grundlage die Mitgliedschaftsfrage nicht eindeutig beantwortet werden kann und sie deshalb nicht formalisierbar sind. Nach dieser systemtheoretischen, differenzierten, aber getrennten Betrachtung von Formal- und Informalstruktur, muss nun, um die Frage nach ihrem Verhältnis zueinander in der holakratischen Organisation beantworten zu können, der Blick wieder auf beide Strukturen auf dem gemeinsamen Spielfeld der Organisation gerichtet werden. Im Folgenden wird daher untersucht, wie die für den Organisationsbestand notwendige Erbringung bestimmter Leistungen, deren Erwartung nicht formalisiert ist, dennoch gesichert werden kann. Um dabei die Spezifik der holakratischen Organisation herauszustellen, wird sie nachfolgend der klassischen Organisation gegenübergestellt.

Die Integration widerspruchsvoller Umweltanforderungen

In der klassischen wie auch in der holakratischen Organisation kann der Problematik der widerspruchsvollen Umweltanforderungen auf zwei Arten begegnet werden. Eine Möglichkeit besteht darin, dass Widersprüche in den Umweltanforderungen durch das Mitglied verarbeitet werden. Zunächst einmal fängt die Organisation die Problematik der Widersprüche auf, indem sie sie in ihre Struktur transformiert (Luhmann 1977, S. 261). Dies geschieht, indem sie ihre Funktionen, das heißt die Leistungen, die sie der Umwelt gegenüber erbringen muss, um ihren Bestand zu sichern, in Zwecke oder im

Fall der holakratischen Organisation in Purposes übersetzt und dadurch definiert (ebd., S. 260 f.).[8] Die bestandsnotwendigen Leistungen können allerdings, da sie komplexen und widersprüchlichen Umweltanforderungen genügen müssen, nicht bruchlos in die Strukturen der Organisation übersetzt werden (ebd., S. 261 f.). Bestandsprobleme der Organisation sind daher zwar definierte, jedoch mangelhaft definierte Probleme, die dadurch zwar Handlungen zur Lösung des Problems orientieren, aber nicht determinieren können (ebd., S. 265). „Das Dilemma von Funktion und Struktur bedeutet demnach, daß nicht alle Komplexität durch Strukturbildung absorbiert werden kann, daß diese Leistung vielmehr auf Struktur und Prozeß, in unserem Falle auf Zweckprogramm und Entscheidungstätigkeit, verteilt werden muß" (ebd., S. 266). Die Entscheidungstätigkeit wird durch das Mitglied ausgeführt, das sich am Zweck oder Purpose orientiert und diesen interpretiert, um ein Mittel abzuleiten, das der Erfüllung des Zwecks oder des Purposes dient. Auch wenn dadurch ein gewisser Spielraum für die Erfüllung der widersprüchlichen Umweltanforderungen ermöglicht wird, bleibt „[d]ie Zweckorientierung des Handelns […] Gegenstand laufender Bemühung, die zwar durch Organisation parzelliert und entlastet, durch Strukturbildung vereinfacht, aber nicht erübrigt werden kann" (ebd., S. 265 f.).

Folgender, zusätzlicher Schritt kommt darüber hinaus bei der holakratischen Organisation bei dieser Art der Bearbeitung der widersprüchlichen Umweltanforderungen hinzu: Das Mitglied muss seine gewählten Mittel zum Beispiel in seine Rollenbeschreibung aufnehmen, wenn es mehrfach eine „individuelle Aktion" ausführt, das heißt ein Mittel mehrfach benötigt, um seinen Purpose zu verfolgen, welches jedoch nicht in seiner Rollenbeschreibung oder der Beschreibung des jeweiligen Kreises fixiert ist.[9] Ist der Purpose der Lebensmitteltechnik-Rolle zum Beispiel die Entwicklung eines Puddings, so kann sie je nach Umweltanforderung den Pudding in einem Fall beispielsweise nach der bewährten Rezeptur herstellen, wenn gerade der „classic" Pudding der Organisation erfordert wird, oder sie kann ihn im anderen Fall so günstig wie möglich produzieren, wenn zum Beispiel der Marktpreis für Pudding gerade sehr niedrig ist. Die Rolle muss nun jedoch im Vergleich zu einem Mitglied einer klassischen Organisation bei der Umstellung von klassischem auf günstigen Pudding in ihre Rollenbeschreibung zusätzlich aufnehmen, dass sie von nun an auch den Pudding-Marktpreis regelmäßig prüft. Dies geschieht über den Governance-Prozess, der später in diesem Abschnitt noch erläutert wird.

Des Weiteren kann auf die widersprüchlichen Umweltanforderungen in der klassischen wie auch in der holakratischen Organisation mit interner Differenzierung der Organisation zum Beispiel in Abteilungen und Stellen oder in Kreise und Rollen reagiert werden. Differenzierung beschreibt dabei zunächst lediglich den Vorgang, bei dem sich

---

[8] Siehe dazu auch Strothotte in diesem Sammelband.
[9] Siehe dazu die Artikel 4.3–4.3.4 der Verfassung zur „Individual Action": https://www.holacracy. org/constitution [zuletzt aufgerufen am 15.10.2021].

im Inneren der Organisation die Organisationsbildung wiederholt (Luhmann 1972, S. 76). Die dadurch entstehenden „Untersysteme bekommen dann Leistungsaufgaben zugeteilt, die sich aus den Bedürfnissen (nicht allein: dem Zweck) des Gesamtsystems ergeben" (ebd., S. 77). Innerhalb des Gesamtsystems befinden sich die Untersysteme in einer strukturierten Umwelt, die es ihnen, verglichen mit der unkontrollierbaren und veränderlichen Umwelt des Gesamtsystems, erleichtert, sich ihren spezifischen Leistungsaufgaben zu widmen (ebd.). „Die interne Differenzierung eines Systems in Untersysteme ist demnach ein Prozeß, durch den das Gesamtsystem die Problematik seiner Umwelt nach innen weitergibt" (ebd., S. 79). Zwar kann dadurch, wie eben erläutert, die Erbringung bestimmter bestandsnotwendiger Leistungen erleichtert werden, jedoch sind damit die Widersprüche, die vorher in der Umwelt der Organisation existierten, nicht aufgelöst worden, sondern sie wurden lediglich in das Innere der Organisation hineingetragen (ebd., S. 86; 88; 306). Im Inneren der Organisation können solche Widersprüche dann zu Konflikten führen (Luhmann 1977, S. 280). „Man löst das Problem dann nicht mehr durch gemeinsame Erkenntnisse (wenngleich viele Konfliktentscheidungen als ‚gemeinsame Erkenntnis' dargestellt werden), sondern durch Herbeiführung einer Entscheidung" (ebd., S. 282).

Die klassische Organisation kann Entscheidungen zur Lösung solcher Konflikte auf zwei Weisen herbeiführen (ebd.; Luhmann 2018, S. 168). Erstens können im Konfliktfall nächste gemeinsame Vorgesetzte hinzugezogen werden, die dann eine Entscheidung fällen, die zwar formal ist, deren Vorbereitung jedoch sowohl formal als auch informal sein kann (Luhmann 1977, S. 280). Zweitens besteht die Möglichkeit der informalen Konfliktlösung, bei welcher „durch verdeckt operierende, den Konflikt nicht zugestehende Taktiken wie zum Beispiel verkürzte Unterrichtung oder, umgekehrt, laufende Berieselung mit ausgewählten Informationen, Tauschangebote oder personalpolitische Maßnahmen" eine Entscheidung unter allen Beteiligten ausgehandelt wird (ebd.). „Auch diese Manöver streben auf eine formal gültige Entscheidung zu, denn nur so kann ein Gewinn legitimiert und gesichert werden, aber ihr Ziel wird – im Unterschied zu den auf dem Dienstweg erarbeiteten Entscheidungen – nicht als Entscheidung über den Konflikt dargestellt" (ebd.; siehe auch Pannes 2011, S. 57).

In der holakratischen Organisation gibt es im Vergleich zur klassischen Organisation keine formalen Führungspersonen und keine klassische Hierarchie (Robertson 2015, S. 20 ff.). Dementsprechend können in Konfliktfällen auch nicht nächste gemeinsame Vorgesetze hinzugezogen werden. Der Lead Link des Kreises, der von dem nächstäußeren Kreis gewählt wird, um dessen Perspektive und Bedürfnisse in dem Kreis zu vertreten und diesen nach seinem nächstäußeren Kreis bezüglich Purpose und Strategie auszurichten (ebd., S. 46), kann zwar allgemeine Prioritäten oder Strategien wie beispielsweise „risk over safety" formulieren, allerdings verfügt er über keine formale Entscheidungsgewalt.[10]

---

[10] Siehe dazu Artikel 2.2.2 der Verfassung: https://www.holacracy.org/constitution [zuletzt aufgerufen am 15.10.2021].

Konfliktfälle, die dadurch entstehen, dass widersprüchliche Umweltanforderungen durch ihre Überführung in die Organisation in den Kreisen wieder hervorkommen, müssen in der holakratischen Organisation formal über den Governance-Prozess gelöst werden. Zur Illustration wird noch mal das Beispiel der Puddingentwicklung herangezogen, bei welchem es nun zu einem Konflikt zwischen der Marketing-Rolle und der Rolle, die für die Lebensmitteltechnik zuständig ist, kommt. Die Marketing-Rolle will den Pudding als „natürlich" und „gesund" bewerben, weswegen bei dem Pudding auf bestimmte Inhaltsstoffe verzichtet werden soll.[11] Im Governance-Prozess[12] des Governance-Meetings des Kreises, also in einem Meeting, bei dem an der Formalstruktur des Kreises gearbeitet wird (ebd., S. 26 f.), macht die Marketing-Rolle daher den Vorschlag, dass die Lebensmitteltechnik-Rolle die Rezeptur anpasst. Die Lebensmitteltechnik-Rolle hingegen will gerade auf diese Inhaltsstoffe nicht verzichten, da sich dies ansonsten negativ auf die Konsistenz oder Haltbarkeit des Produkts auswirken würde. Sie bringt dies daher als Einwand ein. Die Marketing-Rolle hat nun die Möglichkeit, ihren Vorschlag so anzupassen, dass ihre Spannung, nämlich dass der Pudding als gesund und natürlich vermarktet werden soll, durch den angepassten Vorschlag weiterhin gelöst wird, gleichzeitig sich aber auch der Einwand der Lebensmitteltechnik-Rolle erübrigt. Wenn der neu formulierte Vorschlag wieder auf Einwände stößt, wiederholt sich der Vorgang, und zwar so lange, bis alle Einwände integriert wurden und der angepasste Vorschlag weiterhin die Spannung löst. Im letzten Schritt wird die Formalstruktur modifiziert. Der eben beschriebene Governance-Prozess ist lediglich vereinfacht dargestellt. Hinzu kommt, dass der Lead Link die Gültigkeit von Vorschlag und Einwand prüfen muss, es Rückfrage- und Klärungsrunden gibt und Einwände auch von mehreren Rollen eingebracht werden können. Der Aufwand, der betrieben wird, um eine Konfliktlösung bei widersprüchlichen Umweltanforderungen zu finden, lässt plausibel erscheinen, dass Entscheidungen auch in der holakratischen Organisation, wie im Fall der klassischen Organisation erläutert, informal vorbereitet werden. Es ist leicht vorstellbar, dass auf weniger rigide Weise als im Meeting über die Puddingrezeptur zum Beispiel in der Teeküche diskutiert wird oder Aushandlungen unter den Beteiligten stattfinden, bei denen nicht alle Widersprüche und Einwände aufgelöst werden, sondern lediglich eine Übereinkunft getroffen wird. Danach muss zwar die Entscheidung noch formal verankert werden, der Governance-Prozess verläuft aber vermutlich schneller und reibungsloser als ohne informale Vorbereitungen.

Der erweiterte Zugriff der Organisation auf das Individuum
Neben den eben dargestellten Erwartungen, die aufgrund der widerspruchsvollen Umweltanforderungen und der Notwendigkeit einer konsistenten Formalstruktur

---

[11] Selbstverständlich handelt immer das Mitglied aus einer bestimmten Rolle heraus, nicht aber die Rolle an sich. Zur Vereinfachung wird hier jedoch verkürzt von der Rolle, die handelt, gesprochen.
[12] Für eine ausführliche Darlegung der Regeln des Goverrnance-Prozesses siehe Artikel 3 der Verfassung: https://www.holacracy.org/constitution [zuletzt aufgerufen am 15.10.2021].

nicht formalisiert werden, gibt es, wie weiter oben erläutert, eine weitere Gruppe nicht formalisierter Erwartungen. Diese beziehen sich beispielsweise auf „Probleme der Zusammenarbeit, die nicht auf diese offizielle Weise ausgewiesen und gelöst werden können" (Luhmann 1965, S. 171), oder auf das „Ausnutzen einer Schnittstellenfunktion zu Kunden oder Lieferanten" (Froschauer und Lueger 2015, S. 200; siehe auch Luhmann 2018, S. 167). Im Vergleich zu der ersten Gruppe an Erwartungen sind diese nicht formalisiert, da sie grundsätzlich nicht formalisierbar sind. Nachfolgend wird erläutert, wie die bestandsnotwendigen Leistungen, deren Erwartung jedoch nicht formalisierbar ist, in der holakratischen Organisation im Vergleich zur klassischen gesichert werden können.

Durch die organisationswissenschaftliche Forschung ist weitgehend bekannt, wie die Formalstruktur die informale Struktur beeinflusst und formt (Kühl 2011, S. 129). Dabei ist „das generelle Argument, dass diese vielfältigen informalen Erscheinungen unvermeidbare Folge der Formalisierung sind, wobei die Formalstruktur die Topografie für die Formen der Informalität vorgibt" (Tacke 2015, S. 66). Eine Möglichkeit der Beeinflussung der Informalstruktur in der klassischen wie auch in der holakratischen Organisation besteht darin, über die Formalstruktur die Erbringung bestimmter Leistungen, deren Erwartung nicht formalisierbar ist, nicht zu sichern, aber zumindest wahrscheinlicher zu machen. Beispielsweise kann Leistungsmotivation, also die Motivation, mehr zu leisten als durch die Mitgliedschaftsbedingung gedeckt ist (Luhmann 1972, S. 104), dadurch wahrscheinlicher gemacht werden, dass die Organisation ihre Mitglieder über einen Zweck motiviert, mit dem sie sich stark identifizieren können. Auch die Auswahl eines neuen Mitglieds nach Ähnlichkeiten zu dem bereits bestehenden Personal beispielsweise bezüglich des Ausbildungsgrads oder der inneren Werte kann es wahrscheinlicher machen, dass ein gutes Betriebsklima herrscht und Mitglieder einander freundlich und respektvoll begegnen. Des Weiteren kann die Formalstruktur indirekt auf die Informalstruktur wirken, da sie in der Organisation eine herausgehobene Stellung einnimmt (ebd., S. 28). Wie in dem vorangegangenen Abschnitt dargestellt, muss beispielsweise eine informale Übereinkunft auch formal entschieden werden, um legitim und gültig zu sein. Ein Übergehen bestimmter formaler Schnittstellen oder Prozesse zur Entscheidungsfindung ist daher nicht möglich. Verhalten, das nicht formal erwartbar ist, kann darüber hinaus insofern beeinflusst werden, als die Mitgliedschaftsrolle erst den Zugang zu allen anderen, auch informalen Rollen ermöglicht (ebd., S. 39). Das Verhalten eines Mitglieds kann sich daher nicht rein an seinen persönlichen Interessen orientieren, vielmehr muss das Mitglied auch seine „formalen Pflichten miterfüllen [...], wenn e[s] seine persönlichen Ziele erreichen will" (Luhmann 1965, S. 165). Um diese formalen Pflichten erfüllen zu können, ist nicht nur die Organisation als Ganzes, sondern auch das einzelne Mitglied darauf angewiesen, dass andere Mitglieder Leistungen erbringen, deren Erwartung nicht formalisierbar ist. „Wer sich nicht daran halten kann oder will, wird auf die Hungerration rein formaler, jedenfalls unschädlicher Information gesetzt und dadurch in seiner Aktionsfähigkeit und seinem

Einflußpotential erheblich beschnitten" (ebd., S. 172).[13] Das Verhalten von Mitgliedern ist, wenn auch nicht immer formalisierbar, auch an die langfristigen Konsequenzen für die Zusammenarbeit in der Organisation ausgerichtet.[14]

In der klassischen Organisation kann die Formalstruktur „nicht alle Probleme des sozialen Systems [lösen]; sie läßt manches offen und überwälzt viele Schwierigkeiten auf die Einzelperson, die – vielleicht dank besserer Eigenorganisation – damit so oder so fertig wird, und sei es durch Heulkrämpfe wie die Kellnerinnen in Whytes Restaurant-Untersuchung" (Luhmann 1972, S. 271; 108). Eine andere Möglichkeit, die damit eng zusammenhängt, besteht in dem Abwälzen der nicht durch die Formalstruktur sicherbaren Leistungen auf die informale Struktur (ebd., S. 67 f.). Wie bereits herausgearbeitet wurde, stehen weder die Einzelperson noch die Informalstruktur bei der Sicherung dieser Leistungen losgelöst von der Formalstruktur. Vielmehr greifen Formal- und Informalstruktur ineinander – die Formalstruktur durch die Mitgliedschaft, die auch im informalen Bereich Grundvoraussetzung allen Handelns ist und, wie im Folgenden näher beleuchtet wird, die Informalstruktur durch Tauschgeschäfte. Kredite, im Sinne von Gefälligkeitsansprüchen, die ein Mitglied im informalen Bereich gesammelt hat, können dafür eingesetzt werden, dass seine Arbeit im formalen Bereich erleichtert wird und umgekehrt.[15] Beispielsweise können Kreditpunkte im informalen Bereich durch einen Akt brauchbarer Illegalität gesammelt werden.[16] Diese können dann im formalen Bereich zum Beispiel dafür genutzt werden, dass bei Konflikten eine informale Übereinkunft und letztlich eine formale Entscheidung getroffen wird, die vorteilig für das jeweilige Mitglied ist, das die Kreditpunkte einlöst. Auch der umgekehrte Fall ist möglich, dass eine dem anderen Mitglied vorteilige Entscheidung bei Konflikten dafür genutzt wird, um im formalen Bereich Kreditpunkte zu sammeln, die dann im informalen Bereich für eine brauchbar illegale Handlung dieses Mitglieds eingelöst werden. Dabei gilt allerdings, dass Kredite zwar im formalen Bereich gesammelt beziehungsweise eingesetzt werden können, dass das Verhalten, das zum Sammeln oder Einsetzen notwendig ist, dennoch informal ist.[17] Wie unterscheidet sich nun dieses Verhältnis von dem Verhältnis zwischen Formal- und Informalstruktur in der holakratischen Organisation?

Auch in der holakratischen Organisation ist die Grundvoraussetzung allen Handelns des Mitglieds seine Mitgliedschaftsrolle und die Pflichten, die es zu erfüllen gilt,

---

[13] Siehe zu den lähmenden Effekten buchstäblichen formalen Handelns auch Luhmann (1972, S. 301).

[14] Siehe dazu Lehmkuhl et al. (2019, S. 55), die ähnliches am Beispiel des Verhaltens von Personalratsmitgliedern darstellen.

[15] Zu persönlichen Krediten allgemein in Organisationen siehe Luhmann (1972, S. 310).

[16] Siehe Luhmann (1972, S. 304 ff.) für nähere Ausführungen zur brauchbaren Illegalität.

[17] Siehe dazu auch die Ausführungen von Luhmann (1972, S. 338 f.) zu der Unvereinbarkeit von Formalstruktur (nicht dem sozialen System!) und Tauschleistungen.

um diese aufrechtzuerhalten. Dementsprechend wirken die eben erläuterten Grundmechanismen des Einflusses der Informalstruktur durch die formale Struktur tendenziell auch in der holakratischen Organisation. Der Unterschied zwischen dem Verhältnis zwischen Formal- und Informalstruktur in der klassischen Organisation zu dem in der holakratischen liegt in den Tauschmöglichkeiten der Mitglieder. Die permanente Möglichkeit, die Formalstruktur in der holakratischen Organisation zu ändern, führt dazu, dass nicht-entschiedene, aber grundsätzlich entscheidbare Entscheidungsprämissen in einen flüchtigen Zustand geraten. Der Status von Verhaltenserwartungen, die nicht formalisiert, aber grundsätzlich formalisierbar sind, kann jederzeit von formal zu nicht-formal geändert werden und umgekehrt. Leistungen, die bestandsnotwendig sind und deren Erwartung grundsätzlich formalisierbar ist, können in der holakratischen Organisation bei Bedarf stets formalisiert werden. Im Gegensatz dazu können, wie bereits dargestellt wurde, in der klassischen Organisation, die für ihren Bestand nicht nur eine konsistente, sondern – und das ist entscheidend für die Unterscheidung zur holakratischen Organisation – auch eine auf Beständigkeit ausgerichtete Formalstruktur benötigt, diese Erwartungen nicht formalisiert werden, auch wenn ihre Formalisierung grundsätzlich möglich wäre. In der holakratischen Organisation hingegen kann die Formalstruktur jederzeit verändert werden. Die Formalstruktur umfasst in der holakratischen Organisation daher nicht nur die Gesamtheit aller formalen Erwartungen, sondern auch potenziell den Bereich der nicht-entschiedenen, aber grundsätzlich entscheidbaren Entscheidungsprämissen, da die Erwartungen in diesem Bereich jederzeit formalisiert werden können. Durch diese permanente Möglichkeit der Änderung der Formalstruktur in der holakratischen Organisation entfallen die Möglichkeiten, durch Tausch von Gefälligkeiten, in diesem Fall von Verhalten, das nicht formalisiert, aber grundsätzlich formalisierbar ist, Kredite bei anderen Mitgliedern zu sammeln. Im Vergleich zur klassischen Organisation können Kredite in der holakratischen Organisation dann zwar ebenfalls im formalen und informalen Bereich eingelöst werden, das Sammeln der Kredite, für die es informale Handlung braucht, ist in der holakratischen Organisation allerdings nur durch nicht formalisierbares Verhalten, nicht aber durch Verhalten, das grundsätzlich formalisierbar wäre, möglich. Beim Tausch von Gefälligkeiten, sowohl im informalen als auch im formalen Bereich, entsteht ein Monopol des informalen Verhaltens, das nicht formalisiert ist, da es grundsätzlich nicht formalisierbar ist.

Für das Verhältnis von Formal- und Informalstruktur in der holakratischen Organisation bedeutet das, dass beide Strukturen, wie auch in der klassischen Organisation, weiterhin ineinandergreifen und dies bei der Formalstruktur nach wie vor durch die Mitgliedschaft erfolgt. Die Gesamtheit des Verhaltens, das die Informalstruktur umfasst, ist verglichen mit der der klassischen Organisation hingegen kleiner. Dies liegt darin begründet, dass das Verhalten im Bereich der nicht entschiedenen, aber grundsätzlich entscheidbaren Entscheidungsprämissen in der holakratischen Organisation bei Bedarf jederzeit formalisiert werden kann, dieser Bereich daher flüchtig ist. Für die

Verflechtung der Informalstruktur in der Formalstruktur hat dies zur Folge, dass der Tausch zwar weiterhin in beiden Bereichen stattfindet, die Tauschmöglichkeiten sich nun allerdings auf das Verhalten, das nicht formalisiert ist, da es grundsätzlich nicht formalisierbar ist, beschränken.

7.4 Der Tausch in der holakratischen Organisation

Die Flüchtigkeit des Bereichs der nicht entschiedenen, aber grundsätzlich entscheidbaren Entscheidungsprämissen sowie die Reduzierung der Tauschmöglichkeiten auf das nicht formalisierbare Verhalten sind kennzeichnend für die holakratische Organisation. Welche Folgen sich daraus für diese und ihre Mitglieder ergeben, wird in diesem Abschnitt am Beispiel der fünf untersuchten Organisationen illustriert. Ausgangspunkt bilden dabei die Folgeprobleme der holakratischen Formalisierung,[18] für die der Tausch ein Lösungs-mechanismus darstellt und die nachfolgend zunächst einmal vorgestellt werden.

Die Iterativität der holakratischen Formalisierung, die zwar die schnelle Anpassung der Formalstruktur an veränderte Umweltanforderungen ermöglicht, kann eine permanente Unsicherheit der Mitglieder in ihrer Arbeit mit dem Managementkonzept zur Folge haben. Aus der hohen Spezifität der holakratischen Formalisierung, die eine Klar-heit der formalen Rollenerwartungen ermöglicht, resultieren Rollenkonflikte zwischen formalen sowie zwischen formalen und informalen Rollen, die im Vergleich zu denen der klassischen Organisation verschärft sind. Darüber hinaus kann die Spezifität der holakratischen Formalisierung zur Folge haben, dass Mitglieder Dienst nach Vorschrift betreiben. Die rekonfirmative Wirkung der Formalstruktur, die daraus resultiert, dass Mit-glieder bei jeder Iteration der Formalisierung die Formalstruktur mitgestalten können, kann in der Theorie zu genuiner oder mehr Motivation führen, ebenso kann sich aber auch der umgekehrte Effekt einspielen, nämlich dass die Beschaffung der Leistungsmotivation problematischer wird als sie ohnehin schon ist. Da jedoch empirisch beobachtet werden konnte, dass es eine gewisse Tendenz dazu gibt, Dienst nach Vorschrift zu betreiben (Sua-Ngam-Iam und Kühl 2021, S. 62 f.), liegt es nahe anzunehmen, dass durch die rekonfirmative Wirkung der holakratischen Formalisierung die Problematik der Beschaffung der Leistungsmotivation verschärft wird. Darüber hinaus wird Mitgliedern aufgrund der faktischen Unwirksamkeit der normativen Erwartung kognitiven Erwartens ermöglicht, Spannungen nicht zu verarbeiten und dennoch die Mitgliedschaft dadurch formal nicht zu gefährden. Die Frage, wie den eben dargestellten Folgeproblemen der holakratischen Formalisierung in den jeweiligen untersuchten Organisationen durch den Tausch begegnet wird, wird im nachfolgenden Abschnitt beantwortet.

---

[18] Für eine ausführliche Erläuterung der Folgeprobleme siehe Sua-Ngam-Iam und Kühl (2021); Sua-Ngam-Iam (2021a, b).

Der informale Umgang mit Unsicherheit

Die Iterationen der holakratischen Formalisierung haben zum einen eine hohe Elastizi-
tät der Formalstruktur zur Folge. Zum anderen ergeben sich aus den Iterationen
bei Organisationsmitgliedern Unsicherheiten, da die Beständigkeit und damit die
Erwartungssicherheit der formalen Struktur abnehmen. Wenn nun die formalen
Rollenerwartungen anderer Mitglieder nicht mehr genügend Orientierung für das
eigene Handeln bieten, können Mitglieder sich an anderen Erwartungen, die zeitlich
beständiger sind, nämlich an Personenerwartungen anderer Mitglieder, orientieren.
Benötigt ein Mitglied beispielsweise von einem anderen Mitglied bestimmte
Informationen oder Vorarbeiten für seine eigenen Tätigkeiten, reicht es aus, wenn
in etwa klar ist, welches Mitglied für welchen Bereich zuständig ist. Welche einzelnen Aufgaben genau in der formalen Rollenbeschreibung des anderen Mitglieds
aufgeführt werden, ist hingegen erst einmal irrelevant. Damit jedoch die formalen
Rollenerwartungen ersetzt, also auch unabhängig von diesen die Erwartungen des einen
Mitglieds, dass das andere Mitglied ihm beispielsweise die erfragten Informationen
erteilt oder die Vorarbeiten erbringt, erfüllt werden können, bedarf es des Tauschmechanismus. Wie bereits erläutert, können Mitglieder durch nicht formalisierbare
Handlungen Kreditpunkte bei anderen Mitgliedern sammeln. Kreditpunkte können bei
anderen Mitgliedern zu einem späteren Zeitpunkt ebenfalls für Handlungen eingelöst
werden, deren Erwartung nicht formalisiert ist. Der Tausch ermöglicht deshalb nicht
nur, dass nicht formalisierte Verhaltenserwartungen, wie beispielsweise das Ausführen
einer Tätigkeit, die nicht in der formalen Rollenbeschreibung aufgeführt ist, dennoch
erbracht werden. Vielmehr erübrigt sich dadurch auch die Frage nach den tatsächlichen
formalen Rollenerwartungen. Zudem kann die Einhaltung von Erwartungen, die nicht
formalisiert sind, da sie nicht formalisierbar sind, durch Tausch zumindest wahrscheinlicher gemacht werden, wenn auch nicht in dem Maße, wie formalisierbare Erwartungen
durch Formalisierung gesichert werden können. Nicht formalisierbare Erwartungen in
der holakratischen Organisation sind zum Beispiel das Priorisieren einer Anfrage anhand
der anfragenden Person und nicht anhand des Inhalts der Anfrage, der Verzicht auf das
Einbringen von Einwänden im Governance-Prozess und die Entscheidungsfindung über
informale Absprachen sowie das Geben *brauchbarer* Feedbacks, die dem Mitglied,
das eine bestimmte Rolle innehat, ermöglichen, auf Basis dieser Rückmeldungen eine
informierte Entscheidung zu treffen.[19]

Wie sich konkret Tauschbeziehungen ausbilden, wird an einem empirischen Fall aus
der Organisation Cloud-IT deutlich. Ein interviewtes Mitglied schildert, dass sie in der
Organisation „autarke Beratungsteams" seien, die „auch keinerlei beratungsseitigen
Überschneidungen […], aber genau die gleichen Entwickler, die […] [ihnen] zuarbeiten"
hätten (Cloud-IT, Interview 8, #00:11:39). Das Mitglied führt ferner aus: „Dieses
Commitment, das wir untereinander haben, wir wollen zusammenarbeiten, schlägt

---

[19] Siehe dazu auch Sturhahn in diesem Sammelband.

sich natürlich auch so aus, dass die [fünf] Entwickler, die mir gegenübersitzen, bevorzugt meine Kunden bedienen, das heißt, da sind dann eher [Name Mitglied] und seine Tischgruppe betroffen, die dann einfach öfter hintenanstehen und warten müssen" (ebd.). In einem anderen Interview wird ähnliches berichtet: „Ja, ich glaube schon, gerade so Sachen, wenn es darum geht, dass die Entwicklerkapazität verteilt wird, dass natürlich innerhalb von [Name Tischgruppe], die … aus Holacracy es eigentlich gar nicht gibt, aber unsere Berater natürlich uns [Name Tischgruppe]-Entwickler quasi bevorzugt einfach nehmen, ohne das groß abzustimmen" (Cloud-IT, Interview 6, #00.13.42). „Anderswo [gäbe] es dann manchmal […] ein bisschen böses Blut, dass sie … dass einige da einen privilegierten Zugriff sozusagen darauf haben. Aber ich glaube, das hat sich in vielen Gruppen so eingelebt, die einfach so untereinander so ein bisschen ihre Kapazitäten absprechen" (ebd.). Mitglieder, die in der Beratung tätig sind, jedoch keiner Tischgruppe angehören, können in diesen festen Tauschbeziehungen kaum selbst Kredite sammeln beziehungsweise einlösen. In einem Interview wird bemängelt, dass „nicht abgestimmt wird, wie […] jetzt wirklich die Prioritäten zwischen den Projekten" gesetzt werden (Cloud-IT, Interview 7, #00:25:20). Das Mitglied erläutert ferner, dass es „natürlich wenig Vertrauen" habe, dass wenn es „irgendeine Aufgabe oder Tätigkeit" einer Tischgruppe geben würde, „dass das entsprechend priorisiert wird und darauf geachtet wird, dass das abgearbeitet wird" (ebd.). An diesem Fall wird deutlich, dass durch Tausch mit relativ großer Sicherheit erwartet werden kann, dass zum einen Mitglieder, die für die Entwicklung zuständig sind, die Projekte bestimmter Mitglieder in der Beratung bevorzugt bearbeiten. Zum anderen buchen Mitglieder, die beratend tätig sind, bei neuen Projekten bestimmte Mitglieder aus der Entwicklung für ihre Projekte. Tauschgeschäfte können, müssen jedoch nicht wie in diesem Sonderfall dazu führen, dass sich feste Tauschbeziehungen ausbilden, die andere vom Tausch ausschließen.

Neben festen Tauschbeziehungen gibt es eine weitere zeitlich relativ konstante Beziehungsform zwischen den Mitgliedern einer Organisation, die sich durch Tausch bildet und erhält: die informale Hierarchie. „Hoher Status ist nicht nur […] ein Machtsymbol und Einflussmittel des Überlegenen, sondern dient den Schwächeren dazu, ihn zu entmachten und ihn in Abhängigkeit von Leistungen zu bringen, die *sie* anbieten können" (Luhmann 1972, S. 129, Hervorheb. im Orig.). Demnach ist der Tausch auch weiterhin möglich, wenn ein Mitglied eine Gefälligkeit nicht durch denselben Typ der Gefälligkeit erwidern kann. Wenn Mitglied A beispielsweise in seiner Rolle eine Entscheidung treffen muss, sich jedoch unsicher darüber ist, welche, könnte ihm Mitglied B aufgrund seiner hohen fachlichen Kompetenz Feedback dazu geben. Wäre nun später Mitglied B in einer ähnlichen Situation, so könnte Mitglied A aufgrund seiner fehlenden fachlichen Kompetenz diesen Gefallen nicht auf gleiche Art erwidern. „Man braucht nicht gleich an Schmeichelei zu denken. Schon Ehrerbietung und Vorzugsbehandlung verhelfen dazu, ihm die Macht zu nehmen, die aus seiner Leistungsfähigkeit und Unabhängigkeit resultiert" (ebd., S. 129 f.). In den fünf empirischen Fällen kann diese Vorzugsbehandlung vor allem gegenüber Mitgliedern festgestellt werden, denen ein hohes fachliches oder Organisationswissen zugeschrieben wird. In einem Interview bei SoftLink schildert ein Mitglied zum Beispiel, dass es bereits mehrere Jahre im Management war und daher „sehr viel weiß über die Firma, auch sehr viele Skills habe, die irgendwie breit sind […]" (SoftLink, Interview 3a, #00:42:04). Des Weiteren führt das Mitglied aus, es habe sich „am Anfang […] sehr zurückgehalten und eigentlich auch zurückgezogen, um möglichst viel Raum zu schaffen für andere und irgendwann mal hatte [es] die Einsicht, es gibt halt Dinge, die kann [es] und die kann [es] besser als andere" (ebd.) Das Mitglied beschreibt, dass es festgestellt hat, dass „wenn [es] eine Meinung [hat], oder wenn [es] etwas [sagt], dass das ein höheres Gewicht haben kann, als wenn das jemand anderes tut […]" (ebd.). Bei Plasticles berichtet ein Mitglied, dass es schon mal „an dem Punkt" war, an dem es seine „Expertenmeinung da nicht mehr durchboxen" wollte und konnte (Plasticles, Interview 8; #00:27:57). Das Mitglied habe dann „den Wunsch und die Hierarchie von den Lead Links" akzeptiert, die zwar nicht seine Rolle innehatten, aber „natürlich auch schon super lange im Unternehmen" waren und „auch irgendwie schon viel Erfahrung [hatten], was in der Vergangenheit gut funktioniert hat oder nicht" (ebd.). Kritischer wird hingegen das „Kompetenzgefälle" gewertet (Plasticles, Interview 7, #00:18:27). Dieses drückt sich dadurch aus, dass „die und die Sache bei irgendeiner Rolle reingeschrieben" werde und es nun „eine Rollen-füllerin oder zwei [gibt], aber irgendwie wissen alle, dass jemand, der nicht auf der Rolle ist, vielleicht das doch viel besser kann, weil er das schon fünf Jahre gemacht hat in einer anderen Firma" (ebd.). In einem der Interviews bei IT-Tower wird von einem Fall berichtet, bei welchem ein Mitglied in der informalen Hierarchie aufsteigen konnte (IT-Tower, Interview 2, #00:44:03). Das interviewte Mitglied berichtet, dass sein "Kollege […] ein Steckenpferd" habe und er habe, „das war ihm sowas von dringend wichtig", eine „Initiative gefahren, da ist ein Circle gewachsen, der war extrem relevant, er hat seinen Zweck erfüllt und jetzt hat sich der Circle aufgelöst" (ebd.). „Der gute Kollege" hingegen sei „extrem zufrieden und jeder kennt ihn […], man weiß, der ist relevant" (ebd.).

Anhand der eben dargestellten empirischen Beispiele wird deutlich, dass der Tausch Rollenerwartungen durch Personenerwartungen ersetzen kann. Dadurch erübrigt sich einerseits die Frage nach den formalen Rollenerwartungen, andererseits wird es wahrscheinlicher, dass auch nicht formalisierbaren Erwartungen entsprochen wird. Durch Tauschgeschäfte können sich feste Tauschbeziehungen und eine informale Hierarchie bilden und aufrechterhalten werden.

Die informale Entschärfung von Rollenkonflikten

Die Spezifität holakratischer Formalisierung hat zur Folge, dass Rollenkonflikte im Vergleich zu denen der klassischen Organisation verschärft sind. Rollenkonflikte können dann entstehen, wenn ein Mitglied multiple Rollen innehat, die nicht in Gänze miteinander vereinbar sind. Dabei ist vor allem die Trennung beziehungsweise der Wechsel zwischen formalen und informalen Rollen konfliktanfällig.

Eine Möglichkeit, diesem Folgeproblem der holakratischen Formalisierung zu begegnen, stellt das Vermeiden des Agierens in informalen Rollen beziehungsweise der

Interaktion mit anderen Mitgliedern im informalen Rahmen dar. Ein Mitglied von Bio-fruchtig berichtet dazu im Interview, dass es „kaum Raum für Austausch" gäbe, „klar, es gibt irgendwie eine Küche und da trifft man sich an der Kaffeemaschine", auch gäbe es „einen Pausenraum mit einem großen Tisch […], aber niemand sitzt da und verbringt da seine Pause" (Biofruchtig, Interview 10, #00:16:55). Die Mitglieder würden sich „ihre Teller" nehmen und sich dann „an ihre Schreibtische" setzen (ebd.). Das interviewte Mit-glied führt weiter aus: „Und ich dachte, wir haben doch diesen Pausenraum mit wunder-schöner Aussicht, warum sitzt hier keiner, ganz selten sitzt da mal jemand" (ebd.). Auch sei bei der Vollversammlung, bei der es einen informalen Teil mit Kaffee und Kuchen gibt, „nur die Hälfte da, weil ganz viele haben an diesem Tag ihr Homeoffice gelegt" (ebd.). Auch wenn der informale Teil eingeleitet würde, gingen „alle wieder zurück an die Schreibtische und keiner geht zum Kuchen in die Küche, um sich da hinzusetzen und zusammenzusitzen und sich auszutauschen" (ebd.). Darüber hinaus wären auch alle erleichtert gewesen, als ein zweitägiger Workshop ausgefallen ist, „da hatte keiner Bock drauf" (ebd.).

Der empirische Fall kann zwar nicht eindeutig darauf zurückgeführt werden, dass die Vermeidung der Interaktion mit anderen Mitgliedern im informalen Rahmen dazu dient, Rollenkonflikten zwischen formalen und informalen Rollen zu entgehen. Dennoch stellt dies eine Möglichkeit dar, die vor allem veranschaulicht, dass die Trennung und der Wechsel zwischen formalen und informalen Rollen der Mechanismus ist, durch den Tauschmöglichkeiten eröffnet oder geschlossen werden.

Die informale Erweiterung der Indifferenzzone

Nicht nur die Verschärfung der Rollenkonflikte, sondern auch die Verkleinerung der Indifferenzzone ist ein Folgeproblem der Spezifität der holakratischen Organisation. Die verkleinerte Indifferenzzone ermöglicht es Mitgliedern, Dienst nach Vorschrift zu betreiben und lediglich die explizit in ihrer Rollenbeschreibung fixierten Erwartungen zu erfüllen, ohne formal ihre Mitgliedschaft zu gefährden. Durch die Steigerung der Motivation der Mitglieder kann dem entgegengewirkt werden.

Die Motivation der Mitglieder kann beispielsweise dadurch vergrößert werden, dass sie durch ihre Mitgliedschaft in der Organisation bestimmte Systemvorteile genießen können. Einer dieser Vorteile ergibt sich aus der in einem vorherigen Abschnitt erläuterten informalen Hierarchie. Durch Status, „dessen Anerkennung durch andere [es] befriedigt und verpflichtet, der seinen Bedürfnissen entgegenkommt und [es] dadurch an das System fesselt" (Luhmann 1972, S. 129), kann die Motivation des Mitglieds gesteigert und die Tendenz mancher Mitglieder, Dienst nach Vorschrift zu praktizieren, gehemmt werden.

Wenn Mitglieder Dienst nach Vorschrift betreiben, hat dies jedoch nicht nur Folgen für die Gesamtorganisation, sondern auch für die einzelnen Mitglieder. Wie weiter oben beschrieben, sind Mitglieder, wollen sie ihre Mitgliedschaftserwartungen erfüllen, darauf angewiesen, dass andere Mitglieder Leistungen erbringen, deren Erwartung nicht formalisierbar ist. Wenn daher ein Mitglied ausschließlich die formalen Erwartungen erfüllt, die an das Mitglied gerichtet werden, beispielsweise um, wie oben dargestellt, Rollenkonflikte zu vermeiden, so können andere Mitglieder ebenfalls die nicht formalisierbaren Erwartungen, die das Dienst nach Vorschrift betreibende Mitglied an sie richtet, enttäuschen. Das Unterlassen beziehungsweise auch das Erweisen nicht formalisierbarer Gefälligkeiten ist demnach nicht nur Tauschgegenstand, sondern auch ein Mechanismus, um Tauschneigungen zu sanktionieren. Die weiter oben aufgeführten nicht formalisierbaren Erwartungen, wie beispielsweise freundliches, respektvolles Verhalten anderen Mitgliedern gegenüber oder das Pflegen guter menschlicher Beziehungen und die Rücksichtnahme auf das Betriebsklima, stellen ebenfalls Möglichkeiten dar, Tauschneigungen zu sanktionieren und ebenso die eigene Tauschneigung darzustellen. Im Gegensatz zu den vorherigen Möglichkeiten der Sanktionierung und Darstellung von Tauschneigung stellen diese nicht formalisierbaren Erwartungen, auch wenn freundliches oder auch feindliches Verhalten in manchen Interaktionen ertauscht worden sein mag, jedoch in der Regel selbst keinen Tauschgegenstand dar.

Aus den Erläuterungen in diesem Abschnitt ergibt sich, dass der Tausch informaler Gefälligkeiten in der holakratischen wie auch in der klassischen Organisation ein Mittel darstellt, um Leistungen zu sichern, deren Erwartung nicht formalisiert ist. In der klassischen Organisation können Handlungen getauscht werden, deren Erwartung nicht formalisiert, aber grundsätzlich formalisierbar ist. Auch Handlungen, deren Erwartung ebenfalls nicht formalisiert, aber auch nicht formalisierbar ist, können Tauschgegenstand sein. In der holakratischen Organisation jedoch beschränken sich die Tauschmöglichkeiten auf Handlungen, die nicht formalisiert sind, da sie nicht formalisierbar sind. An dem Beispiel des brauchbar illegalen Verhaltens wird dieser Unterschied deutlich. Brauchbar ist dieses Verhalten in der klassischen Organisation deshalb, da es dazu beiträgt, dass die Organisation die Leistungen erbringen kann, die ihren Bestand sichern. Illegal ist es, weil es der formalen Struktur widerspricht. Nicht-entschiedene, aber grundsätzlich entscheidbare Entscheidungsprämissen umfassen demnach immer brauchbare und, solange sie nicht entschieden sind, auch illegale Verhaltenserwartungen. Brauchbar illegale Verhaltenserwartungen allerdings sind nicht immer den nicht-entschiedenen, aber grundsätzlich entscheidbaren Entscheidungsprämisse zugeordnet. In der holakratischen Organisation beschränkt sich im Vergleich zur klassischen Organisation der Tausch auf Handlungen, deren Erwartung nicht formalisiert ist, da sie nicht formalisierbar ist. Die Handlungen können für die Organisation daher sowohl brauchbar als auch unbrauchbar oder gar dysfunktional sein. Damit verkleinern sich in der holakratischen Organisation nicht nur die Tauschmöglichkeiten. Vielmehr wird Verhalten, das dysfunktional für die Organisation ist, als Tauschgegenstand wahrscheinlicher. Der Tausch, da er nicht wie in der klassischen Organisation auch aus Verhalten bestehen kann, das nicht formalisiert, aber grundsätzlich formalisierbar ist, wird dadurch voraussetzungsvoller. Wie sich diese Voraussetzungen konkret darstellen und über welche Eigenschaften Mitglieder verfügen müssen, um Tauschgeschäfte abschließen zu können und eventuell sogar in der durch Tausch konstituierten und aufrechterhaltenen informalen Hierarchie aufsteigen zu können, bleibt an dieser Stelle Gegenstand künftiger Untersuchungen.

7.5   Fazit

In diesem Beitrag wurde der Frage nachgegangen, wie sich das faktische Verhältnis zwischen Formal- und Informalstruktur in der holakratischen Organisation darstellt. Grundlage zur Beantwortung dieser Frage bildete das holakratische Konzept der Vereinigung der drei Seiten der Organisation, das zunächst beleuchtet wurde. Anschließend wurde die Analyse dieses holakratischen Konzepts vorbereitet, indem es in das Konzept der drei Seiten der Organisation der Systemtheorie überführt wurde. Durch diese Überführung wurde zudem eine differenzierte Betrachtung der Formal- und Informalstruktur ermöglicht. Es konnte herausgearbeitet werden, dass die Formalstruktur mit dem Bereich der entschiedenen Entscheidungsprämissen gleichgesetzt werden kann. Die informale Struktur entspricht demnach dem Bereich der nicht-entschiedenen Entscheidungsprämissen, der sich wiederum in die nicht-entschiedenen, aber grundsätzlich entscheidbaren Entscheidungsprämissen und die nicht-entschiedenen, da grundsätzlich nicht entscheidbaren Entscheidungsprämissen gliedert.

Um diese Differenzierung und letzten Endes das Verhältnis dieser zueinander begreifen zu können, wurde anschließend untersucht, wie es dazu kommt, dass über bestimmte Entscheidungsprämissen nicht entschieden wird, obwohl dies prinzipiell möglich ist, und weshalb andere Entscheidungsprämissen wiederum grundsätzlich nicht entscheidbar sind. Es konnte gezeigt werden, dass die klassische, wie auch die holakratische Organisation widerspruchsvollen Umweltanforderungen genügen muss, die Leistungen bedürfen, die dementsprechend ebenfalls widersprüchlich sind. Da es nun in der Organisation aufgrund der Mitgliedschaftsbedingung nur *eine konsistente* Formalstruktur geben kann, kommt es dazu, dass spezifische Erwartungen, nämlich die Erwartung von Verhalten zur Erbringung bestimmter bestandsnotwendiger Leistungen, nicht formalisiert werden können, obwohl dies grundsätzlich möglich wäre. Auch die holakratische Organisation bedarf zur Sicherung ihres Bestands die Erfüllung widerspruchvoller Umweltanforderungen und *eine konsistente* Formalstruktur. Allerdings kann sie diese jederzeit ändern. Erwartungen, die nicht formalisiert sind, aber grundsätzlich formalisierbar sind, können in der holakratischen Organisation dementsprechend jederzeit ihren Status zu formal beziehungsweise nicht-formal ändern. Dies führt zu einer Flüchtigkeit des Bereichs der nicht-entschiedenen, aber grundsätzlich entscheidbaren Entscheidungsprämissen. Für die grundsätzliche Nicht-Formalisierbarkeit bestimmter anderer Erwartungen, also Erwartungen aus dem Bereich der nicht-entschiedenen, da nicht-entscheidbaren Entscheidungsprämissen, ist ursächlich, dass kein eindeutiger Konsens über die Erfüllung oder Missachtung dieser Erwartungen herrschen kann, sie daher nicht zur Grundlage der Mitgliedschaftsbedingung gemacht und damit formalisiert werden können.

Die Ausführungen haben deutlich gemacht, weshalb bestimmte Erwartungen, die Leistungen sichern, welche sowohl für die klassische als auch für die holakratische Organisation bestandsnotwendig sind, nicht formalisiert beziehungsweise nicht formalisierbar sind. Wie diese Leistungen dennoch in der klassischen wie auch in der holakratischen Organisation gesichert werden, wurde im Anschluss daran analysiert. Es wurde erläutert, dass sowohl in der holakratischen als auch in der klassischen Organisation eine Möglichkeit der Integration der widersprüchlichen, aber bestandsnotwendigen Leistungen darin besteht, dass zwischen Programm und Prozess unterschieden wird. Je nach Umweltanforderung kann das Mitglied ein bestimmtes Programm unterschiedlich interpretieren und sein Handeln, spezifischer den Prozess der Entscheidung über sein Handeln, danach ausrichten. Eine weitere Möglichkeit besteht in der internen Differenzierung. Durch diese kann die Organisation die Widersprüche aus der Umwelt in die Organisation leiten und die Widersprüche dadurch unter anderen, im Vergleich zur „wilden" Umwelt besseren Voraussetzungen, bearbeiten (ebd., S. 77). Da damit die Widersprüche zwar besser bearbeitet, nicht aber aufgelöst werden können, bedarf es zusätzlicher Mechanismen. In der klassischen Organisation können Vorgesetzte Konflikte, die aus diesen Widersprüchen resultieren, formal entscheiden. In der holakratischen Organisation stellt dies aufgrund der fehlenden klassisch hierarchischen Vorgesetzten keine Option dar. Die formale Lösung von Konflikten muss über einen aufwendigen und rigiden Prozess der Integration der Bedürfnisse und Einwände aller relevanten Parteien, über den Governance-Prozess, erfolgen. Des Weiteren konnte gezeigt werden, dass die informale Übereinkunft aller Beteiligten sowohl in der klassischen als auch in der holakratischen Organisation eine Möglichkeit der Konfliktlösung darstellt. Anschließend wurde beleuchtet, wie die bestandsnotwendigen Leistungen, deren Erwartung nicht formalisiert ist, da sie grundsätzlich nicht formalisierbar ist, in der holakratischen Organisation im Vergleich zur klassischen gesichert werden. Es wurde herausgearbeitet, dass sowohl in der klassischen als auch in der holakratischen Organisation Formal- und Informalstruktur ineinandergreifen. Die Formalstruktur ist durch die Mitgliedschaft, die alles formale und informale Handeln der Mitglieder in der Organisation erst möglich macht, mit der Informalstruktur verwoben. Die Informalstruktur greift in den Bereich der Formalstruktur durch den Tausch informaler Handlungen. Kredite, die durch informales Verhalten erworben werden, können im formalen wie auch im informalen Bereich eingelöst werden. In der holakratischen Organisation wird das informale Verhalten, durch welches Mitglieder Kredite sammeln können, im Vergleich zur klassischen Organisation jedoch auf den Bereich der nicht-entschiedenen, da grundsätzlich nicht entscheidbaren Entscheidungsprämissen reduziert. Ein Erwerben von Kreditpunkten im Bereich der nicht-entschiedenen, aber grundsätzlich entscheidbaren Entscheidungsprämissen ist aufgrund der jederzeit möglichen Formalisierung der nicht formalen, aber grundsätzlich formalisierbaren Erwartungen in der holakratischen Organisation nicht möglich. Der Tausch informaler Handlungen ist zwar dadurch weiterhin möglich, der Bereich, in welchem Handlungen ausgeführt werden können, um Kreditpunkte für den Tausch zu sammeln, ist nun jedoch deutlich kleiner als der der klassischen Organisation.

Die Folgen, die sich daraus ergeben, wurden anschließend anhand der empirisch beobachteten informalen Folgeproblemlösungen der holakratischen Formalisierung herausgearbeitet. Es wurde dargelegt, dass die informale Lösung des Folgeproblems der Unsicherheit, die durch die gesunkene Erwartungssicherheit entsteht, die wiederum eine Folge der Iterativität der holakratischen Formalisierung ist, darin besteht, Rollenerwartungen durch Personenerwartungen zu ersetzen. Durch Tausch erübrigt sich die Frage nach den formalen Rollenerwartungen und darüber hinaus wird es wahrscheinlicher, dass auch nicht formalisierbare Erwartungen erfüllt werden. Durch Tauschgeschäfte können sich feste Tauschbeziehungen sowie eine informale Hierarchie bilden und aufrechterhalten werden. Rollenkonflikte können informal dadurch entschärft werden, dass Mitglieder die Interaktion mit anderen Mitgliedern im informalen Rahmen vermeiden. Die Trennung und der Wechsel zwischen formalen und informalen Rollen konnte zudem als Mechanismus der Tauscheröffnung und -schließung ermittelt werden. Durch die Möglichkeit, einen bestimmten Status verliehen zu bekommen, kann dem Problem des Dienstes nach Vorschrift, das sich aus der Verkleinerung der Indifferenzzone ergibt, die eine Folge der Spezifität der holakratischen Organisation ist, informal entgegengewirkt werden. Es konnte herausgearbeitet werden, dass das Unterlassen beziehungsweise auch das Erweisen nicht formalisierbarer Gefälligkeiten nicht nur Tauschgegenstand ist, sondern auch ein Mechanismus, um Tauschneigungen zu sanktionieren. Da in der holakratischen Organisation die Möglichkeit entfällt, im Bereich der nicht-entschiedenen, aber grundsätzlich entscheidbaren Entscheidungsprämissen Kredite zu sammeln, entsteht ein Monopol der nicht formalisierbaren Verhaltenserwartungen im Tauschgeschäft der Gefälligkeiten. Der Tausch in der holakratischen Organisation ist daher im Vergleich zu dem in der klassischen Organisation voraussetzungsvoller.

Damit kann das für die holakratische Organisation eigentümliche, faktische Verhältnis von Formal- und Informalstruktur beschrieben werden. Die zu Beginn des Beitrags ebenfalls aufgeworfene Frage, ob eine Vereinigung oder auch schon allein eine Annäherung der drei Seiten der Organisation faktisch überhaupt möglich ist, kann nach der Analyse begründet verneint werden. An die weiter oben bereits aufgeführten Fragen, wie sich die Voraussetzungen, die sich für den Tausch in der holakratischen Organisation aus dem für sie typischen Verhältnis zwischen Formalität und Informalität ergeben, konkret darstellen und über welche Eigenschaften Mitglieder verfügen müssen, um Tauschgeschäfte abschließen zu können und eventuell sogar in der durch Tausch konstituierten und aufrechterhaltenen informalen Hierarchie aufsteigen zu können, schließen folgende weitere Fragen an. Wie verändern das für die holakratische Organisation charakteristische Verhältnis von Formal- und Informalstruktur und die daraus resultierenden Tauschvoraussetzungen beispielsweise die Mikropolitik, deren Abschaffung eines der Versprechen des holakratischen Konzepts darstellt, das durch die Vereinigung der drei Seiten der Organisation ermöglicht werden soll? Wie gehen Mitglieder, die von einer Abschaffung der Informalstruktur oder zumindest von einer stetigen Angleichung von Formal- und Informalstruktur ausgehen, mit Erwartungen um, die eindeutig nicht formalisierbar sind? Ein möglicher Hinweis zu dieser Frage liefert die bereits zu Beginn des Beitrags vorgestellte Ergänzung der holakratischen Verfassung um „das Menschliche". Kann diese Ergänzung demnach so gedeutet werden, dass eine mögliche Reaktion auf nicht-formalisierbare Erwartungen darin besteht, aus Glauben an das holakratische Versprechen weiterhin daran festzuhalten, dass eine Formalisierung möglich ist und damit eine Angleichung der drei Seiten der Organisation? Was sind weitere Umgangsformen mit dem faktischen Verhältnis von Formal- und Informalstruktur in der holakratischen Organisation? Welchen Einfluss hat die Überzeugung von der Möglichkeit der Vereinigung der drei Seiten der Organisation auf die Funktion der Informalität? Wie entwickeln sich zum Beispiel informale Praktiken, die die Formalstruktur komplementieren, wenn Mitglieder der Überzeugung sind, dass es diese in der holakratischen Organisation nicht geben kann? Werden diese Fragen zusammengeführt, so wird deutlich, dass sie ihren Ursprung in der durch diesen Beitrag gewonnenen Erkenntnisse haben, dass sich das faktische Verhältnis von Formalstruktur und Informalstruktur in der holakratischen Organisation anders darstellt, als es durch das Managementkonzept Holacracy propagiert wird.

Literatur

Apitzsch, Birgit. 2015. Flexibilität und Inklusion: Die Integrationskraft informeller Kooperationsstrukturen. In *Formalität und Informalität in Organisationen*, hrsg. Victoria von Groddeck und Sylvia Marlene Wilz, 261–276. Wiesbaden: Springer Fachmedien Wiesbaden.

Berman, Dennis K. 2015. Tony Hsieh Tells How Zappos Runs Without Bosses: CEO Explains How 'Holacracy' Frees up Employee Creativity. Zugriff am 15. Oktober 2021. https://www.wsj.com/articles/tony-hsieh-tells-how-zappos-runs-without-bosses-1445911325.

Bernstein, Ethan, John Bunch, Niko Canner und Michael Lee. 2016. Beyond the Holacracy Hype: The Overwrought Claims – and Actual Promise – of the Next Generation of Self-Managed Teams. *Harvard Business Review* 94: 38–49.

Fox, Justin. 2015. Q&A With a Manager Who Wants to Get Rid of Managers. Zugriff am 15. Oktober 2021. https://www.azernews.az/bloomberg/84468.html.

Froschauer, Ulrike und Manfred Lueger. 2015. Informalität als organisationaler Basisrhythmus: Beobachtungen in Familienunternehmen. In *Formalität und Informalität in Organisationen*, hrsg. Victoria von Groddeck und Sylvia Marlene Wilz, 191–213. Wiesbaden: Springer Fachmedien Wiesbaden.

Golden, Bryan, Anusheel Pandey und James S. O'Rourke. 2017. *Zappos. An Experiment in Holacracy*. SAGE Knowledge. Cases. London: The Eugene D. Fanning Center for Business Communication, Mendoza College of Business, University of Notre Dame.

Goyk, Rüdiger und Sven Grote. 2018. Holakratie – Ein neuer Stern am Himmel der Organisationsentwicklung? In *Führungsinstrumente aus dem Silicon Valley*, hrsg. Sven Grote und Rüdiger Goyk, 79–97. Berlin, Heidelberg: Springer Berlin Heidelberg.

Hodge, Roger D. 2015. First, Let's Get Rid of All the Bosses: A Radical Experiment at Zappos to End the Office Workplace as We Know It. Zugriff am 15. Oktober 2021. https://newrepublic.com/article/122965/can-billion-dollar-corporation-zappos-be-self-organized.

HolacracyOne. 2015. Holacracy Constitution: Version 4.1. Zugriff am 15. Oktober 2021. https://www.holacracy.org/constitution.

HolacracyOne. 2021. Holacracy Constitution: Version 5.0. Zugriff am 15. Oktober 2021. https://www.holacracy.org/constitution/5.

Hypoport SE. 2020. Was ist neu in der Holacracy Verfassung 5.0? Zugriff am 15. Oktober 2021. https://holabe.hypoport.de/2020/11/09/was-ist-neu-in-der-holacracy-verfassung-5-0/.

Kühl, Stefan. 2011. *Organisationen. Eine sehr kurze Einführung.* Wiesbaden: VS Verlag für Sozialwissenschaften.

Lehmkuhl, Pia, Heinke Röbken und Marcel Schütz. 2019. Die Krux der vertrauensvollen Zusammenarbeit. *Verwaltung & Management* 25 (2): 52–63.

Luhmann, Niklas. 1965. Spontane Ordnungsbildung. In *Verwaltung: Eine einführende Darstellung*, hrsg. Fritz Morstein Marx, 163–183. Berlin: Duncker & Humblot.

Luhmann, Niklas. 1972. *Funktionen und Folgen formaler Organisation*, 2. Aufl. Schriftenreihe der Hochschule Speyer, Bd. 20. Berlin: Duncker & Humblot.

Luhmann, Niklas. 1977. *Zweckbegriff und Systemrationalität. Über die Funktion von Zwecken in sozialen Systemen*, 2. Aufl. Suhrkamp-Taschenbuch Wissenschaft, Bd. 12. Frankfurt a. M.: Suhrkamp.

Luhmann, Niklas. 2000. *Organisation und Entscheidung.* Wiesbaden: VS Verlag für Sozialwissenschaften.

Luhmann, Niklas. 2018. Zweck – Herrschaft – System. In *Schriften zur Organisation 1*, hrsg. Niklas Luhmann, Ernst Lukas und Veronika Tacke, 153–184. Wiesbaden: Springer Fachmedien Wiesbaden.

Martela, Frank. 2019. What Makes Self-Managing Organizations Novel?: Comparing How Weberian Bureaucracy, Mintzberg's Adhocracy, and Self-Organizing Solve Six Fundamental Problems of Organizing. *Journal of Organization Design* 8 (1): 1–23.

Monarth, Harrison. 2014. A Company Without Job Titles Will Still Have Hierarchies. Zugriff am 15. Oktober 2021. https://hbr.org/2014/01/a-company-without-job-titles-will-still-have-hierarchies.

Mont, Simon. 2017. Autopsy of a Failed Holacracy: Lessons in Justice, Equity, and Self-Management. Zugriff am 15. Oktober 2021. https://nonprofitquarterly.org/autopsy-failed-holacracy-lessons-justice-equity-self-management/.

Pannes, Tina. 2011. Dimensionen informellen Regierens. In *Regierungszentralen*, hrsg. Martin Florack und Timo Grunden, 35–91. Wiesbaden: VS Verlag für Sozialwissenschaften.

Ravarini, Aurelio und Marcello Martinez. 2019. Lost in Holacracy? The Possible Role of E-HRM in Dealing With the Deconstruction of Hierarchy. In *HRM 4.0 for human-centered organizations*, hrsg. Rita Bissola und Barbara Imperatori, 63–79. Advanced series in management. United Kingdom: Emerald Publishing.

Robertson, Brian J. 2015. *Holacracy. The New Management System for a Rapidly Changing World.* New York: Holt.

Rodríguez Mansilla, Darío. 1991. *Gestión organizacional. Elementos para su estudio.* Santiago de Chile: Pontificia Universidad Católica de Chile.

Romme, A. Georges L. 2019. Climbing Up and Down the Hierarchy of Accountability: Implications for Organization Design. *Journal of Organization Design* 8 (1): 1–14.

Schell, Sabrina und Nicole Bischof. 2021. Change the Way of Working. Ways into Self-Organization With the Use of Holacracy: An Empirical Investigation. *European Management Review*: 1–15.

Schumacher, Thomas und Rudolf Wimmer. 2019. Der Trend zur hierarchiearmen Organisation: Zur Selbstorganisationsdebatte in einem radikal veränderten Umfeld. *OrganisationsEntwicklung* 2019 (2): 12–18.

Simon, Herbert A. 1957. Administrative Behavior. A Study of Decision-Making Processes in Administrative Organizations. 2. Aufl. New York: Free Press.

Sua-Ngam-Iam, Phanmika. 2021a. Dienst nach Vorschrift und andere ungewollte Nebenfolgen holakratischer Formalisierung. Zugriff am 15. Oktober 2021. https://sozialtheoristen.

de/2021/03/19/dienst-nach-vorschrift-und-andere-ungewollte-nebenfolgen-holakratischer-
  formalisierung/.
Sua-Ngam-Iam, Phanmika. 2021b. Was ist das Besondere an der holakratischen Formalisierung? Einblicke in neue Formen der Formalisierung in Organisationen. Zugriff am 15. Oktober 2021. https://
  sozialtheoristen.de/2021/01/29/was-ist-das-besondere-an-der-holakratischen-formalisierung-
  einblicke-in-neue-formen-der-formalisierung-in-organisationen/.
Sua-Ngam-Iam, Phanmika und Stefan Kühl. 2021. Das Wuchern der Formalstruktur: Funktionen
  und Folgen holakratisch formalisierter Organisation. *Journal für Psychologie* 29 (1): 39–71.
Tacke, Veronika. 2015. Formalität und Informalität: Zu einer klassischen Unterscheidung der
  Organisationssoziologie. In *Formalität und Informalität in Organisationen*, hrsg. Victoria von
  Groddeck und Sylvia Marlene Wilz, 37–92. Wiesbaden: Springer Fachmedien Wiesbaden.
Warr, Philippa. 2013. Valve's flat management structure 'like high school'. Zugriff am 15. Oktober
  2021. https://www.wired.co.uk/article/valve-management-jeri-ellsworth.

Phanmika Sua-Ngam-Iam ist Soziologin an der Universität Bielefeld. Ihre Forschungsschwerpunkte sind Managementkonzepte sowie Netzwerke und Kooperationen in der öffentlichen Verwaltung.
sua-ngam-iam@uni-bielefeld.de

Nachwort

Die Stiftung der Schweizerischen Gesellschaft für Organisation und Management hat dieses Forschungsprojekt unterstützt. Ich bedanke mich für die interessante und produktive Zusammenarbeit zwischen der Stiftung und der Herausgeberin und dem Herausgeber sowie den Autoren. Im Namen des Stiftungsrates wünsche ich dem Werk eine hohe Beachtung, den Leserinnen und Lesern zahlreiche Inspirationen und konkrete Hinweise sowie den Interessierten aus der Wissenschaft Impulse für zukünftige, weitergehende Forschungen. Dr. Markus Sulzberger (Präsident der SGO-Stiftung)

© Der/die Herausgeber bzw. der/die Autor(en), exklusiv lizenziert an Springer Fachmedien Wiesbaden GmbH, ein Teil von Springer Nature 2023
S. Kühl und P. Sua-Ngam-Iam (Hrsg.), *Holacracy*,
https://doi.org/10.1007/978-3-658-40111-5

Danksagung

Das Forschungsteam dankt der Stiftung der Schweizerischen Gesellschaft für Organisation und Management und der Fakultät für Soziologie der Universität Bielefeld für die finanzielle Unterstützung der empirischen Erhebungen. Ein ganz besonderer und herzlicher Dank gilt Markus Sulzberger, der in den letzten fünfundzwanzig Jahren über die Schweizerische Gesellschaft für Organisation und Management mit einer Vielzahl von Projekten eine Brücke zwischen Organisationswissenschaft und Organisationspraxis gebaut hat und auch dieses Projekt mit großem persönlichen Engagement gefördert hat. Ein großer Dank gilt unseren Gesprächspartnerinnen und -partnern in den von uns untersuchten Unternehmen und den Expertinnen und Experten, mit denen wir längere Gespräche führen konnten. Ein besonderer Dank geht an Laura Fiegenbaum und Thomas Hoebel für die Unterstützung bei der redaktionellen Arbeit an den Beiträgen.

The manufacturer's authorised representative in the EU is Springer
Nature Customer Service Centre GmbH, Europaplatz 3, 69115 Heidelberg,
Germany. If you have any concerns regarding our products, please
contact ProductSafety@springernature.com

Printed and bound by CPI Group (UK) Ltd, Croydon, CR0 4YY
28/04/2026
02098537-0009